Kostdoktorn Andreas Eenfeldt

Matrevolutionen

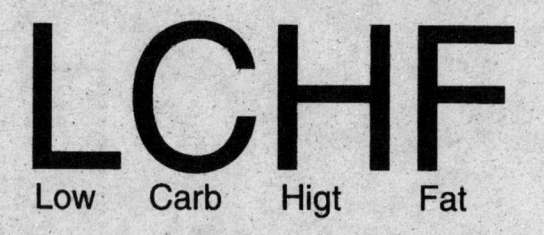

LCHF
Low   Carb   Higt   Fat

ÄT DIG FRISK MED RIKTIG MAT

Bonnier Fakta

Доктор Андреас Энфельдт

Революция в еде!

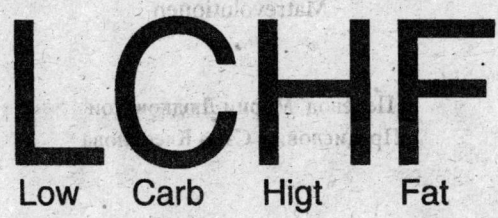

Low   Carb   Higt   Fat

ДИЕТА БЕЗ ГОЛОДА

Бертельсманн Медиа Москау
Москва
2014

УДК 613.2
ББК 51.230
Э61

Все права защищены. Никакая часть данного издания не может быть скопирована или воспроизведена в любой форме без письменного разрешения правообладателей

Перевод с шведского по изданию: Kostdoktorn Andreas Eenfeldt. Matrevolutionen

Перевод Марии Людковской
Предисловие Сэма Клебанова

Данное издание не является медицинским справочником.
Советы и рецепты автора носят рекомендательный характер.
При необходимости согласуйте их со своим лечащим врачом
и получите у него дополнительную врачебную консультацию.

Художник Джон Беркли
Дизайнеры обложки Яна Крутий, Елена Залипаева

Copyright © Andreas Eenfeldt, 2011
First published by Bonnier Fakta, Stockholm, Sweden
Published in the Russian language by arrangement with Bonnier Fakta/Bonnier Rights and Banke, Goumen & Smirnova Literary Agency, Sweden
All rights reserved
© Maywin Media AB, издание на русском языке, 2014
© ЗАО Фирма «Бертельсманн Медиа Москау АО», издание на русском языке, 2014
© Мария Людковская, перевод на русский язык, 2014
Cover copyright © illustration Jon Berkeley

ISBN 978-5-88353-643-3

Оглавление

Сэм Клебанов. Вместо предисловия............................ 7
Введение. Революция начинается 13

I. Взгляд в прошлое.. **17**
Глава первая. Для какой пищи создано ваше тело?............... 19
Глава вторая. Ошибка, жирофобия и эпидемия ожирения 33
Глава третья. Крах мировоззрения 53

II. Взгляд в будущее **65**
Главая четвертая. Старое, хорошо забытое решение 67
Глава пятая. Похудение без чувства голода...................... 79
Глава шестая. Конец диабету — конец безумию 103
Глава седьмая. Болезни западного общества 123
Глава восьмая. Холестерин: убить дракона.................... 152
Глава девятая. Здоровое будущее............................. 167

III. Руководство к действию............................. **179**
Глава десятая. Приятный метод, или LCHF для начинающих..... 181
Глава одиннадцатая. Вопросы, ответы и мифы 196
Глава двенадцатая. Советы по снижению веса................... 217
Глава тринадцатая. И последнее. 228

Благодарности 233
Литература.. 235
Алфавитный указатель..................................... 252
Именной указатель 254

Вместо предисловия

Поздравляю! Вы держите в руках книгу, которая, возможно, изменит вашу жизнь к лучшему. По крайней мере так случилось со мной, когда я прочитал книгу «Революция в еде! LCHF Диета без голода» доктора Андреаса Энфельдта. Она попалась мне на глаза совершенно случайно в конце сентября 2013 года, в аэропорту Гётеборга, когда я дожидался посадки на рейс в Хельсинки. Но купил я ее, наверное, не случайно. Как и большинство мужчин среднего возраста, я был не вполне доволен своим физическим состоянием и прежде всего своим весом. Не то чтобы я страдал ожирением или имел ярко выраженный живот, но цифра на весах явно не соответствовала моим представлениям о себе самом. Ведь многие годы я вел то, что повсеместно считалось здоровым образом жизни: регулярно занимался спортом, давал себе серьезные физические нагрузки, даже участвовал в любительских велогонках и турнирах по пляжному волейболу, не курил, крайне умеренно пил и, главное, правильно питался. Точнее, питался в соответствии с общепринятой концепцией правильного питания: как можно меньше жирной пищи, легкие спреды вместо масла, мюсли с обезжиренным молоком и стакан свежевыжатого апельсинового сока на завтрак. Да и вообще старался контролировать себя и не переедать, ведь диетологи давно уже вбили в массовое сознание очень простое правило: есть нужно меньше, а двигаться — больше. А кто не следует этому принципу, тот, значит, сам виноват в своих килограммах, потому что обжорство и лень — это два смертных греха и расплата за них будет суровой. Последние лет сорок этот подход являлся научным мейнстримом, и именно на нем основаны диетологические рекомендации правительственных органов практически всех развитых стран. Но есть одна проблема: многолетнее следование всем этим, вроде бы, разумным и логичным правилам не помогло мне избежать избыточного веса. Нет, какой-то результат, конечно, был, и до поры до времени моя фигура была в полном порядке. Но постепенно я прибавлял в весе — немного, по килограмму-полтора в год, утешая себя тем, что это все возрастные, а значит, неизбежные изменения, что моя физическая форма значительно лучше, чем у подавляющего большинства сверстников, и что если бы я не занимался спортом и не следил за питанием, то меня бы разнесло еще больше.

А килограммы тем временем продолжали прибавляться, и к декабрю 2012 года мой вес зашкалил за 107 кг (при росте 187 см), и это уже нельзя было списать на возрастное замедление метаболизма, и уж тем более на мышечную массу. Что-то в моем образе жизни надо было срочно менять, но вот только что? Заниматься еще больше спортом? Но при наличии семьи и работы это довольно сложно. Есть еще меньше? Но мало кто может выдержать постоянное чувство голода и ни разу не сорваться. Ведь это означает вступить в борьбу с собственными инстинктами выживания, настойчиво требующими от нас снабжать организм достаточным количеством пищи. А борьба с собственными инстинктами, особенно такими базовыми, отточенными миллионами лет эволюции, заранее обречена на поражение. Урезать содержание жира в еде еще сильнее? Так куда его еще урезать, когда жиров в моем рационе практически не было! Может, есть какой-то другой способ?

И вот тут-то мне и попалась на глаза книга Андреаса Энфельдта, которой было суждено стать началом моей личной «революции в еде». Я начал читать ее, как только сел в самолет, а когда через полтора часа мы приземлились в Хельсинки, я уже твердо решил в корне изменить свой рацион. Год спустя, и на 15 килограммов легче — я могу сказать, что это было одно из лучших решений в моей жизни. И речь не только о моем весе. Книга доктора Энфельдта помогла мне осознать: проблема гораздо шире, чем мои избыточные килограммы, что-то «пошло не так» с питанием всей нашей современной цивилизации. Дело же не только во мне: выйдите на улицу и посмотрите на окружающих вас людей. И вы увидите, как много среди них тех, кому не помешало бы избавиться от лишнего веса. И это давно уже перестало быть возрастной проблемой. Не так давно я был в гостях у родственников в одном из подмосковных райцентров, и больше всего меня поразило то, что за два дня я не встретил ни одного молодого парня 23–25 лет без явно выраженного пивного животика. Статистика подтверждает эти наблюдения: согласно данным РАМН, избыточным весом страдают 60% женщин и 50% мужчин старше 30 лет, 30% россиян страдают ожирением. И в этом Россия вполне соответствует мировым трендам: эпидемия ожирения охватила всю планету. Сайт ВОЗ сообщает, что с 1980 года количество людей, страдающих ожирением, более чем удвоилось и продолжает расти. Если так пойдет дальше, то скоро ожирением будет страдать большинство человечества. И это далеко не только эстетическая проблема — избыточный вес связан с повышенным риском множества серьезных заболеваний: сердечно-сосудистых, рака и диабета. Ежегодно десятки миллионов людей во всем мире умирают от болезней, которых можно было бы избежать... если бы им удалось держать свой вес под контролем. И тут мы снова возвращаемся к главному вопросу: «Как?» И вот хотя бы ради того, чтобы найти ответ на этот вопрос, вам стоит прочитать эту книгу.

Ее автор, Андреас Энфельдт, является практикующим врачом-терапевтом из города Карлстадт на западе Швеции. Но всей Швеции известен прежде всего как один из самых авторитетных экспертов в области здорового питания, он — создатель и автор самого популярного в стране сайта о еде и здоровье www.kostdoktorn.se (англоязычная версия www.dietdoctor.com). Он является одним из тех первопроходцев, которые в середине нулевых осмелились бросить вызов медицинскому истеблишменту и существующему порядку вещей, подвергнув сомнению общепринятые догмы. Благодаря их усилиям, смелости, готовности идти против течения Швеция превратилась в самую передовую страну в том, что касается взглядов на правильное питание. Зародившаяся лет восемь назад концепция LCHF (Low Carb High Fat, т. е. «Меньше углеводов, больше жиров») постепенно вышла из разряда радикальной экзотики и превратилась уже практически в мейнстрим. Как это произошло, вы сможете прочитать в книге. Рассказ Андреаса Энфельдта о том, как сменяли друг друга концепции правильного питания, как их создатели боролись друг с другом и искали секрет правильной еды в самых отдаленных уголках планеты, читается, как увлекательный приключенческий роман. Но главное, что меня подкупило в этой книге и заставило воспринимать ее всерьез — это спокойный, ненавязчивый тон автора, его система аргументации, построенная на современных принципах доказательной медицины. Андреас Энфельдт не играет в гуру, не пытается «продать» читателю какую-то хитрую именную диету, названную в честь себя самого. Он просто доходчиво объясняет, казалось бы, очень простые истины: современная «индустриальная еда» разрушает здоровье, мы едим слишком много сахара и прочих рафинированных углеводов, миф о вреде жиров не подтвержден научно, гигантский эксперимент по переводу человечества на обезжиренную пищу окончился полным провалом, пора переходить на «настоящую еду». Но при этом Андреас Энфельдт не ожидает, что вы поверите ему на слово, а подтверждает свои слова результатами серьезных научных исследований и клинических испытаний. Наверное, именно это и убедило меня самому попробовать LCHF, ведь, начиная серьезные эксперименты над самим собой, хочется иметь науку на своей стороне.

Мой эксперимент оказался удачным во всех отношениях — я не только похудел на 15 килограммов, но и почувствовал, что стал намного здоровее — у меня, например, пропал кашель, который не давал мне покоя на протяжении многих лет, причем ни один из врачей не мог определить его причину. Следование принципам, почерпнутым из книги доктора Энфельдта, оказалось достаточно легким и комфортным — уже целый год я ем столько, сколько хочу, и тогда, когда хочу, ем вкусную, натуральную, жирную пищу и наблюдаю при этом, как стрелка весов возвращается постепенно туда, откуда она много лет назад ушла, казалось бы, навсегда.

В итоге я настолько увлекся методом LCHF, что создал первый русскоязычный сайт, посвященный ей: LCHF.RU. На этом сайте мы делимся личным опытом, даем практические советы, печатаем рецепты, публикуем статьи о новых научных исследованиях, в том числе и переводы статей Андреаса Энфельдта с его сайта kostdoktorn.se. При этом мне посчастливилось еще и лично познакомиться с Андреасом и подружиться с ним. И, надо сказать, он сам является лучшим доказательством эффективности этой системы питания: стройный двухметровый красавец, как будто только что сошедший с обложки модного журнала и выглядящий как минимум на 10 лет младше своего возраста. Андреас — человек очень открытый, общительный, преисполненный желания поделиться своими знаниями с окружающими, сделать их жизнь лучше, здоровее. Мне кажется, именно это желание и стало главной причиной появления этой книги на свет. И я очень надеюсь, что она окажется для вас настолько же полезной, как оказалась в свое время для меня.

Сэм Клебанов

Вот уже второе поколение шведов получает ошибочные диетологические рекомендации, совершенно напрасно опасаясь и избегая жиров. Настало время пересмотреть существующие диеты и увязать их наконец с современной наукой.

ЙОРАН БЕРГЛУНД
Профессор внутренних болезней, Лундский университет

ВВЕДЕНИЕ
Революция начинается

Он махнул на все рукой и решил, что будет есть, пока не помрет. Последняя попытка Стена Стуре Скальдемана похудеть не увенчалась успехом. Никогда еще он не был таким толстым. Сердце, вынужденное качать кровь по его огромному телу, работало на пределе. Давление зашкаливало. Ему едва хватало сил дойти до почтового ящика. Врачи говорили, что если он немедленно не похудеет, то жить ему полгода, не больше.

Он пробовал есть еще меньше, но, как и раньше, вопреки бесконечным мучениям, стрелка весов упрямо не опускалась. Все было впустую, и он сдался, решив, что перед смертью наконец насладится всем тем, в чем прежде себе отказывал. Он будет объедаться настоящей вкусной пищей. То, что случилось с ним потом, не укладывалось ни в какие рамки. Всего через год он стал подтянутым здоровым человеком.

Предпосылки

Мы полагали, что знаем, что такое здоровая пища. Сегодня наши представления пошатнулись. Все больше людей — простых обывателей, а также врачей и профессоров — задаются одним и тем же вопросом. Неужели мы ошибались? Неужели мы допустили одну из самых фатальных ошибок в истории человечества?

Год 1958-й. Американский ученый Энсел Киз убежден: причина страшного смертельного заболевания, инфаркта миокарда, установлена. Причина эта — жиры. Жирная пища повышает содержание в крови холестерина, который откладывается на внутренней стенке артерий вплоть до полной закупорки. Примерно как жир, который оседает на сливной трубе под раковиной в кухне. На первый взгляд, теория Киза кажется верной. Не хватает только одного — доказательств.

Год 1984-й. Ученые еще вовсю спорят, а влиятельные американские политики и лоббисты уже все решили. Пора отучить всех, все население страны, от жирной пищи. Магазинные полки ломятся от новых обезжиренных продуктов «лайт». В них меньше жира, зато гораздо больше сахара и легкоусвояемого крахмала. Никто пока не знает, к чему приведет этот эксперимент.

День сегодняшний. Мир охвачен эпидемией ожирения и диабета, начавшейся в 1980-е. Люди еще никогда не были такими полными. Быть может, и вы оказались в числе тех, кто набрал нежелательные лишние килограммы? В США, на родине обезжиренных продуктов, бо́льшая часть населения страдает избыточным весом или ожирением. Всего лишь одно поколение назад полных людей было в три раза меньше. Люди потребляют больше калорий, чем они в состоянии сжечь. Но почему? Ответ очевиден. Пора уже взглянуть в глаза фактам.

Ветер перемен

Как мы должны питаться, чтобы оставаться — или стать — здоровыми и стройными? Этот вопрос никогда еще не стоял так остро, никогда еще не вызывал столько споров, как сегодня. И никогда еще люди не испытывали такого смятения. Из СМИ до нас доходят самые разные авторитетные мнения: как понять, чему верить, а чему — нет?

Лично я не сразу выбрал для себя верный путь. В 1990-е я учился на врача, в 2000-м закончил мединститут. Точно так же, как и мои коллеги, я считал, что жиры вредны. «От жиров жиреют», — говорили тогда. Насыщенные жиры крайне вредны для сердца. Не задумываясь, я советовал своим больным, а также собственной матери избегать опасной жирной пищи.

И все бы ничего. Да только здоровые и стройные пожилые люди — сегодня большая редкость. Большинство к старости прибавляют в весе и подсаживаются на бесконечные препараты от артериального давления, повышенной глюкозы в крови, холестерина, разных болей и тому подобного. Они полнеют и слабеют, хотя пытаются вести здоровый образ жизни. Что-то здесь не так, что-то прогнило. Я чувствовал, что не помогаю людям, а наоборот, указываю им прямой путь к самым распространенным болезням западного общества — ожирению, диабету, сердечно-сосудистым заболеваниям, раку и старческому слабоумию.

Со временем я понял, что именно не так с моим медицинским образованием. Все это время мы изучали не здоровье человека. Мы изучали болезни и лекарства, которые от них излечивают, а чаще просто смягчают симптомы. О питании и здоровье мне пришлось узнавать из других источников. Я стал читать специальную литературу и блоги, а также сотни научных исследований. Мы допустили чудовищную ошибку, и ее причина становилась все очевиднее. Многие знали и писали об этом давно, многие десятилетия.

Еще совсем недавно наши предки не страдали от болезней, которыми болеем мы. Чересчур долго этот факт оправдывали тем, что люди нынче совсем не те: дескать, мы стали ленивыми обжорами — слишком много едим и мало двигаемся. Оказалось, это не вся правда. Это мировоззрение несостоятельно и вот-вот потерпит крах. Мы совершили ошибку, которая обернулась катастрофой.

Современная наука предлагает по-новому взглянуть на питание и здоровье человека. Действенность новых методов подтверждают пациенты, испробовавшие их на себе. В их правильности убеждаются врачи, профессора и люди без специального образования. Новое мировоззрение обретает все больше сторонников во всем мире. Швеция продвинулась дальше других на этом пути, мы идем впереди и можем указать дорогу другим.

Многие уже сегодня отказываются от «легких» обезжиренных псевдопродуктов, которые производятся на больших заводах из самого дешевого сырья — легкоусвояемого крахмала, сахара, растительных жиров, красителей, ароматизаторов и разных добавок. Их легко можно узнать по яркой упаковке и длинным спискам ингредиентов, разобраться в которых способен разве что химик. С помощью рекламы, однако, нас пытаются убедить, что эти продукты полезные. Но вы сами легко поймете, что это не так.

Из шведских СМИ можно все чаще узнать о том, как людям удалось восстановить здоровье и нормальный вес — стоило им вернуть в свой рацион продукты, которые раньше врачи советовали исключить. Подобные статьи выходят сейчас чуть ли не каждый день. Метод действительно позволяет существенно снизить вес, но это не самое впечатляющее. Очевидно, что дело не только в похудении. Речь идет о здоровье.

Многочисленные частные наблюдения были подтверждены крупными научными исследованиями. Все детали головоломки о влиянии питания на здоровье человека встали наконец на место. Один за другим, люди открывают для себя новую картину мира — и поражаются ее простоте.

Естественно, я не мог оставаться в стороне, я чувствовал, что должен распространять эти знания, содействовать переменам. В 2007 году я завел блог www.kostdoktorn.se, который очень скоро стал самым посещаемым шведским блогом, посвященным здоровью, — ежедневно его читает больше десяти тысяч человек. Значит, эта проблема кого-то интересует. Еще бы! История, которая легла в основу этой книги, — самая потрясающая из всех, что мне доводилось слышать. Надеюсь, вы со мной согласитесь.

«Революция в еде! LCHF Диета без голода» написана для тех, кто открыт новому, кто готов порвать с устаревшими представлениями. Для тех, кто отличает серьезную науку от рекламы пищевой промышленности. Прочтите, попробуйте сами и начните питаться так, чтобы стать стройнее и здоровее. А потом помогите друзьям и родным сделать то же самое. Не смейтесь, это действительно так: чем больше нас, действующих заодно, тем проще изменить мир.

Революция происходит здесь и сейчас. Теперь вы можете со спокойной совестью есть вкусно и много. Наслаждайтесь. Приятного аппетита.

I
Взгляд в прошлое

ГЛАВА ПЕРВАЯ
Для какой пищи создано ваше тело?

В Швеции вовсю бушуют дебаты о здоровом питании. Что же нам есть, чтобы стать здоровыми и стройными? Какой метод лучше? Средиземноморская диета, палеодиета (как питались наши предки в каменном веке) или особая система сбалансированного питания, так называемая «модель тарелки»? Жиры или углеводы? А может, белки? Клетчатка или антиоксиданты? Фрукты или не-фрукты?

Некоторые эксперты, выступающие в СМИ, утверждают, что знают правильный ответ. Только вот мнения их расходятся. Даже профессора-диетологи придерживаются иногда совсем разных точек зрения. Как разобраться, кому и чему доверять?

Предложу вам один хороший способ. Посмотрите на свое тело и задумайтесь: для какой пищи оно создано? Эволюция, растянувшаяся на миллионы лет, сделала нас такими, какие мы есть. Каждая клетка нашего организма содержит множество генов, эскиз человека в миниатюре. Гены были тщательно отобраны. Нашим родителям и родителям наших родителей удалось передать их нам. То же самое происходило миллионы лет назад с нашими далекими предками в африканской саванне. То же повторялось на протяжении сотен тысяч поколений.

У сильных генов, имеющих преимущества перед остальными, больше шансов перейти по наследству к следующему поколению. Это гены, которые давали нашим предкам силу и здоровье в тех условиях, при каких они жили. Гены, которые вполне устраивала пища наших предков.

Иначе говоря, наши гены приспособлены или созданы для той пищи, которую ели наши предки на протяжении миллионов лет. Сегодня мы приблизительно знаем, что они ели, а что — нет. Теперь вы наверняка догадываетесь, какую же ошибку допустили многие диетологи.

Возьмем, к примеру, автомобиль. Каждая модель, разработанная инженерами, рассчитана на определенный тип топлива. Это может быть 95-й бензин, дизель или этанол. Если заправляться топливом, предусмотренным для вашего автомобиля, двигатель будет работать нормально. Если же заливать какое-то другое топливо, двигатель будет барахлить или заглохнет. А если насыпать в бензобак сахар, то двигатель вообще выйдет из строя.

Человек устроен сложнее автомобиля. Но человеческий организм тоже сочетается с определенным видом «топлива» — пищи, которую ели наши предки. На другом «топливе» организм будет работать хуже или вообще откажет.

Сегодня нам на Западе часто предлагают неподходящее «топливо». Это продиктовано самыми благими намерениями, но одна допущенная ошибка привела к повальному ожирению и болезням. Новые крупные научные исследования уже проясняют эту проблему. Подробнее об этом позже. Последние работы только доказывают то, что нам следовало понять давным-давно. То, что мы уже когда-то знали, но забыли.

Самое удивительное, что в XIX — начале XX века многие путешествующие врачи и миссионеры, побывав в самых разных уголках Земли, рассказывали одну и ту же историю. И если эта история подтвердится, то она не только сделает нас более здоровыми людьми, но и перевернет весь мир.

Загадка

Альберт Швейцер прибыл в Западную Африку 16 апреля 1913 года. Он был врачом и много лет спустя получил Нобелевскую премию мира за свою миссионерскую деятельность. В день он принимал по тридцать-сорок пациентов. Большинство из них страдали малярией и прочими инфекционными заболеваниями. Лишь спустя сорок один год, впервые за все время, проведенное в Африке, он столкнулся с аппендицитом. Как такое возможно? Ведь в наши дни люди каждый день обращаются в больницы с аппендицитом.

Это не все. В первые годы работы Швейцер не отметил ни одного случая заболевания раком. Позже он уточнил, что отдельные случаи наверняка имели место, но, видимо, были «очень редкими». В последующие десятилетия он сталкивался с раком все чаще. Возможно, подозревал Швейцер, это было связано с тем, что местное население стало жить, как белые.

Альберт Швейцер — не единственный, кто свидетельствует об этом феномене. Но рак и аппендицит — только начало. По мере того как наша новая западная кухня получала все более широкое распространение, современные западные болезни встречались все чаще в разных частях света.

Возможно, мы пропустили эти свидетельства мимо ушей или же сделали неверные выводы. Но давайте для начала вернемся к собственно еде, тому самому «топливу», совместимому с нашим организмом. Давайте заглянем еще глубже в историю и узнаем, что было до того, как Альберт Швейцер посетил Западную Африку. Давайте отмотаем назад примерно пять миллионов лет.

Топливо, проверенное временем

Ближайшие родственники человека в животном царстве — шимпанзе — самые умные из человекообразных обезьян. Они приходятся нам отдаленными кузенами, седьмая вода на киселе. Чтобы составить фамильное древо, начинающееся с наших общих предков, нужно вернуться ровно на пять миллионов лет назад. Давайте посмотрим, как с тех пор развивались события.

В те времена наши предки, будущие люди, жили, как вы знаете, в Африке. Спустя миллион лет эти все еще похожие на обезьян существа начали перемещаться по саванне на своих двоих. Но это еще только начало. Медленно, но верно, на протяжении сотен тысяч лет они превращались в нечто уникальное. Их мозг увеличивался, они научились добывать огонь, мастерить разные орудия, их речь развивалась, преобразуясь постепенно в довольно продвинутый язык. Они стали людьми. Такими, как мы с вами. Но что они ели?

Как вы догадываетесь, четыре миллиона лет назад в африканских саваннах не было «Макдоналдса». Не было его и семьдесят тысяч лет назад, когда современный человек стал продвигаться из Африки в другие части света. В Северной Америке пятнадцать тысяч лет назад его тоже не было, когда люди из Сибири перебрались на Аляску и вскоре заселили Новый Свет.

«Макдоналдса» не было нигде. Не было ни сладких газированных напитков, ни картошки фри. Даже хлеба, и того не было. Не было риса, макарон и картошки. Потому что для этого должно существовать земледелие, а его придумали намного позже. Так чем же люди питались все это долгое время?

До недавнего времени, до тех пор, как появилось земледелие, люди были охотниками и собирателями. Это значит, что они ели пищу, приготовленную для них природой. Они охотились на животных и ели их мясо. Ловили рыбу. Ели все то, что можно собрать на природе: яйца, орехи, коренья, фрукты и другие съедобные части растений.

Именно к этой пище в течение миллионов лет приспосабливались наши гены. Это и есть «топливо», совместимое с нашим организмом. Пища эта была очень питательна, богата витаминами и минералами. Люди получали много белков, жиров, а умеренное количество более сложных, трудноусвояемых углеводов давало им энергию[1].

Быстрые же углеводы встречались, напротив, очень редко — наши предки почти не получали сахара или крахмала. Целых пять миллионов лет! Однако мир изменился, и изменения произошли в три этапа.

Последний день года

Земледелие перевернуло все. Начало эпохи было положено девять тысяч лет назад на территории современного Ирака, которая в те времена была зеленее. Затем постепенно оно распространилось по всему миру. В Скандинавию оно пришло четыре тысячи лет назад.

Земледелие позволило людям выращивать собственную пищу. Обитая на той же территории, земледельцы получали гораздо больше еды, чем давали охота и собирательство. Плотность населения увеличивалась, появлялись города, цивилизация набирала обороты. Земледелие принесло человечеству очень много пользы, но вместе с тем — и проблем. Здесь мы рассмотрим только одну из них: как оно отразилось на нашем здоровье.

Новая пища, которую дало нам земледелие, отличалась от той, что мы ели раньше. Хлеб, рис, картошка, макароны и другие продукты земледелия состоят в основном из крахмала. Крахмал — это длинные цепочки молекул глюкозы, которые расщепляются в желудке до моле-

---

[1] Один из ведущих специалистов в этой области, профессор Лорен Кордейн, считает, что охотники и собиратели потребляли гораздо больше белков и жиров и меньше (зачастую значительно меньше) углеводов, чем мы с вами. Это были сложные, так называемые «медленные» углеводы, которые содержатся в кореньях, орехах, диких фруктах, разных частях растений. В них нет чистого сахара или крахмала.

В конце книги вы найдете список литературы, посвященной этой теме. Там приведено около сотни научных работ на случай, если вас, как и меня, заинтересует эта проблематика. Но я уверен, что вы отлично разберетесь и так, не вдаваясь в научные тонкости. Человек, равно как и другие представители животного царства, может есть настоящую здоровую пищу, не анализируя и не обсуждая ее молекулярный состав. Есть более простые способы отличить настоящую пищу от ненастоящей. — *Здесь и далее примеч. автора, если не указано иное.*

кул чистой глюкозы. Чуть позже у нас еще будет повод обсудить, какое это имеет значение, — дело в том, что пища, несовместимая с нашим организмом, может пагубно сказаться на нашем здоровье.

Многие тысячи лет земледелия кажутся вечностью. Но все эти годы — ничто по сравнению с тем, сколько требуется времени, чтобы коренным образом изменить наши гены и организм. Для наглядности представим, что с тех пор, как мы пять миллионов лет назад отделились от наших по сей день здравствующих родственников, прошел всего год. То есть вся человеческая эволюция за один год.

Почти весь этот год — примерно 364 дня — мы были охотниками и собирателями, до тех пор, пока не наступило утро кануна Нового года. Земледелие распространилось по Земле всего за один день — последний день года. Оно изменило наш рацион, и вопрос в том, насколько мы успели привыкнуть к новой пище за такое короткое время. Не вредна ли эта пища для нашего здоровья.

Вслед за тем имело место второе важное изменение, причем совсем недавно. И уж к нему приспособиться у нас точно не было ни малейшего шанса. Если снова вернуться к нашей условной шкале, то это изменение произошло за четверть часа до наступления Нового года. Примерно когда мы открываем шампанское, чтобы проводить Старый год. Последствия этих перемен как раз и наблюдали Альберт Швейцер и другие ученые.

Мы говорим об эпохе индустриализации с ее фабриками, которые научились производить новую пищу. С приходом земледелия человек стал потреблять больше крахмала, расщепляемого в желудке до чистой глюкозы. С началом эпохи индустриализации проблема встала еще острее. Заводы и фабрики начали производить муку мелкого помола, в которой не остается ничего, кроме чистого крахмала. С точки зрения экономики, это имело массу преимуществ. Новая белая мука могла подолгу храниться на складах, не привлекая паразитов. Ведь в ней не содержится никаких питательных веществ, а на одном крахмале не выживет ни один паразит. Белая мука стала товаром, и ее начали доставлять в разные части света.

Индустриализация подарила нам еще один прибыльный товар белого цвета, который можно было развозить по всему свету наряду с мукой. Сладкий товар, который раньше был роскошью для избранных, а теперь дешево производился на фабриках. Со временем он стал доступен каждому в любых количествах, в виде сладостей и напитков. Мы говорим о сахаре. А чрезмерное потребление сахара воздействует на организм человека еще более пагубно, чем крахмал.

Куда бы ни попадали мука и сахар, всюду происходило одно и то же. Десять-двадцать лет — и новая западная пища оборачивалась для местного населения нежелательными последствиями. Причем всюду одними и теми же.

Третье и последнее изменение произошло только что. Возможно, если вы не слишком молоды, вы помните, как это было — ведь случилось это всего несколько десятилетий назад. Возвращаясь к упрощенной схеме эволюции — как раз перед боем часов, когда поднимают бокалы. К последствиям предыдущих изменений прибавился болезненный страх перед жирами и холестерином. Этот страх заставил многих отказаться от старой пищи в пользу новой. Болезни, которые раньше лишь смутно маячили на горизонте, сегодня стали реальностью. Подробнее о современной катастрофе будет рассказано во второй главе.

Пока еще перед нами — увлекательная часть истории. Мы кое-что знаем о последствиях первого изменения — земледелия, знаем чуть больше о втором этапе — эпохе индустриализации. Но что же происходит, когда мы едим новую пищу, быстрые углеводы?

Пять граммов глюкозы

Когда вы едите хлеб, испеченный из белой муки, то есть из чистого крахмала, крахмал в желудке быстро расщепляется до глюкозы и поступает в кровь, повышая уровень глюкозы. Наш организм еще не настолько развит, чтобы справляться с большим количеством крахмала.

Знаете, сколько глюкозы содержится в крови человека? Примерно пять граммов. Чайная ложка глюкозы, разведенная в пяти литрах крови, — при условии, что вы здоровы. Однако этот показатель может меняться.

Глюкоза в крови обычно держится на определенном уровне. После еды он никогда сильно не повышается, у здоровых людей — максимум на 50%. Дело в том, что повышенная глюкоза плохо отражается на сосудах.

Как организм справляется с избыточным количеством глюкозы, которую мы получаем из крахмала? Как ему все же удается поддерживать нормальный уровень глюкозы в крови? А так, что сахар усваивается и поступает в клетки. И тут должен поступить сигнал от гормона, который играет главную роль в нашей истории и в нашем организме. Этот гормон называется «инсулин».

На протяжении пяти миллионов лет, пока люди не пристрастились к крахмалу, инсулин отвечал за стабильный уровень глюкозы в крови. Если съесть большую тарелку макарон, риса или картошки, в кровь поступит более 100 г глюкозы. И это при нормальном уровне в 5 г. Чтобы хоть как-то его стабилизировать, подскочит инсулин — возможно, до патологически высокого уровня. Чем больше крахмала содержится в нашей пище, тем выше инсулин.

Инсулин также отвечает за отложение жира. Это одна из причин, по которой повышенный инсулин может быть опасен для организма. У представителей народностей, которые до поры до времени не ели новую пищу, уровень инсулина был заметно ниже сегодняшней нормы.

Это теория. А теперь небольшой пример из действительности — от человека, чей портрет украшает сегодня шведскую стокроновую купюру.

Различия между Сконе и Лапландией

Даже сотни лет назад можно было заметить, кто чем питается, кто ест новую пищу, а кто нет.

Диета разительно сказывается на жителях одной и той же страны. Саамы на севере живут единственно мясом, рыбой и птицей, а потому малорослы, худощавы, легки и подвижны. Крестьяне же южных шведских провинций на Сканской равнине едят горох и гречиху, пища их состоит в основном ex vegetabilibus farinaceis [из растительных мучных блюд]. Сложения они рослого и плотного — сильные, медлительные и тяжеловесные.

КАРЛ ЛИННЕЙ
Из книги «Путешествие по Сконе», 1751

То, что наблюдательный Линней заметил в XVIII веке, — всего лишь зачатки будущих перемен. Он увидел лишь последствия первого изменения — земледелия (которое было развито в Южной, но не в Северной Швеции)[2].

Следующие крупные перемены были не за горами. Можно было не обладать особой проницательностью, чтобы понять, что происходит.

---

[2] Жители южной области Сконе, возможно, и сами догадывались об этом. Одна старая известная сконская песня, обращенная к жителю тех мест, начинается так: «Будет тебе каша, будет к каше мед, будут твои щеки толще, чем живот».

Королевская роскошь становится повседневностью

В 1700 году один швед съедал в среднем 0,1 кг сахара в год. В 1850-м эта цифра выросла до 4 кг. Сегодня мы съедаем 45 кг сахара в год. В США дело обстоит еще хуже. Чистый сахар, который в Средневековье был изысканным деликатесом для самых богатых, постепенно становился все дешевле и доступнее. В этом заслуга эпохи индустриализации с ее фабриками.

Посмотрите, как резко выросло потребление чистого сахара (в килограммах на человека в год) на Западе начиная с XVIII века:

Килограммов сахара на человека в год

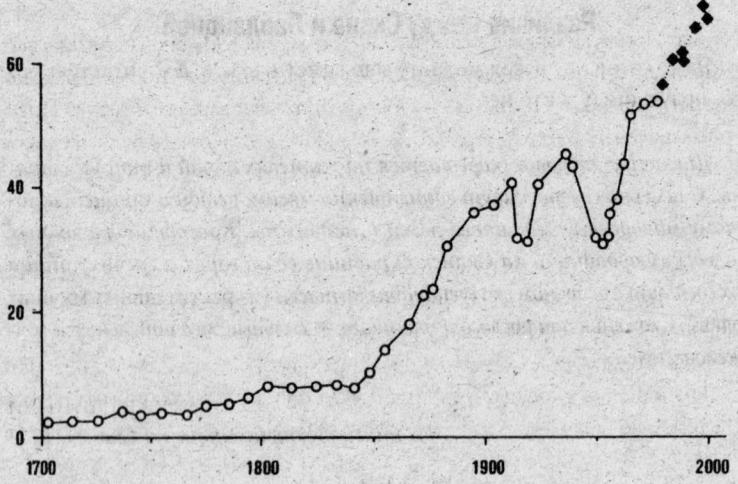

Источник: Johnson RJ, et al., 2007.

До 1975 года приведена статистика по Англии, далее — по США (черные квадраты на кривой). Два спада — это Первая и Вторая мировые войны, когда вводились продовольственные пайки. Всего несколько столетий назад мы почти не ели сахара, теперь же потребляем его в огромных количествах. Что это означает? Десятки килограммов сахара в год — не опасно ли это?

В отличие от крахмала, чистый белый сахар содержит не только глюкозу. Сахар лишь наполовину состоит из глюкозы. Другую половину составляет нечто иное: фруктовый сахар, который также называют фруктозой.

На протяжении своего развития человек ел не очень много фруктозы. Наш организм для этого не приспособлен. Современные исследования показывают, что фруктоза в больших количествах — это самые вредные для здоровья и веса углеводы. Но к этому мы еще вернемся.

Пока ясно одно: если вы готовы хоть что-то изменить в своем ежедневном рационе, исключите из него сахар[3]. Быть может, это окажется самым простым и эффективным способом поправить здоровье.

Что же произошло, когда новая пища эпохи индустриализации — чистый сахар и белая мука — распространились по свету? Об этом нам рассказывают самые разные источники.

Зубной врач Индиана Джонс

Пожалуй, мало кто сравнится с Вестоном А. Прайсом, американским стоматологом, который в 1920-е и 1930-е годы вместе с женой объездил весь мир, изучая примитивные народы. Он был одержим желанием узнать, почему эти люди кажутся намного здоровее цивилизованных. Супруги Прайс посетили аборигенов Австралии, полинезийцев с тихоокеанских островов, эскимосов, индейцев Южной и Северной Америк, жителей изолированных деревень в швейцарских горах, а также разные африканские племена.

Они добирались по воздуху в самые труднодоступные места, сплавлялись по рекам, продирались через джунгли и пытались общаться с местным населением на языке жестов. Их путешествия чем-то напоминают фильмы об Индиане Джонсе.

Прайс описывает свои поездки и открытия в книге 1939 года «Питание и физическое вырождение»[4]. У меня в руках недавно вышедшее седьмое переиздание этой замечательной книги, уже ставшей классикой. Прайсу как рассказчику, конечно, далеко до таланта Стивена Спилберга. Сухое перечисление потрясающих находок перемежается с длинными таблицами, фиксирующими количество дырок, обнаруженных им в зубах аборигенов. Конечно, ведь в первую очередь Прайс был зубным врачом. После того как предводителю племени подносили дары, местное население, похоже, добровольно выстраивалось в очередь, чтобы продемонстрировать доктору свои зубы и попозировать перед фотоаппаратом.

---

[3] Сладкие газированные напитки, воды и соки — самый верный способ растолстеть и испортить здоровье, так как в них содержится очень много сахара. Пейте лучше воду. Или вино.

[4] Weston A. Price. *Nutrition and Physical Degeneration.* — *Примеч. перев.*

Таблицы Прайса очень наглядны. У людей, не знакомых с нашей современной пищей, не было практически ни одной дырки. Зубы тех, кто ел сахар, были испорчены. Цифры не вызывают сомнений. Но поражают не столько цифры, сколько фотографии.

Люди, которых фотографировал Прайс в самом начале XX века, не знали, что такое стоматология. Не было у них ни зубной пасты, ни современных зубных щеток. И тем не менее — вот они перед нами, улыбаются своими белоснежными голливудскими улыбками. И так было везде, куда бы ни приехал Прайс, до тех пор пока не появлялись мука и сахар. Остальное в этой истории предугадать нетрудно.

Посетив какой-либо примитивный народ, Прайс отыскивал еще и тех из его представителей, кто жил ближе к западной цивилизации, — в портовых городах, например, где они имели доступ к западной пище, или же тех, кто работал на сахарных плантациях. Эти люди также не могли лечить или регулярно чистить зубы. Заглядывая им в рот, Прайс сразу понимал, едят они сахар и белую муку или нет.

По фотографиям видно, насколько разительно отличие. Зубы тех, кто жил на грани двух цивилизаций, сгнили. Сегодня такой жуткий кариес можно увидеть лишь у тех, кто вообще не ухаживает за полостью рта: у людей с различными зависимостями, психическими расстройствами и еще, возможно, у тех, кто панически боится зубных врачей.

Сахар и белая мука портят наши зубы, и требуется очень тщательная гигиена полости рта, чтобы этого избежать. Зато без сахара и крахмала кариес нам не грозит, даже если не чистить зубы. Ученые, исследовавшие останки людей каменного века, почти не обнаружили кариеса — даже у тех, кто прожил больше шестидесяти лет. Стоматологов это не удивляет. Бактерии кариеса живут за счет сахара, который сбраживает и превращается в кислоту, разъедающую зубы.

Хотя в далеком прошлом не было стоматологов, люди не страдали кариесом, поскольку питались пищей, предназначенной им природой. История подводит нас к следующему вопросу. Если сахар и белая мука портят зубы, что же они делают с нашим организмом?

Мы были так близки к истине

Производители сахара, разумеется, отрицают его пагубное воздействие на организм. С зубами, казалось бы, все понятно, хотя они и тут пытаются смешать карты. К примеру, компания *Danisco Sugar* сообщила недавно у себя на сайте, что дырки в зубах появляются не только и не столько от сахара, сколько «от плохой или недостаточной гигиены полости рта». С таким же успехом можно заявить, что цианистый калий не представляет особой опасности — было бы противоядие.

К каким только аргументам ни прибегают промышленники, чтобы опровергнуть очевидную связь с эпидемией ожирения, диабета и других западных болезней. К сожалению, им это неплохо удается. Хотя нам давно уже стоило бы одуматься и разобраться, что к чему.

Ведь мы были так близки к истине. Следовало просто прислушаться к тому, о чем в середине XX века твердили многие врачи. Они писали о последствиях эпохи индустриализации, о появлении муки и сахара. О том, как в связи с этим изменилась картина заболеваний в мире. Один человек, который мог бы удостоиться многих почестей и даже Нобелевской премии, свел все эти данные воедино.

В британском флоте

Томас Латимер Клив родился в 1906 году. Его сестра умерла от острого аппендицита, будучи еще совсем юной. Это только одна из болезней, о возможных причинах которой Клив напишет спустя много лет. Выучившись на врача, он устроился служить в британский флот. Друзья и коллеги называли его Питером.

Он работал в госпиталях британского флота в Гонконге и на Мальте и мог наблюдать, каким заболеваниям подвержены разные народы. Во время Второй мировой войны Клив служил врачом на линкоре. Постепенно перед ним открывалось нечто важное. После войны он вел переписку с сотнями врачей со всего мира. Он расспрашивал их о распространенности некоторых специфических болезней. Болезней нового времени.

Клив был увлечен теорией Дарвина об эволюции и естественном отборе. Каждый вид постепенно приспосабливается к своей среде обитания, но это происходит не сразу. То, насколько опасны те или иные факторы окружающей среды, например новая пища, определяется временем, которое отводится нам на привыкание. В нашей истории самым новым фактором был сахар, и его потребление мгновенно выросло во много раз.

То, что миллионы лет было частью окружающей среды человека, Клив считал естественным. Пищу, максимально похожую на естественную пищу человека, я называю в этой книге настоящей едой. Это, как мы скоро узнаем, и есть самая здоровая пища.

Клив составил длинный список новых болезней, которые распространились по всему свету спустя какое-нибудь десятилетие после того, как в нашем рационе появились новые продукты. Едва ли это было естественным. Вывод напрашивался один. Проблема не в человеческом организме, а в том, как мы его эксплуатируем. Среди новых заболеваний были ожирение, диабет, сердечно-сосудистые болезни, желчнокаменная болезнь, кариес, запоры, язва желудка и аппендициты.

В 1955 году Клив начал публиковать отдельные тексты, иллюстрирующие его теорию, а в 1974-м издал книгу под названием «Сахарная болезнь»[5]. Основной причиной всех новых западных заболеваний он считал сахар и муку[6].

Клив был убежден, что главная проблема — это высокая концентрация в пище «очищенных», рафинированных углеводов. Из-за них мы едим больше, чем нужно, и со временем это может привести к ожирению. Не обжорство и не лень делают человека толстым. Ведь дикие животные, подчеркивает Клив, не страдают от избыточного веса, сколько бы ни ели. Во всяком случае, если они едят естественную для них пищу. То же самое наверняка верно и в отношении людей: проблемы начались с появлением новой пищи.

Влияние сахара и крахмала на глюкозу в крови и инсулин в то время было еще недостаточно изучено. Свои выводы Клив основывал на эпидемиологии (как вместе с новой пищей распространялись болезни) и законах эволюции. Но даже не обладая современным научным знанием, Клив оказался очень близок к истине.

Клив был умным человеком и оттачивал свою теорию не одно десятилетие. Но оставался при этом аутсайдером. В завершение своей карьеры он возглавил научные исследования во флоте, но флот не был частью академического мира. Клив был другим. В отличие от ученых, которые копались в деталях, не вылезая из лаборатории, Клив мыслил широко, его интересовала глобальная картина мира. Его запросто могли не заметить или не принять всерьез. И все же

---

[5] Thomas Latimer Cleave. The Saccharine Disease. — *Примеч. перев.*

[6] Поскольку крахмал в муке расщепляется до глюкозы, Клив счел, что такое упрощенное и сокращенное название корректно описывает суть проблемы.

Как и книгу Вестона А. Прайса, работу Клива можно бесплатно скачать в Интернете. Я горячо рекомендую прочесть обе публикации всем, кто интересуется историей.

у него нашлись покровители в числе очень влиятельных врачей и ученых.

Ранние издания книги Клива снабжены предисловием сэра Ричарда Долла, врача, который доказал, что курение может вызывать рак легких. Долл писал, что если теория Клива подтвердится хотя бы отчасти, для медицины это будет значить больше, чем все, чего добиваются многие научные кафедры за век работы.

Автором другого предисловия к «Сахарной болезни» был известный врач Денис Бёркитт. Он долго работал в Африке и видел, как меняется ареал распространения новых заболеваний. Он знал, что Клив прав, то же самое ему сообщали и другие врачи. Бёркитт пишет, что идеи Клива настолько же революционны, как открытие бактерий или изобретение рентгена и антибиотиков. У теории Клива были все шансы на успех. Она могла изменить мир.

Но все оказалось намного сложнее. У Клива был харизматичный соперник, предложивший другую теорию, которая постепенно приобретала все больше сторонников.

Начало катастрофы

Повсюду в мире, где бы ни появлялась новая пища, происходило одно и то же. Пожалуй, вопрос: «Для какой пищи создано ваше тело?» — можно сформулировать иначе: «Для какой пищи ваше тело *не* создано?» История человечества дает один ответ: для сахара и муки.

Как же так вышло, что в конце XIX века люди этого не поняли и вместо сахара и муки исключили из своего рациона натуральный жир? Как они могли так оступиться? Как западный мир стал жертвой того, что впоследствии, по вине жесткой конкуренции, оказалось, возможно, одной из самых фатальных медицинских ошибок?

История напоминает триллер и фильм-катастрофу одновременно. Что ж, давайте начнем.

Illustration Time Magazine 26/3, 1984
© Time Inc.
All rights reserved

ГЛАВА ВТОРАЯ
Ошибка, жирофобия и эпидемия ожирения

«Сожалею, но это действительно так. Холестерин смертельно опасен. Откажитесь от жирного молока. Откажитесь от масла. Откажитесь от жирного мяса...»

26 марта 1984 года. Отныне при одной мысли о жире американцы должны трепетать от ужаса. Название и начало главной статьи *Time* развеивает последние сомнения. Ей вторит и фотография грустного завтрака на обложке: глаза глазуньи и беконовый рот сулят невеселое начало дня. Заголовок объясняет остальное: «ХОЛЕСТЕРИН: А теперь плохая новость».

Сегодня, в «бесплодьи умственного тупика», глядя на сотни миллионов толстых американцев, стоит оглянуться назад, на 26 марта 1984 года.

То, о чем докладывали СМИ, как ни странно, было результатом клинического исследования одного лекарственного препарата. Сообщалось, что этот препарат нормализует уровень холестерина и снижает риск инфаркта миокарда. Это было первое исследование, которое наконец, после многих бесплодных попыток, смогло подтвердить модную теорию о вреде жиров. Теорию, ради которой многие политики, ученые и лоббисты рисковали своей карьерой. И вот их час пробил. Но не ошиблись ли они?

Положим, какая-то таблетка снижает риск инфаркта миокарда у сердечно-сосудистых больных, но доказывает ли это, что обезжиренная пища поможет всем американцам стать здоровее?

Конечно, нет. Кампания по устрашению населения была пробным камнем. Никто не знал, что будет потом. Стоявшие за ней политики и ученые наверняка были движимы самыми благими намерениями, но они также полагали, что цель оправдывает средства. В своей убежденности они пренебрегли научными доказательствами. Но сегодня вывод для нас очевиден. Король был голый. Самоуверенность не может заменить доказательства.

А вообще-то они играли в рулетку — поставив на кон здоровье всего западного мира. Они поставили все на красное и сильно рисковали. Как так получилось? Мы еще к этому вернемся, но для начала сделаем одно важное уточнение.

Есть поменьше жирной пищи — ну что в этом может быть опасного, скажете вы. Разве может быть опасным «меньшее количество» чего бы то ни было — разумеется, если человек не находится на крайней степени истощения?

Изъяв из рациона какой-то продукт, вам придется восполнить его чем-то другим. Конечно, если вы не собираетесь голодать. Сократив жиры, вы должны есть больше углеводов. Потому что жиры и углеводы — основные источники энергии. Белки и алкоголь — тоже, но в меньшей степени.

Если вы едите меньше жиров, значит, вы едите больше углеводов. Это неизбежно. Только каких углеводов? Когда американцам посоветовали есть поменьше жирного, какими продуктами они заменили этот важный источник энергии? Думаете, они питались исключительно фасолью и ростками? Или... новой дешевой едой, сахаром и мучными продуктами, которые резко повышают глюкозу в крови и гормон инсулин, отвечающий за отложение жира?

Новые правила игры были на руку пищевой промышленности. Производители продовольственных товаров торжествовали. С начала 1980-х годов они получили возможность делать свои продукты из самых дешевых ингредиентов, сахара и крахмала, разводить их водой, умащивать пищевыми добавками и дорого продавать под новой модной маркой «лайт», сулившей всем здоровье и процветание. Скучный вкус такой еды маскировался сахаром, солью и ароматическими веществами.

Сегодня мы видим, чем обернулся для тяжеловесного Запада этот эксперимент по всеобщему обезжириванию. Это страшное зрелище. Мы имеем дело с настоящей эпидемией ожирения и так называемого метаболического синдрома, которые с полным правом могут называться западным недугом. Не отстают от них и другие новые болезни нашего времени.

Благие намерения

Давайте отмотаем время назад и заглянем в 1958 год. Говорят, будто благими намерениями вымощена дорога в ад. Самые благие намерения руководили ученым Энселом Кизом. Он хотел спасти западный мир от смертельной болезни и полагал, что нашел ответ. Холестерин. Долой холестерин!

Киз родился в 1904 году. Он был единственным ребенком в семье. Сказать, что он был амбициозным — значит, не сказать о нем ничего.

К тридцати годам он защитил две докторские диссертации — по биологии и по физиологии.

Вскоре Киз возглавил экспедицию в Анды, чтобы изучить реакцию организма на большие высоты. Зимой, когда ночная температура падала до -45°C, он разбил лагерь на высоте 6 000 метров. Несколько участников чуть не погибли от тяжелой горной болезни, но Киз легко выдержал испытание.

Во время Второй мировой войны Киз занимался разработкой пайков для военнослужащих, так называемых «пайков К» — пайков Киза. Ежедневный паек энергоемкостью в 3000 ккал включал, в частности, шоколад, жевательную резинку и двенадцать сигарет.

Ближе к концу войны Киз проделал удивительное по тем временам исследование голодания. Сегодня подобный эксперимент вряд ли был бы возможен по этическим соображениям. В его распоряжении было тридцать шесть отказников, которые не хотели идти на фронт. Вместо этого он предложил им полугодовое голодание под тщательным наблюдением специалистов. В среднем подопытные потеряли 25% массы тела[7].

Однако прославился Энсел Киз другими исследованиями — теми, благодаря которым он попал на обложку журнала *Time* и стал известен как «мистер Холестерин».

Проще простого

Все началось с фермера. К Кизу направили одного крестьянина, державшего молочную ферму и страдавшего от мелких внутрикожных образований — ксантом — на веках и локтевых ямках. Когда их вскрыли, то внутри них обнаружили желтоватое воскообразное вещество, чистый холестерин.

---

[7] Голодание стало причиной депрессий и страхов у многих участников этого эксперимента. Некоторые говорили о дефиците внимания и заторможенности. Кроме того, была отмечена одержимость едой, сильно пониженный интерес к сексу, асоциальность. Один из подопытных отрубил себе три пальца — возможно, ради того, чтобы избежать дальнейшего участия в исследовании. На физическом уровне наблюдались замедленный обмен веществ, низкая температура тела и редкий пульс. Многие из названных симптомов характерны также при таких нарушениях пищевого поведения, как анорексия и булимия.

Голодающие получали ежедневно 1560 ккал, их рацион состоял в основном из крахмалсодержащих продуктов, таких как хлеб и картошка. Кроме того, они должны были заниматься тяжелой физической работой и много гулять. Не правда ли, это напоминает современные советы желающим похудеть?

Холестерин у фермера зашкаливал. У его брата холестерин был тоже повышен, видимо, это было наследственное нарушение.

Киз поселил обоих братьев у себя в лаборатории и в течение недели кормил их обезжиренной пищей (не особо вкусной). Холестерин временно снизился. Киз сделал свои выводы. Выводы, которые имели серьезные последствия.

Киз опирался на два наблюдения. Во время войны, когда еды не хватало, в Северной Европе от инфаркта умерло меньше людей, чем в мирное время, когда еды было больше. Киз заинтересовался этим явлением. Судя по цифрам, причиной инфаркта является какой-то повседневный продукт питания, которого явно не хватало во время войны. Но что именно это за продукт?

Второе наблюдение, которое сделал Киз, — это факторы, предшествующие инфаркту. Артерии сужаются. На их стенках образуются утолщения, бляшки. Бляшка может оторваться, и кровь на месте ранки свернется, образовав тромб. Артерия может закупориться, и ткань начнет отмирать из-за недостатка кровоснабжения. Если такая закупорка произойдет в артериях сердечной мышцы, это приведет к инфаркту миокарда. В бляшках содержится ни что иное, как холестерин.

Для Киза связь была очевидна. Теория казалась логичной, во всяком случае, для инженера. Жирная пища (позже переименованная в насыщенные жиры) повышает холестерин в крови, холестерин накапливается в артериях и приводит к сердечно-сосудистым заболеваниям. Неужели Киз нашел ответ?

Говорят, у любой сложной проблемы есть простое, понятное и... ошибочное решение. Верна ли была теория Киза? Существовал только один способ проверить это. Провести научное исследование.

Семь стран

В 1950-е Киз все больше изучает влияние жиров и холестерина на сердечно-сосудистые заболевания. Он проверяет уровень холестерина у разных групп людей — у неапольских пожарных, у мадридских богачей и бедняков.

Вместе с женой Маргарет, биохимиком по профессии, он отправляется в Южную Африку, и Маргарет систематически проверяет показатели холестерина у белого и темнокожего населения. А дальше — Япония, Финляндия, Голландия, Греция, Югославия... Энсел Киз и его супруга объездили со своими холестериновыми тестами чуть ли не весь мир.

Киз решил, что нашел ровно то, что искал. Кажется, связь есть. Богатые люди в богатых странах едят больше жира, холестерин у них выше, сердечно-сосудистые заболевания — чаще.

СМИ все больше писали о Кизе. В статье 1956 года он утверждает: «Чем выше ваш доход, тем жирнее пища, которую вы едите. Зарабатывать больше двухсот долларов в неделю вообще опасно для жизни — от такого количества жиров вы просто умрете».

Такие выводы Киза вызывают сомнения. Искал ли он правду или хотел доказать, что прав?

Сердечно-сосудистые заболевания дегенеративного характера, 1948–1949 гг., мужчины в возрасте 55–59 лет
Источник: Keys A., 1953.

Смертность на 1000 человек

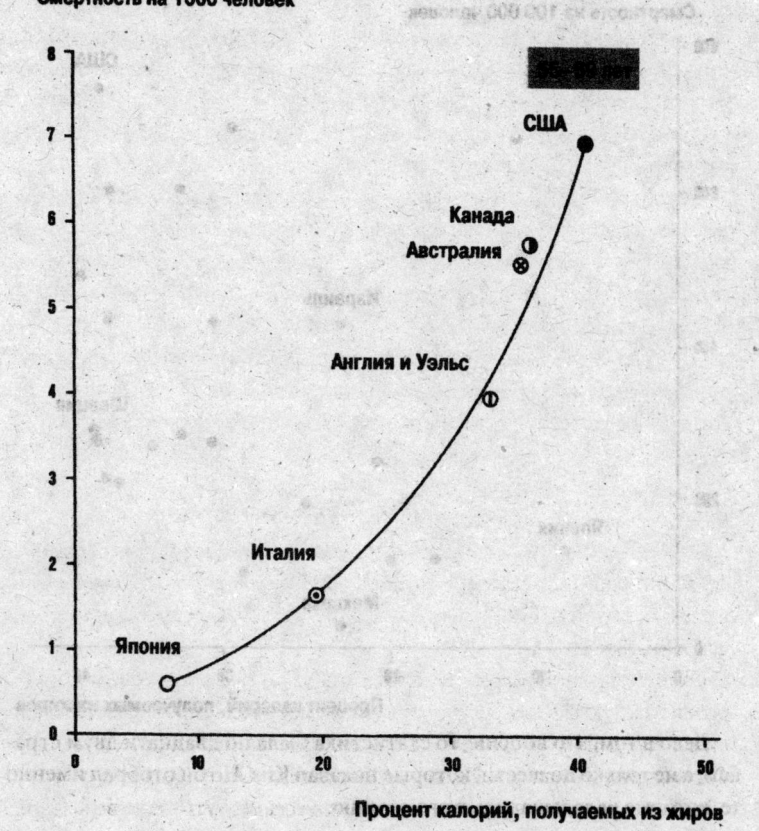

(график: Япония ~8, ~0.6; Италия ~20, ~1.6; Англия и Уэльс ~32, ~4; Австралия ~35, ~5.5; Канада ~36, ~5.7; США ~40, ~7)

Процент калорий, получаемых из жиров

Если он ошибся, мог ли он это признать? В 1953 году Киз опубликовал свое исследование о связи сердечно-сосудистых заболеваний с потреблением жира в шести странах — см. график на с. 37. Чем больше жира едят жители той или иной страны, тем выше статистика заболеваний. Результаты поражали своей наглядностью. Судя по диаграмме Киза, жирность пищи — единственный фактор, влияющий на сердечно-сосудистые заболевания. Возможно ли такое? Конечно, нет.

Несколько лет спустя один коллега Киза решил проверить, так ли все на самом деле. Опираясь на те же цифры, что и Киз, он получил вот такую диаграмму (каждая точка обозначает страну, некоторые точки подписаны):

Сердечно-сосудистые заболевания дегенеративного характера, 1948—1949 гг., мужчины в возрасте 55—59 лет
Источник: Yerushalmy J., et al., 1957.

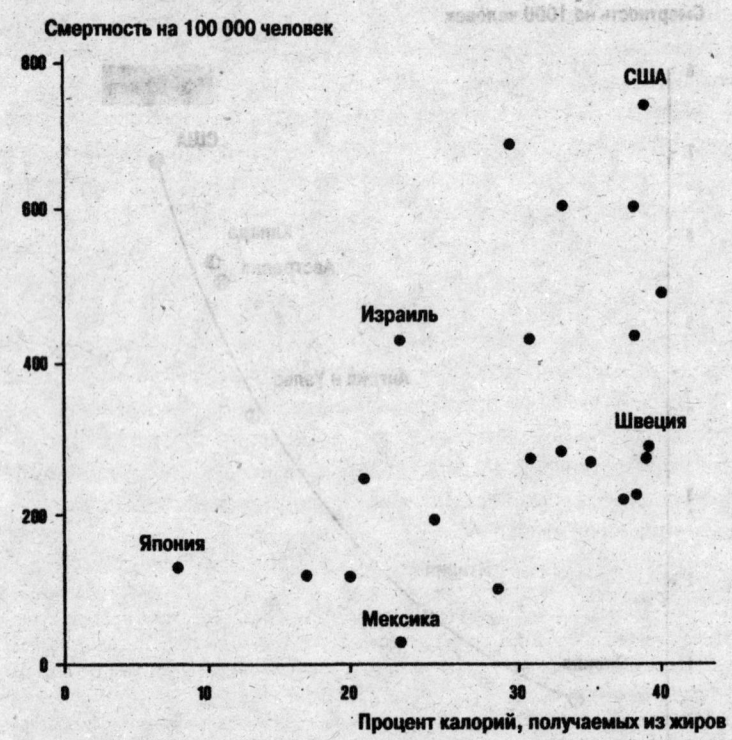

Смертность на 100 000 человек

Процент калорий, получаемых из жиров

Дело в том, что вообще-то статистика была по двадцати двум странам, а не только по шести, которые показал Киз. Но он отобрал именно те, которые укладывались в его теорию.

Манипуляции со статистикой — для ученого смертный грех. Но разоблачение осталось незамеченным, и Киз продолжал гнуть свою линию. Он был на пути к новым свершениям. К главному, как считают многие, достижению своей жизни. Следующая его работа, так называемое «Исследование семи стран», послужит основой будущей глобальной жирофобии.

Исследование было начато в 1958 году и продолжалось несколько десятилетий. Объектом изучения стали двенадцать тысяч мужчин среднего возраста в Италии, Греции, Югославии, Голландии, Финляндии, Японии и США. Ученые наблюдали за их питанием, измеряли уровень холестерина в крови и фиксировали наличие сердечно-сосудистых заболеваний. По тем временам это был впечатляющий, масштабный проект.

Но тут история снова сделала неожиданный поворот. «Исследование семи стран» не обнаружило никакой четкой связи между потреблением жира и сердечно-сосудистыми заболеваниями. Вообще никакой. В Греции, например на Крите, ели очень жирную пищу, а уровень заболеваемости был самым низким.

Тогда Киз переформулировал свою теорию. Не всякие жиры вредны для сосудов, а лишь одна их разновидность. Насыщенные жиры. В этом случае статистическая связь все же просматривалась[8]. Именно тут началась всеобщая жирофобия.

Жир для теплокровных

Возможно, вы полагаете, что насыщенные жиры — это вредно. Но что это такое? Жиры можно разделить на две группы. Ненасыщенные становятся жидкими при комнатной температуре (как оливковое или подсолнечное масло). Насыщенные при комнатной температуре сохраняют твердую консистенцию. Они содержатся в животных жирах (сливочное масло, свиное сало) или в тропических растениях (кокосовое и пальмовое масла).

---

[8] Это гипотеза ad hoc, объяснение, сконструированное вдогонку, когда существует риск, что исходная теория окажется несостоятельной. Такие гипотезы иногда срабатывают, однако чаще всего их наличие свидетельствует о том, что вся теория ошибочна.

В псевдонауке — например в парапсихологии — часто прибегают к гипотезам ad hoc. Забавный пример — как сторонники теории трех биоритмов утверждали, что могут предугадывать пол будущего ребенка. Когда же один эксперимент чуть ли не провалился, кто-то из них объяснил, что среди детей, чей пол был определен неверно, наверняка много будущих гомосексуалистов.

Насыщенные жирные кислоты

Ненасыщенные жирные кислоты

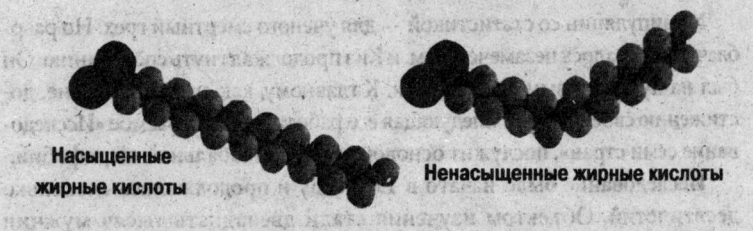

Почему это так? Не волнуйтесь, все на удивление просто. Жиры — это цепочки атомов углерода (на илл. — темно-серого цвета), к которым присоединяются атомы водорода (светло-серого цвета).

В молекуле насыщенных жирных кислот атомов водорода много, и они расположены вдоль всей цепочки атомов углерода. Поэтому молекула прямая. Если одного или нескольких атомов водорода не хватает, то молекула искривляется. И тогда ее называют мононенасыщенной или полиненасыщенной, в зависимости от того, сколько атомов водорода отсутствует.

Молекулы насыщенных жиров (те, что прямые) могут присоединяться друг к другу особенно плотно. Поэтому при комнатной температуре эти жиры остаются твердыми. Но если их нагреть, молекулы оторвутся друг от друга и консистенция изменится. Например, сливочное масло растопится, если его нагреть в кастрюле.

Как, по-вашему, какие жиры в рационе человека наиболее натуральны? Вопрос на засыпку. Натуральны и те, и другие.

Насыщенные жиры содержатся в мясе всех теплокровных животных и в молоке млекопитающих. Насыщенные становятся жидкими при температуре тела, то есть 37°С. Такие жиры, по мнению Энсела Киза, опасны для человека. При достаточной доле сообразительности вы легко заподозрите неладное.

Человек — тоже теплокровное животное. Наш организм тоже во многом состоит из насыщенных жиров, и даже в грудном молоке женщины их полным-полно. Как же они могут быть опасными? Это странная мысль. Так ли это?

Инфаркт от налогов

То, что Киз немного смухлевал со статистикой, чтобы доказать свою теорию, на самом деле неважно. Будь его исследования безупречны, они бы все равно не доказали, что жиры являются причиной сердечно-сосудистых заболеваний. Подобные заключения содержат те же логические ошибки, которыми пестрят статьи о здоровье в вечерней прессе. Вот один пример. Может ли муниципальный налог стать причиной инфаркта?

Ответ в духе логики Киза 1950-х или же современной логики вечерней прессы — да, может. Муниципальный налог приводит к инфаркту. Смотрите на диаграмму ниже и судите сами.

В коммунах, где жители облагаются высоким муниципальным налогом, многие умирают от инфаркта. В коммунах, где муниципальный налог ниже, люди здоровее. Уж куда нагляднее.

Будем рассуждать дальше. Попробуйте продолжить кривую влево. Вы увидите, что если налог снизить на 9%, то от инфарктов умирать уже никто не будет.

Всем ясно, что то, о чем мы здесь рассуждаем, — полная ерунда. Причина инфарктов наверняка заключается в чем-то другом. Возможно, жители более благополучных коммун, где налог не столь высок, в среднем здоровее. Допускаю, что пример не самый блестящий. Но смысл в том, что эта диаграмма работает так же, как кривая Киза в его исследовании. В этом графике потребление жиров просто заменили на налоги. Разница в том, что связь между потреблением жиров и сердечно-сосудистыми заболеваниями кажется более правдоподобной. С научной же точки зрения, доказательства в обоих случаях одинаково несостоятельны. Подобные статистические привязки не выявляют причинно-следственных связей.

Зависимость уровня сердечно-сосудистых заболеваний от муниципального налога
Источник: Uffe Ravnskov, "Fett och kolesterol är hälsosamt" av, Optimal förlag 2008, sid. 29.

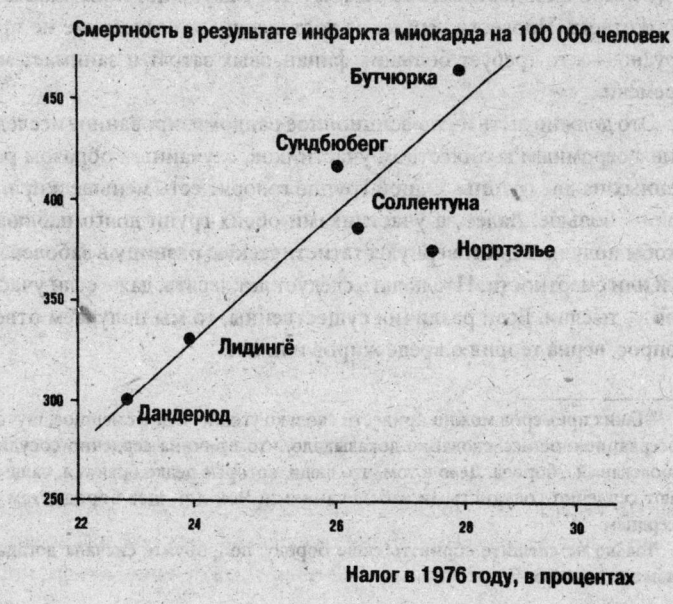

Смертность в результате инфаркта миокарда на 100 000 человек

Бутчюрка
Сундбюберг
Соллентуна
Норртэлье
Лидингё
Дандерюд

Налог в 1976 году, в процентах

Это такие же ошибочные утверждения, как те, что регулярно встречаются в заголовках вечерней прессы, когда нам сообщают, что X дает Y, например: «Загрязненный воздух — причина избыточного веса» или «Чтобы похудеть, надо завтракать». То, что менее состоятельные и более склонные к полноте люди часто живут в экологически неблагоприятных районах, еще не доказывает, что они растолстели именно из-за плохого воздуха. То, что худые люди, как правило, завтракают, не доказывает, что можно похудеть, если больше есть.

Обсервационные (наблюдательные) исследования, когда ученые просто наблюдают за происходящим, не доказывают причинно-следственных связей. Они могут лишь породить теорию, требующую более тщательной проверки.

Приведу еще один пример: когда шведы едят много мороженого, в водоемах тонет больше людей. Связь очевидна. Доказывает ли это, что люди тонут от мороженого? Или что-то совсем другое, например, что и то, и другое довольно часто случается летом[9]?

Даже если бы Киз не мухлевал, его аргументы скорее из разряда тех, что демонстрируют связь между съеденным мороженым и числом утопленников. Но он к тому же еще и отобрал лишь те страны, которые отвечали его требованиям, и доказательства утратили всякую силу.

Мы неспроста продолжаем спорить, что такое здоровое питание в долгосрочной перспективе. Потому что у науки нет пока окончательного ответа. Провести серьезное достоверное исследование не просто трудно — это требует больших финансовых затрат и занимает много времени.

Это должно быть интервенционное рандомизированное исследование с огромным количеством участников, случайным образом разделенных на две группы. Одной группе говорят есть меньше жира, другой — больше. Далее за участниками обеих групп долго наблюдают, чтобы получить достоверную статистическую разницу в заболеваемости или смертности. Наблюдать следует лет десять, даже если участников — тысячи. Если различия существенны, то мы получаем ответ на вопрос, верна теория о вреде жиров или нет.

---

[9] Таких примеров можно привести сколько угодно. Одно смешное, шуточное обсервационное исследование доказывало, что причина сердечно-сосудистых заболеваний... борода. Дело в том, что люди, которые редко бреются, чаще страдают сердечно-сосудистыми заболеваниями. Чем длиннее борода, тем хуже с сердцем.

Только не спешите сбривать свою бороду, попробуйте сначала догадаться, с чем это связано.

Такое интервенционное исследование справедливо, потому что участников разных групп отличает друг от друга только один общий фактор. В обсервационных исследованиях факторов отличия, напротив, очень много, и определить, какой из них оказался решающим, невозможно. В интервенционных исследованиях известно: отличие было одно — значит, именно оно стало причиной того или иного результата.

В начале 1970-х в США думали провести подобное масштабное исследование на деньги налогоплательщиков. Что же помешало? По предварительным подсчетам, оно могло стоить больше миллиарда долларов. Никто не желал платить столько денег. Вместо этого было запущено несколько проектов поменьше, не столь дорогостоящих. Однако они бы тоже заняли около десяти лет, и никто не знал к тому же, смогут ли они что-либо доказать. Не все готовы были ждать.

Продать теорию

Но что же стало с первой теорией, по которой главной причной западных болезней были сахар и крахмал? Ведь в середине XX века в развитых странах, где статистика инфарктов была выше, люди ели не только насыщенные жиры. Не менее очевидной была связь с потреблением сахара и муки. Аутсайдер Клив, не принятый академическим сообществом, отмечал их влияние на многие другие новые болезни, но главная битва развернется вокруг сердечно-сосудистых заболеваний. Что вреднее: жиры или сахар?

Теории были зеркально противоположными и скорее всего взаимоисключающими. Если одна из них имела право на существование, другая должна была исчезнуть. На пути Энсела Киза встал другой ученый с мировым именем.

Профессор Джон Юдкин родился в 1910 году в Лондоне в бедной еврейской семье, бежавшей из России. В 1930-е годы он женился на еврейке, в свою очередь бежавшей из Германии. Они прожили вместе всю жизнь.

Отслужив военным врачом в Западной Африке, Юдкин получил звание профессора физиологии в Лондонском университете. В течение нескольких последующих десятилетий Юдкин занимался научными исследованиями и доказал четкую связь между сердечно-сосудистыми заболеваниями и потреблением сахара. Позже выйдет его книга «Чистый, белый, смертельный»[10]. Речь, разумеется, идет о сахаре.

---

[10] John Yudkin. Pure, White and Deadly. — *Примеч. перев.*

Джон Юдкин был уверен, что теория о вреде жиров ошибочна, и наибольший вред для человека представляют сахар и другие углеводы. Энсел Киз был убежен в обратном. Мир был тесен для них обоих. Кто выйдет победителем?

Если Юдкин прав, значит, Киз ошибался и все его труды напрасны. Неудивительно, с каким напором Энсел Киз отстаивал свою правоту.

Киз сочинил длинное, на редкость желчное письмо, в котором пункт за пунктом развенчал исследования Юдкина как не имеющие научной ценности. Он разослал его всем ведущим ученым в этой области и опубликовал в серьезном медицинском журнале. Киз писал, что абсурдно использовать данные по сорок одной стране, чтобы доказать связь между потреблением сахара и сердечно-сосудистыми заболеваниями. О своих манипуляциях с цифрами он, однако, умолчал.

Дальше — хуже. Юдкин был не очень сильным оратором и в дебатах против Киза обычно проигрывал. Джон Юдкин проиграл эту битву. К тому же против него были настроены представители сахарной промышленности, что также сыграло на руку Кизу.

Юдкин вышел на пенсию рано, в 1971 году, а на его место университетское начальство поставило человека, поддержавшего теорию о вреде жиров. Юдкин уехал в Израиль. Киз растоптал его вместе с его теорией. В дальнейшем, если кто-то позволял себе усомниться в теории о вреде жиров, про него презрительно и в то же время предупредительно говорили: «прямо как Юдкин». Скоро в рядах ученых воцарилось единодушие.

Юдкина осмеяли, его имя произносили не иначе чем с улыбкой. Он так и не дождался реабилитации. Но вопрос актуален и по сей день. Был ли Юдкин прав? Ведь если все было известно еще в 1970-е, вряд ли бы его так легко списали со счетов[11].

Альтернативы нет

Теория о вреде жиров постепенно становилась общепринятой. Профессор Юдкин был обезврежен. Но как же быть с теорией Клива, свидетельствующей о распространении новых заболеваний среди примитивных народов? Ведь говорили, что открытие Клива могло изменить

---

[11] Некоторые опережают свое время. В 2009 году профессор Роберт Х. Ластиг из Сан-Франциско прочел хвалебную лекцию памяти Юдкина «Сахар: горькая правда» (Robert H. Lustig. Sugar: The Bitter Truth). Лекция набрала полмиллиона просмотров в «Ютьюбе».

Ластиг сказал: «Все то, о чем говорил Юдкин, сбылось до мельчайших подробностей. Это потрясающе. Я преклоняюсь перед этим человеком».

мир, его потенциал сравнивали с изобретением антибиотиков. От его теории также пришлось отказаться.

По сути все было просто. Если жиры вредны, то углеводы быть вредными не могут. Потому что ничем кроме углеводов жиры не заменишь.

Врач-хирург Денис Бёркитт за свою карьеру прославился дважды. Во-первых, в 1950-е, во время работы в Африке, он описал специфическую злокачественную опухоль, вызываемую вирусом. Заболевание назвали в его честь лимфомой Бёркитта. Это открытие принесло ему известность, и люди стали к нему прислушиваться.

По возвращении в Англию его представили Кливу, и Бёркитт нашел его теорию блестящей и чрезвычайно важной. Бёркитт написал предисловие к книге Клива «Сахарная болезнь», о котором мы упоминали раньше. Однако вторым «достижением» Бёркитта было искажение и саботаж теории Клива.

Бёркитт знал, что Клив прав. Посещая больницы в США, он видел множество афроамериканцев, страдающих диабетом и сердечно-сосудистыми заболеваниями. В Африке, где прежде работал Бёркитт, такого не наблюдалось. Болезни были, очевидно, связаны с потреблением сахара и муки. Но как понять — содержится ли в новой пище что-то вредное, или в ней не хватает чего-то полезного?

Денис Бёркитт, как и многие его современники, был одержим проблемой запоров. Легкоусвояемая западная пища — такая, как сладкое и мучное, — бедна клетчаткой. Чем меньше клетчатки, тем хуже стул, работа кишечника соответственно замедляется. В этом-то Бёркитт и видел причину современных заболеваний.

Он ставил эксперименты на своих близких, чтобы узнать, сколько времени проходит с момента приема пищи до опорожнения кишечника. После чего продолжил свое исследование на 1200 добровольцах в разных частях света.

Бёркитт отмечал время прохождения пищи по пищеварительному тракту и консистенцию стула. В Уганде рекорд составил 980 граммов кала в день. В Англии результаты были совсем скромными, и запоры являлись общераспространенной проблемой[12].

---

[12] Интерес Дениса Бёркитта к этому вопросу, казалось, не знал границ. Он часто говаривал, что здоровье нации определяется количеством кала и его плавучестью в воде. Однажды Бёркитт шокировал даже профессионально закаленных гастроэнтерологов и проктологов, спросив, знают ли они, сколько какают их жены.

Бёркитт перевернул теорию Клива с ног на голову. Проблема, по его мнению, заключалась не в рафинированных углеводах, а в недостатке клетчатки, того, чего не хватает в современной пище. Все достоинства теории были на лицо. Теперь она могла сосуществовать бок о бок с теорией Киза и приобрела популярность. Богатая клетчаткой нежирная пища стала синонимом полезной еды. Узнаете?

Но что было не так с новой теорией-перевертышем? А то, что она просто-напросто ошибочна. Недостаток клетчатки не объясняет появление новых западных болезней. Те народы, которые получали минимум клетчатки и углеводов (эскимосы, масаи, саамы), оставались здоровыми и без клетчатки до тех пор, пока в их рационе не появлялись сахар и мука. Этого теория клетчатки объяснить не могла.

Уже после Бёркитта проводились крупные научные исследования по изучению профилактических свойств дополнительных доз клетчатки, но всякий раз они оканчивались ничем. Единственно, на что клетчатка действовала безусловно положительно, так это на запоры. А в остальном у людей с повышенной чувствительностью она вызывает только газы и колики. Клетчатка тормозит всасывание углеводов, что хорошо. Но без сахара и крахмала дополнительная клетчатка вам скорее всего и не нужна.

Клив и Юдкин были очень близки к истине. Но к концу 1970-х годов о них почти забыли. Их исследованиям предстояло пылиться на полках еще много десятилетий. Зато мы наблюдаем последствия того, от чего они нас пытались предостеречь.

Дело решают политики

Научно доказать теорию о потенциальном вреде жиров было непросто. Но она постепенно приобретала популярность. Не забывайте еще, что дело было в 1970-е. Считалось, что потребляя мясо и яйца, мы истощаем ресурсы Земли, к тому же вегетарианская, бедная жирами пища решала проблемы голода в Африке.

И хотя наука не давала однозначного ответа, хотя доказательства были несостоятельны, а мнения противоречивы, победитель вскоре был выбран — довольно неожиданным образом.

«Жюри» заседало в одном политическом комитете в США под руководством сенатора Джорджа Макговерна. Только что участники обсудили проблему голода и недоедания и уже собирались расходиться, однако заодно решили поговорить о переедании.

В течение двух дней участники слушали доклады экспертов, а в июле 1976 года были составлены первые рекомендации по здоровому питанию в США. Вопрос о жирах доверили специалисту, который был убежден в их вреде и советовал сократить их потребление.

В январе 1977-го отчет вышел в свет и сразу вызвал горячие споры. Рекомендации были очень противоречивы. Макговерн снова собрал комитет и выслушал еще несколько докладов экспертов. Многие отмечали, что советы об исключении жиров из рациона не обоснованы, польза этого метода не доказана, побочные эффекты не изучены. Кто-то, напротив, поддерживал исходное предложение.

Позже была опубликована обновленная версия официальных рекомендаций. Формулировки звучали мягче, однако общий тон почти не изменился — нежирная пища признавалась полезной. Споры продолжались еще многие годы, но постепенно официальные рекомендации получили все более широкое признание.

Ученые тогда еще не пришли к единому мнению относительно пользы такой пищи. Но этому скоро суждено было измениться.

В погоне за доказательствами

В США решили, что миллиард долларов за научное исследование, каким бы революционным оно ни было, это слишком дорого. Вместо этого, чтобы доказать теорию о вреде жиров, было запущено шесть других, менее масштабных проектов. В начале 1980-х ученые начали получать результаты.

К сожалению, первые пять исследований не обнаружили никакой связи между потреблением жиров и сердечно-сосудистыми заболеваниями. Первое исследование, названное аббревиатурой MRFIT[13], обошлось в сто пятьдесят миллионов долларов. Несмотря на рекомендованную участникам низкожировую диету и даже на то, что им помогали бросить курить и назначали препараты от повышенного давления, никакой явной пользы для сердца обнаружено не было.

Что же делать? Многие были убеждены, что жиры вредны, и это подтверждали опубликованные официальные рекомендации. Не хватало лишь доказательств, но получить их было не так-то просто. Несмотря на выкинутые на ветер деньги, никаких научных доказательств не было.

---

[13] Multiple Risk Factor Intervention Trial — «Экспериментальное исследование множественных факторов риска». — *Примеч. перев.*

И тогда последовало то, что должно было убедить большинство и заткнуть рот тем, кого не убедили. Это исследование не было посвящено питанию или безжировой диете. Предметом его был холестерин: как при помощи лекарственных препаратов снизить холестерин в крови.

Эта работа, последняя из шести, дала желаемый результат — статистически достоверные цифры. Правда, это было исследование не диеты, а лекарства. Но иногда приходится довольствоваться тем, что есть.

Препарат тестировался на мужчинах с очень высокими показателями холестерина. Риск смертельного исхода во время исследования в опытной группе (среди тех, кто принимал препарат) был немного ниже — 1,6%, в контрольной группе (среди тех, кто препарат не принимал) он составил 2%.

Итак, это было клиническое исследование лекарственного препарата. Однако вывод последовал такой: снижение холестерина посредством безжировой диеты наверняка так же эффективно, как лекарство. Только этого как раз никто не проверял, а те исследования, которые проверяли, доказать ничего не смогли.

За неимением доказательств решили рискнуть. Тем более что у теории о вреде жиров появлялось все больше сторонников. Люди каждый день умирали от инфарктов, и никто не желал ждать новых исследований — к тому же в данный момент никаких больших исследований не проводилось, а новые растянулись бы на много лет. Пора было действовать[14].

Земледелие (со своим крахмалом) и эпоха индустриализации (с сахаром и мукой) внесли две первые перемены в рацион человека. Наш условный "год" эволюции подходит к концу, часы вот-вот пробьют двенадцать, и в этот момент происходит третье и последнее изменение.

1984 год. В США стартует масштабная кампания, призванная убедить американский народ во вреде жиров и холестерина.

---

[14] Если вы хотите больше узнать о том, как возникла и победила теория о вреде жиров, то могу порекомендовать вам статьи американского научного журналиста, лауреата многих премий Гари Тобса (Gary Taubes).

Первая статья Тобса, «Теория о пользе жиров» (*The Soft Science of Dietary Fat*), вышла в журнале *Science* в 2001 году. Затем, в 2002-м, последовала «Что если все это наглая (букв.: жирная) ложь?» (*What if It's All Been a Big Fat Lie?*) в *New York Times*. Статьи можно найти в Интернете, советую искать по названиям. Через пять лет после этого, в 2007 году, у Тобса вышла книга «Хорошие калории, плохие калории» (*Good Calories, Bad Calories*). Потрясающая книга об истории и науке о питании и здоровье, правда, довольно объемная.

Поставить все на красное

Теория о том, что все новое в рационе человека — сахар и белая мука — является причиной западных болезней, была развенчана. При том, что всерьез ее никто даже не проверял, а те небольшие исследования, которые все-таки были проделаны, дали хорошие результаты.

Теория о вреде крахмала и сахара на ближайшие десятилетия была сослана на задворки «настоящей» науки как некая альтернативная медицина, как эффективная, но крайне противоречивая диета для похудения. В высшем обществе ей больше не были рады.

Рано или поздно нужно принять решение. В 1984 году в рядах ученых воцарилось единодушие, пора было сосредоточить свои усилия. Одна из двух конкурирующих теорий победила, и это была теория о вреде жиров.

Победителя чествовали на официальной «конференции согласия». В президиуме сидели обращенные. Если кто-то выступал с возражениями, на исход это никак не влияло. Несомненно, — говорили участники, — обезжиренная пища защитит всех американцев от двух лет и старше от сердечно-сосудистых заболеваний.

С теми, кто упрямо стоял на своем, быстро распрощались. Если хочешь получить государственное финансирование, делай то, что тебе говорят, а иначе ищи свои деньги. Отправной точкой дальнейших исследований была установка, что жиры повышают холестерин, а холестерин приводит к инфаркту.

Критика не приветствовалась. Пример — Уффе Равнсков, датский врач и ученый, который работает в Швеции, в Лунде. Чем больше он изучал теорию о вреде жиров, тем больше находил в ней пробелов. Уффе Равнсков — автор книги «Миф о холестерине», которую жестко раскритиковали. В одной передаче на финском телевидении ее даже демонстративно сожгли. Равнсков говорит, что для него это предмет гордости — вдруг оказаться среди великих, чьи книги подвергли сожжению.

Только десятилетия спустя окажется, что Равнсков и другие ученые, усомнившиеся в официальной теории, на самом деле были не так уж далеки от истины. Их сомнения были научно обоснованы.

В 1984-м никакие сомнения не принимались. Несмотря на уязвимость, официальная версия была готова. Насыщенные жиры содержат холестерин, холестерин приводит к инфаркту. Следовательно, жиры надо исключить. Посыл очень прост — Америка должна есть меньше жирной пищи.

Натуральный жир стал «жирным убийцей» — как назвали его участники одной группы по интересам. В пищевой промышленности быстро увидели в этом экономические преимущества. Полки магазинов заполнили «легкие» обезжиренные продукты, в которых содержалось меньше жира, зато больше дешевого крахмала и сахара. Даже газированные и спортивные напитки и соки стали теперь полезными.

Разумеется, ведь в лимонаде не содержится жира.

Эпидемия

Это был шаг в неизвестность, риск, не подкрепленный доказательствами. Вопреки предупреждениям ученых, писавших о скрытых опасностях. Впервые в истории целой нации посоветовали избегать жирной пищи. Никто не знал, чем это кончится. Это был эксперимент.

Оборачиваясь назад, понимаешь, что опасность можно было предвидеть. Недостаток жиров можно компенсировать только углеводами: новейшей пищей, сладкими и мучными продуктами, которые повышают глюкозу в крови и инсулин — гормон, отвечающий за отложение жира.

Больше углеводов, больше инсулина, больше людей, страдающих ожирением. Этого риска никто не учел. Но именно это и произошло. Всего несколько лет — и результат на лицо. Еще несколько десятилетий — и изменения поражают своими масштабами.

Официальная статистика ожирения в США заставляет содрогнуться. После 1960-х–1970-х, когда ожирением страдало примерно 13% населения и этот показатель оставался более или менее неизменным, в середине 1980-х положение дел вдруг резко меняется. Кривая начинает резко и безостановочно расти вверх.

Это произошло в мгновение ока. 15, 20, 25% толстых американцев — сейчас кривая миновала отметку «30» и приближается к «35». За одно поколение число людей, страдающих ожирением, выросло втрое[15]. 68% — это совокупный показатель, отражающий число людей с избыточным весом и ожирением.

---

[15] Соотношение массы тела и роста считается нормальным при ИМТ (индексе массы тела) 18,5–20, избыточным — при 25–30, а при ИМТ от 30-ти и выше уже говорят об ожирении. Индекс массы тела рассчитывается по формуле: масса тела в килограммах, разделенная на рост в метрах в квадрате.

США охватила эпидемия ожирения. Ничего подобного мир не видел. А сейчас эпидемия распространяется на весь западный мир и дальше.

Когда нормальный вес имеет всего треть американцев и число людей с нормальным весом продолжает сокращаться, понятие «нормальный вес» теряет всякий смысл. Возникает вопрос, на который не так трудно найти ответ: когда избыточный вес или ожирение станут уделом *всех* американцев? Когда в США не останется ни одного человека с нормальной массой тела?

Вопрос не совсем бессмысленный. Ученые уже все рассчитали. Хотите знать ответ? Если тенденция не изменится, то в 2048 году в США не останется ни одного американца с нормальной массой тела.

Но дело не только в этом. Вместе с ожирением распространилась эпидемия диабета. Ожирение и диабет — это лишь надводная часть айсберга. Под водой же кроется другая опасность — заболевания, принимающие массовый характер в современном западном обществе.

Швеция не отстает

Рекомендации по питанию, разработанные при Макговерне, не остались во внутреннем пользовании США. Они нашли сторонников и в других западных странах, в том числе в Швеции. Нам тоже советовали избегать жирного. Шведский символ жирофобии — значок замочной скважины на продуктах питания, который появился в 1989 году.

С 1980-х годов все чаще звучали предостережения о вреде жирной пищи, о вреде натуральных насыщенных жиров. Самым страшным, самым запретным было сливочное масло. Спрос на него упал.

Обезжиренная пища должна была сделать нас не только здоровее, но и стройнее, поскольку в теории она была еще и менее калорийной. Только этого не произошло. А произошло обратное — то же самое, что в США.

Если взять официальную статистику, посмотреть на количество людей с избыточным весом и ожирением и сравнить эти цифры с продажами сливочного масла, мы увидим любопытный контраст: стоило нам поверить в теорию о вреде жиров, как началась эпидемия ожирения. Чем больше мы боялись жиров, тем толще становились. Что-то не так с этой теорией. Сегодня многие осознают ошибочность прежних убеждений. В 2000-е годы в Швеции заговорили про несостоятельность теории о вреде жиров. Относительно недавно спрос на сливочное масло снова начал расти. Рост ожирения среди населения приостановился.

Ожирение и продажи сливочного масла в Швеции в 1980–2009 гг.

Источники: SCB:s ULF-undersökningar 1980–2002, Folkhälsoinstitutets folkhälsoenkät 2004–2009 och Svensk mjölk.

Процент населения Швеции, страдающего избыточным весом и ожирением

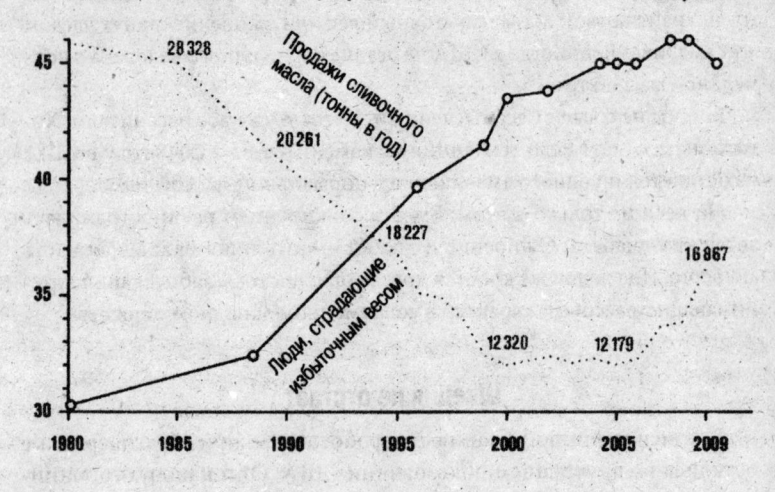

Продажи сливочного масла (тонны в год): 28 328, 20 261, 18 227, 12 320, 12 179, 16 867

Люди, страдающие избыточным весом

Сегодня

Следуя модным советам по похудению, мы быстро растолстели. А что если бы мы действовали вопреки рекомендациям? Некоторые современные исследования, изучавшие этот вопрос, показали удивительные результаты.

В 1984 году серьезных доказательств у теории о вреде жиров не было. Как обстоит дело сегодня? Мнения в научной среде разделились как никогда, и с каждым годом разногласия обостряются. Что-то наконец происходит. Старое уступает свои позиции. Крепнет альтернативная точка зрения.

Мешает только всеобщая непоколебимая уверенность, что натуральный жир приводит к сердечно-сосудистым заболеваниям. Как только мы избавимся от нее, все изменится. На наших глазах что-то происходит. Смена парадигм. Революция.

Она совершается здесь и сейчас.

ГЛАВА ТРЕТЬЯ
Крах мировоззрения

Вот уже тридцать лет мы рассуждаем о пользе нежирной пищи, и вдруг оказывается, что все это ерунда! Никакой научно доказанной связи между насыщенными жирами и сердечно-сосудистыми заболеваниями не существует.

ФРЕДРИК НЮСТРЁМ
Завотделением Университетской клиники эндокринологии и гастроэнтерологии, профессор внутренних болезней, Линчёпинг

Она началась в Швеции. Вяло тлеющая научная революция наконец начала разгораться. Предсказать масштаб ее последствий невозможно.

Но не будем спешить. Что значит «что-то происходит»? Чтобы разобраться с этим, нам понадобится научная теория. Не волнуйтесь, слишком углубляться в академические дебри не придется, хотя на самом деле это крайне любопытно.

Книга Томаса Куна «Структура научных революций», написанная в 1962 году, сделала его самым влиятельным современным теоретиком науки. Новаторским был его взгляд на научный прогресс. По его мнению, наука развивается медленно, но верно, детали пазла встают на свои места постепенно, один за другим. Однако развитие не всегда происходит именно так. Бывает, что некоторые детали, как мы ни стараемся, никак не укладываются в общую мозаику. В конце концов противоречий накапливается столько, что игнорировать или отрицать их бессмысленно. И тогда неизбежна революция.

Революция — это смена парадигм. Ученые всегда истолковывают научные данные, с которыми имеют дело, исходя из своего сиюминутного мировоззрения, своей парадигмы. Благодаря революции устаревшая картина мира сменяется более новой и безупречной. Перед учеными открывается новый способ сложить мозаику, при котором все детали наконец подходят друг к другу и проступает общий рисунок.

В начале XVII века Земля считалась центром Вселенной. Все астрономы знали, что это так. Солнце и планеты вращались вокруг Земли, и это не обсуждалось. Только, к сожалению, предсказать движение небесных тел почему-то было очень трудно.

Коперник и Галилей догадались, что есть объяснение получше, что на самом деле Земля и планеты вращаются вокруг Солнца, а не наоборот. Сейчас мы знаем, что они были правы. Но не так-то просто изменить представления человечества о мироздании.

Коперник был осторожен, Галилей — нет. В 1633 году церковь объявила Галилея еретиком. Его до конца жизни приговорили к домашнему аресту, а книги его запретили. Но остановить научную революцию было уже невозможно. Земля — не центр Вселенной. Земля вращается вокруг Солнца. Старая картина мира в конце концов рухнула.

В XIX веке долго отказывались верить, что причиной опасных болезней могут быть заразные бактерии. Все знали, что болезни возникают из ничего, из-за плохого воздуха, миазмов. Поэтому врачи не мыли руки. Это было ошибкой, и многие пациенты погибали от холеры и родильной горячки, пока не победила новая теория о бактериях.

В научном мире время от времени происходит смена мировоззрений. В этом нет ничего необычного. Более того, иногда такие смены неизбежны. Они проходят не всегда мирно и сопровождаются интеллектуальными стычками между сторонниками нового и защитниками старого. Если новые взгляды обнаруживают существенное превосходство над старыми, то они в конце концов побеждают. Но переход от старого к новому может занять многие годы, а то и десятилетия.

Такую смену мировоззрений описывает классическое высказывание Махатмы Ганди: «Сперва тебя не замечают, потом над тобой смеются, потом тебя пытаются сломить, а потом ты побеждаешь».

Произвести революцию под силу не каждому, сколь бы убедительны ни были доводы. Иногда говорят, что новая научная теория побеждает не потому, что противников удаётся переубедить, а потому, что они в конце концов вымирают. И тогда побеждает новое поколение исследователей, знакомое с новой теорией.

Такие рассуждения могут показаться излишне категоричными. Но люди не всегда готовы признать, что дело всей их жизни — ошибка. На это способны только великие.

Допустив небольшую оплошность, бывает трудно признаться другим в своей неправоте. Когда же речь идет о деле всей жизни, признаться в ошибке нелегко даже самому себе. Многие так с этим и живут[16].

«Титаник» и айсберг

Как можно применить все вышесказанное к науке о здоровой пище? Как и в других областях, ученые и врачи-диетологи также опирались на некое мировоззрение, парадигму. Но революция набирает обороты, и старое мировоззрение грозит вот-вот рухнуть.

Многие годы их главная мысль была проста и понятна: «Насыщенные жиры повышают холестерин, холестерин приводит к сердечно-сосудистым заболеваниям». Нежирная пища была образцом здорового питания. Эта теория распространялась и на другие, смежные области.

Ни с того, ни с сего, без всяких доказательств, нежирная пища, богатая повышающими инсулин углеводами, стала лучшим способом похудеть. Прошло всего несколько десятилетий, и мир не узнать — никогда еще столько людей не страдали от избыточного веса и ожирения.

Ни с того, ни с сего, без всяких доказательств, нежирная пища, богатая повышающими глюкозу углеводами, стала полезной для диабетиков. Прошло всего несколько десятилетий, и у нас на глазах развернулась доселе невиданная эпидемия диабета. Состояние больных только ухудшается, они нуждаются во все большем количестве лекарственных препаратов.

Что-то, очевидно, не так. Но причина сегодняшнего кризиса не в этом. Для смены парадигм требовалось нечто большее, а именно — наука. Ибо теория о вреде жиров, несмотря ни на что, в глазах многих казалась непотопляемой. Как «Титаник». И только 8 февраля 2006 года она столкнулась с огромным айсбергом.

---

[16] Это известный феномен. Лев Толстой в эссе «Что такое искусство» описывает это так: «Я знаю, что большинство не только считающихся умными людьми, но действительно очень умные люди, способные понять самые трудные рассуждения научные, математические, философские, очень редко могут понять хотя бы самую простую и очевидную истину, но такую, вследствие которой приходится допустить, что составленное ими иногда с большими усилиями суждение о предмете, суждение, которым они гордятся, которому они поучали других, на основании которого они устроили всю свою жизнь, — что это суждение может быть ложно».

В современной дискуссии о здоровой пище можно найти массу примеров такого поведения.

В тот день было опубликовано бесспорно самое крупное исследование в интересующей нас области — Women's Health Initiative (WHI)[17]. Программа продолжалась восемь лет и обошлась американским налогоплательщикам в семьсот миллионов долларов. Целью исследования было доказать, что теория о вреде жиров имеет под собой научные основания и что людей не зря пугали жирами целых двадцать лет. Однако результат сильно разочаровал многих.

Участники — пятьдесят тысяч женщин — были случайным образом разделены на две группы. Контрольная группа питалась, как обычно. Участники опытной группы при помощи диетологов интенсивно сокращали потребление жиров и должны были есть больше овощей и фруктов. В течение сорока шести специально организованных занятий диетологи объясняли, как надо питаться и почему следует есть меньше жирного. В результате опытная группа снизила потребление насыщенных и ненасыщенных жиров на треть. Они ели больше фруктов и зелени. И двигались больше, чем участники контрольной группы.

Десятки тысяч женщин надрывались восемь лет — питались обезжиренными «легкими» продуктами, старательно избегая жиров. Стали ли они здоровее? В 2006 году был получен ответ. Черным по белому: нет. Заболеваемость раком у участников опытной группы не снизилась. И от сердечно-сосудистых болезней безжировая диета их тоже не спасла. Здоровее эти люди не стали.

А значит, нам напрасно советовали питаться обезжиренными продуктами, сдобренными сахаром и различными добавками. Как писала Карин Бойс, журналист и главный научный редактор шведской газеты *Dagens Nyheter*, «Недавние результаты Women's Health Initiative — последний гвоздь, вбитый в гроб старой догмы о вреде жиров».

Только это еще не все. Можно ли считать безжировую диету просто бессмысленной? Не опасна ли она для здоровья? В том же проекте участвовало около двух тысяч женщин, страдающих сердечно-сосудистыми заболеваниями. Если безжировая диета положительно сказывается на динамике сердечно-сосудистых заболеваний, то эффект должен быть особенно заметен у этой группы исследуемых. Однако их состояние ухудшилось!

Этот удивительный результат не упоминается в итогах исследования. Нет его и в итоговой сводной таблице. Из приведенных в ней сорока трех результатов один странным образом выпал. А именно: данные о женщинах, страдавших сердечно-сосудистыми заболеваниями. Чудеса, да и только.

---

[17] Программа «Женское здоровье» (англ.). — *Примеч. перев.*

Чтобы узнать о том, как безжировая диета повлияла на этих участниц, нужно внимательно вчитаться в текст, поясняющий результаты. Тут все написано, можете убедиться сами[18]. Безжировая диета на 26% *повышала* риск инфаркта или инсульта у людей с сердечно-сосудистыми заболеваниями в анамнезе. Это статистически значимый показатель. Это умалчивание результатов комментировалось в одном из следующих номеров JAMA (*The Journal of the American Medical Association*).

Если результаты достоверны, то выходит, что для людей, страдающих сердечно-сосудистыми заболеваниями, эти предписания были не просто бессмысленными, но и прямо опасными. Их состояние ухудшилось.

Исследователи умолчали потрясающее открытие, единственно значимый результат, и я могу найти этому только одно объяснение. Это было слишком неожиданно. Им не только не удалось доказать желаемое. Напротив, выходило, будто они доказали ровным счетом обратное, и это не вписывалось в их картину мира. Проще было счесть это досадной случайностью. И они решили промолчать.

Только скорее всего это не случайность. Сегодня мы знаем больше. Результаты крупнейшего в области эксперимента обернулись крахом для теории о вреде жиров. Столкновением с айсбергом. Тогда это многих шокировало. Но за последние годы было проведено три больших критических исследования, и теперь у нас есть правильный ответ. Все больше людей знают об этом.

Мы еще вернемся к теории о вреде жиров. Удивительно наблюдать, как тонет нечто внушительное. Слушать оркестр и, будто ни в чем не бывало, завороженно смотреть, как прибывает вода. Но для начала попробуем понять: как мы позволили себя так обмануть?

Наука против Природы

Теперь, крепкие задним умом, мы удивляемся, как такое возможно. Но я и сам верил в эту теорию, какой бы непостижимой она ни казалась сегодня. Ну чем могут быть опасны насыщенные жиры, содержащиеся в мясе и сливочном масле?

Насыщенные жирные кислоты играют важную роль в построении организма как человека, так и любого теплокровного животного. При нашей температуре тела они сохраняют нужную консистенцию. Такие

---

[18] В списке литературы в конце книги вы найдете ссылки на все упомянутые исследования. Многие из них, включая данную работу, можно прочесть бесплатно в Интернете.

жиры очень стабильны, они почти не прогоркают. Насыщенные жирные кислоты всегда входили в рацион человека (мясо, яйца). Их полно в материнском молоке. Из них во многом состоит наш мозг. Каждая клетка человеческого организма нуждается в насыщенных жирных кислотах для построения защитной мембраны. Насыщенные жиры — это полезные жиры.

Наиболее абсурдными поэтому представляются рекомендации по питанию для маленьких детей. В соответствии с предписаниями шведского Государственного продовольственного управления, во избежание риска повышения холестерина в крови все дети, «независимо от возраста и массы тела», с окончанием грудного вскармливания должны получать исключительно нежирное молоко. Но ведь грудное молоко почти в десять раз жирнее обезжиренного промышленного и состоит в основном из насыщенных жирных кислот. Если насыщенные жиры вредны, значит, матери травят своих детей?

У этой теории есть и другие слабые места. Чем меньше натуральных жиров остается в продукте после обезжиривания, тем больше приходится добавлять стабилизаторов, эмульгаторов, красителей и усилителей вкуса, чтобы восстановить его вкусовые качества.

В этом году в одном шведском блоге проводился конкурс на продукт питания с самым длинным списком «Е». Победил «Салат из креветок Рюдберга». В нем, к примеру, содержались стабилизаторы (Е407, Е412, Е413, Е415, Е460, Е466, Е1414, Е1422), консерванты (Е202, Е211, Е270, Е296), красители (Е104, Е120, Е160А, Е170, Е171), антиокислители (Е300, Е330), регуляторы pH и вещества против слеживания (Е575) и усилители вкуса и ароматизаторы (Е621, Е627, Е631). Возможно, среди этих двадцати трех ингредиентов и затесалась какая-нибудь крошечная креветка. Однако трудно поверить, что продукт, скорее напоминающий набор «Юный химик», полезнее, чем нормальная пища.

Зеленая замочная скважина, о которой мы упоминали выше, — шведская маркировка, принятая в 1989 году, — призвана «помочь потребителю в выборе продуктов для здорового питания». Однако следует учесть, что значок в первую очередь означает, что продукт изготовлен с учетом старых рекомендаций, основанных на теории о вреде жирной пищи. То есть по сути эта маркировка совершенно бессмысленна.

Обычно в «легких» продуктах содержится больше пищевых добавок, чем в продуктах с нормальным содержанием жира. Зачастую они вреднее для здоровья, чем та пища, которую они заменяют. До сих пор в шведских магазинах можно увидеть «легкий» йогурт со значком замочной скважины. Жира в нем почти нет, зато сахара — 90 граммов на литр. Это почти столько же, сколько в сладких газированных напитках. И это называется здоровой пищей? Это и есть забота о здоровье нации?

Почему обезжиренные продукты не такие вкусные? Зачем добавлять в них усилители вкуса? Потому что насыщенные жиры замечательно сохраняют и выделяют вкус продукта. Насыщенные жиры, содержащиеся, например, в сливочном масле, придают пище более богатый вкус. Спросите у любого повара.

Шведская национальная сборная поваров за рекордно короткое время удостоилась спонсорства *Unilever* — химической компании, которая среди прочего производит заменители масла: различные сорта маргаринов и спредов. Их изготавливают из дешевых растительных жиров, содержащих более низкий процент насыщенных жирных кислот. Шведским поварам предлагалось доказать, что на маргарине можно вкусно готовить.

Спонсорский проект потерпел фиаско. Как написала газета *Svenska Dagbladet*: «Вот пример того, как отрицательная деловая репутация может помешать сотрудничеству […] в истории нашей экономики это был самый провальный опыт спонсорства». Повара отказались участвовать в проекте. Им не нужны были маргаринные деньги. «Все знают, что повара жарят только на сливочном масле», — сказал один из них. А другой без тени смущения добавил: «Я пользуюсь их моющими средствами, но их продукты... полное дерьмо».

Мы напрасно боялись натуральной и вкусной пищи. Ее заменили сладкими обезжиренными продуктами с неестественным вкусом. Именно они — причина ожирения и болезней. Но сегодня уже виден конец всеобщему замешательству.

Прозрачная дымовая завеса

Тысячи исследований, опубликованных за последние пятьдесят лет, пытались определить, полезны жиры или вредны. Куда как просто было бы отобрать подходящие по содержанию недоказательные исследования и заявить, будто они все в один голос подтверждают, что насыщенные жиры опасны для здоровья. Примерно так все это время поступали сторонники теории о вреде жиров. А почему бы и нет? Да потому, что это не имеет ничего общего с объективной наукой. Это больше напоминает дымовую завесу, призванную скрыть отсутствие доказательств.

В зависимости от того, как именно отбирать и трактовать мелкие исследования в этой области, можно утверждать что угодно: что насыщенные жиры полезны, вредны или вообще никак не отражаются на здоровье. Это очень просто. Только это ничего не доказывает и ничего не дает.

Приведем один занятный пример. В 2009 году Государственное продовольственное управление, пытаясь защититься от все более жесткой критики, опубликовало список исследований, из которых семьдесят два якобы доказывали вред насыщенных жиров и всего восемь утверждали, что насыщенные жиры неопасны.

Список очень скоро разоблачили и подняли на смех. Дымовая завеса оказалась прозрачной. Двенадцать профессоров и врачей, в том числе известный профессор Ларс Веркё, опубликовали подробный критический анализ этого списка в журнале *Dagens Medicin*.

В одиннадцати работах из семидесяти двух речь даже близко не шла о насыщенных жирах. В нескольких утверждалось, что насыщенные жиры полезны. Большинство же исследований были недоказательными и не сообщали ничего определенного. В результате ученые пришли к выводу, что ни данная подборка, ни утверждения о вреде насыщенных жиров «доверия не заслуживают».

Продовольственное управление крайне уклончиво ответило на критику, даже словом не обмолвившись о жирах. Итог представлению подвел главный редактор *Dagens Medicin*, озвучив в своей колонке то, о чем думали многие: в дискуссии о здоровом питании Государственное продовольственное управление «уходит от ответственности». Его позиция непонятна, а уклончивость вызывает подозрения.

Я не считаю, что стратегия Управления непонятна. Его представители просто пытались спасти свое лицо. Ведь им сейчас приходится нелегко.

Доказать теорию о вреде насыщенных жиров можно только одним способом. Нужно провести такое исследование, которое действительно подтвердит, что безжировая диета полезна для здоровья. Требуется рандомизированное интервенционное исследование с четко обозначенными конечными точками.

Слово «рандомизированный» означает, что участников делят на группы случайным образом. Одна группа питается обезжиренными продуктами, другая — обычными. Затем за участниками ведут наблюдения, чтобы сравнить возможные заболевания или летальный исход. Болезни и смерть и есть конечные точки исследования. Недостаточно указать на различия в каком-нибудь неоднозначном анализе крови. Надо доказать реальное воздействие на здоровье человека.

Такие клинические исследования проводятся, например, для того, чтобы доказать эффективность лекарственных препаратов. Сегодня, чтобы получить лицензию даже на таблетки от головной боли, требуется предъявить результаты одного, а лучше нескольких исследований.

Как вы думаете, сколько подобных доказательных исследований лежит в основе сегодняшних рекомендаций по «здоровому» питанию, данных целой нации?

Сотни? Десятки? Существует ли хоть одно такое исследование? Вы удивитесь, но правильный ответ — ноль. Ни одного достоверного исследования, доказывающего вред насыщенных жиров, не существует.

Попробуйте сыграть в игру с теми, кто все еще верит в теорию о вреде жиров. Спросите, знают ли они хоть одно такое исследование. Скорее всего, они ответят «да». Представляется логичным, что такое исследование должно существовать. Но если вы попросите привести конкретный пример, они растеряются, потому что таких примеров нет.

Бездоказательность этой теории — для многих известный факт. Когда-то шведский Фонд сердечно-сосудистых и легочных заболеваний получал многомиллионную спонсорскую поддержку от компании, выпускающей маргарин *Becel*. Это давало компании право ставить логотип Фонда на своем маргарине. В феврале 2009 года Фонд отказался от их денег и прекратил сотрудничество. Потому что современные исследования не доказывают, что маргарин однозначно полезнее масла. Как осторожно заметил Рогер Хёглунд, пресс-секретарь Фонда: «Научные доводы, что насыщенные жиры представляют опасность для здоровья, довольно неубедительны».

У теории о вреде жиров нет ни одного доказательства. Остается последнее — развеять дымовую завесу.

Game over

Как же быть с теми исследованиями, которые не дают определенного ответа и которые любой может обернуть в свою пользу? Как развеять завесу и разглядеть факты?

Для этого требуется систематический разбор всех исследований. Анализ всех работ, а не только тех, которые могут подтвердить чье-то предвзятое мнение. Это колоссальная работа. На сегодняшний день известно три научных проекта, посвященных этой задаче.

Первый проект осуществлялся под руководством канадского профессора Эндрю Мента. Ученые проштудировали все релевантные исследования, начиная с 1950 года, — всего пять тысяч работ. В апреле 2009 года результаты были опубликованы в серьезном научном журнале *Archives of Internal Medicine*. Ответ был однозначным: доказательства влияния общего потребления жиров, насыщенных или полиненасыщенных жиров, мяса, яиц или молока на сердечно-сосудистые заболевания «не являются достаточно вескими».

Для многих это неожиданная новость. Однако все больше ученых принимают эту точку зрения. В сентябре 2009 года Фредрик Нюстрём, завотделением Университетской клиники эндокринологии и гастроэнтерологии города Линчёпинга, сказал: «Вот уже тридцать лет мы рассуждаем о пользе нежирной пищи, и вдруг оказывается, что все это ерунда! Никакой научно доказанной связи между насыщенными жирами и сердечно-сосудистыми заболеваниями не существует».

Что это значит лично для вас? Теперь, если хотите, можете спокойно есть сливочное масло и пить сливки. Это совершенно безопасно, если верить этому метаанализу. Но давайте на всякий случай вооружимся и другими доказательствами.

Второй проект был частью большого отчета ВОЗ, Всемирной организации здравоохранения, опубликованного в сентябре 2009 года. Он показал те же результаты: сокращение в рационе жиров и, в частности, насыщенных жирных кислот не оказывает на здоровье положительного эффекта, что подтверждается как обсервационными исследованиями, так и более доказательными контролируемыми исследованиями.

Результаты третьего проекта под руководством Пэтти У. Сири-Тарино были опубликованы в январе 2010 года в научном журнале *American Journal of Clinical Nutrition* — пожалуй, самом уважаемом издании, посвященном нутрициологии.

Целью проекта было проанализировать все серьезные обсервационные исследования, изучавшие влияние насыщенных жирных кислот в рационе на состояние здоровья. Анализ охватывал около двадцати продольных исследований (таких, в которых наблюдение за больными велось в течение длительного времени). Общее количество участников превышало триста тысяч человек.

К какому же результату пришли ученые? Они не обнаружили связи между потреблением насыщенных жирных кислот и сердечно-сосудистыми заболеваниями. Жирная пища не оказывает негативного воздействия на состояние здоровья.

Недавно в Стокгольме состоялась большая конференция, в которой участвовало около пятисот врачей. На ней выступил профессор, возглавлявший клинические сердечно-сосудистые исследования в Университетской клинике в Мальмё, Петер М. Нильсон. «Пора уже поставить точку, — сказал он. — Потребление насыщенных жиров никак не связано с сердечно-сосудистыми заболеваниями».

Если и можно выразиться яснее, то разве что так: *game over*, игра закончена.

Смена парадигм

Не пора ли назначить государственную комиссию по расследованию причин катастрофы?

Все труднее отмахнуться от подозрений — неужели всему виной ошибочные рекомендации по питанию? Эта мысль обретает все больше сторонников. Смена парадигм идет полным ходом. «Мы недооценили риски, связанные с чрезмерным потреблением углеводов, и переоценили вред жиров», — заявил недавно Юхан Фростегорд, профессор медицины из Каролинского института.

Никто уже не ждет официального опровержения со стороны какой-нибудь неповоротливой государственной структуры. Все больше людей понимает: пора бежать с тонущего корабля. Сегодня очевидно, что в «легких» продуктах, содержащих лишний сахар и искусственные добавки, нет ничего полезного для здоровья. Люди снова возвращаются к нормальной жирной пище. После многолетнего кризиса спрос на сливочное масло снова растет.

В средствах массовой информации публикуются репортажи и письма читателей, повторяющие знакомую историю: безжировая диета привела к полноте и болезням, отказавшись от нее, мы стали стройнее и здоровее.

Дискуссия о здоровом питании ведется в Швеции вот уже многие годы. Натуральная пища без добавок, полностью исключающая «легкие» продукты. Альтернатива старой безжировой диеты — это GI и LCHF[19]. У нас на глазах происходит нечто потрясающее. Глобальная эпидемия ожирения, начавшаяся в 1980-е годы, набирает новые обороты. Во всех странах — за одним исключением.

В Швеции эпидемия ожирения была остановлена в самом начале XXI века. За последние годы подъем кривой роста прекратился и наметился спад. Особенно это заметно на женщинах и детях. Швеция стала родиной революции. Дискуссия, которая в большинстве стран только начинается, в Швеции продолжается уже много лет. Быть может, благодаря этому мы снова станем стройными. Быть может, мы станем первой нацией в мире, победившей ожирение.

В Швеции ожирением страдает 12% взрослого населения, но сегодня кривая, судя по всему, пошла на спад. В США тенденция не изменилась.

---

[19] GI, или ГИ (гликемический индекс), — диета, исключающая сахар и быстрые углеводы; LCHF (англ.: Low Carb High Fat) — диета с пониженным содержанием углеводов и высоким содержанием жиров. — *Примеч. перев.*

Здесь люди по-прежнему испытывают страх перед жирной пищей. На магазинных полках бок о бок теснятся продукты с низким и нулевым содержанием жира. Нормальную еду найти не так-то просто. Но стройнее они не стали. 34% американцев страдают ожирением и столько же — избыточным весом.

Мы молча наблюдаем за тем, как США медленно катится к катастрофе. Альберт Эйнштейн сказал: «Только сумасшедшие могут без конца повторять один и тот же эксперимент и всякий раз надеяться на новый результат». Самое время сменить курс.

Шведское Государственное продовольственное управление тоже должно осознать это, а может быть, уже осознало. Возможно, опасаясь за свою репутацию, оно составило двадцатилетний план, нацеленный на медленное изменение курса. Осенью 2009 года, например, был отменен один из пунктов рекомендаций — есть хлеб с каждой трапезой. Маленький шаг в верном направлении.

Неважно, что государственные структуры и пищевая промышленность неповоротливы и инертны. Главное, что безумие подошло к концу. Смена парадигм свершилась.

Как вы уже знаете, новая парадигма основана на историческом развитии длиной в миллионы лет. Но мы начнем в Лондоне в 1863 году. Один толстяк совершает поистине революционное открытие, которое укажет нам правильный путь.

II
Взгляд в будущее

ГЛАВА ЧЕТВЕРТАЯ
Старое, хорошо забытое решение

Из всех человеческих недугов я не знаю и не могу представить себе более страшного, чем Ожирение. Пройдя через долгие страдания на этом пути и покончив с этой напастью, я хочу, чтобы мой скромный опыт и знания пошли на пользу других несчастных, и искренне надеюсь, что они приведут к той же радости и хорошему самочувствию, которые испытал я после этого невероятного превращения, — я бы даже назвал его чудесным, если бы не здравый смысл и простейшие меры, положенные в его основу.

УИЛЬЯМ БАНТИНГ

Когда Бантинг писал эти слова в 1863 году, он еще не знал, что скоро прославится на весь западный мир.

Зато он знал, что у него есть одна проблема. Ожирение. Бантинг владел похоронным бюро в Лондоне, и дела фирмы шли хорошо. Но он не мог наслаждаться жизнью. Будучи невысокого роста, он весил 92 килограмма. Все попытки похудеть ничем не заканчивались, он только все больше полнел.

Ожирение действительно причиняло ему страдания. Огромный вздутый живот, болезненная пупочная грыжа, из-за которой пришлось носить бандаж. Колени и стопы ныли, несмотря на повязки. Ходить по лестнице было мучением. Спускался он медленно, задом-наперед, поднимаясь вверх, задыхался и потел. Он не мог даже завязать шнурки на ботинках.

Полнота создавала все новые неудобства. Хоть он и считал себя толстокожим и нечувствительным к насмешкам других, но, слыша издевки за спиной, все больше замыкался и отгораживался от окружающего мира.

Бантинг не понимал, почему он такой толстый. Он вел активный образ жизни, старался не переедать. Другие члены его семьи были худыми. Раз за разом обращался он к врачам за помощью. И хотя врачей было много, и каждый был уважаемым специалистом, всякий раз дело кончалось ничем. Иногда ему говорили, что его полнота неизлечима, иногда давали какой-то новый совет.

Чего он только ни пробовал: есть понемногу, побольше заниматься спортом, морской воздух, турецкие бани, прогулки, слабительные и мочегонные средства, верховую езду. Примерно двадцать разных способов похудеть, испробованные за столько же лет, приводили к незначительным и непостоянным результатам. Один раз он довел себя до такого истощения, что тело покрылось нарывами, которые пришлось вскрывать. Чтобы восстановить силы, он снова стал основательно питаться и растолстел сильнее, чем когда-либо.

Но однажды все изменилось. Из-за проблем со слухом он обратился к отологу, специалисту по ушным болезням доктору Харви. Харви получил образование в Париже и привез оттуда кое-какие свежие идеи. Он предложил Бантингу необычную диету для похудения. Как всегда, Бантинг всерьез отнесся к новому совету. С того самого дня его жизнь изменилась.

Внезапно он стал терять в весе. Это были не случайные и не кратковременные изменения, а устойчивое снижение — неделя за неделей. Несмотря на то, что он сытно питался, каждую неделю он худел на один килограмм. Скоро Бантинг сбросил 21 килограмм. Он уже не был толстым. Но это еще не все — к нему вернулось здоровье. Так хорошо он себя чувствовал только в молодости.

После долгих лет мучений верный способ наконец был найден. В нем не было ничего трудного, наоборот. Понимая, сколько несчастных страдает понапрасну, Бантинг решил рассказать о новом методе людям.

В небольшой брошюрке, страниц на двадцать, он описал свою историю. Напечатав ее тиражом в 2000 экземпляров, он решил распространять ее бесплатно. Тираж скоро кончился. И последующие допечатки тоже. Книга Бантинга стала сенсацией. Ее перевели на множество языков, в том числе на шведский. Успех был настолько велик, что в шведском языке от его фамилии был даже образован глагол *att banta* — «худеть».

Ведущие врачи того времени с подозрением отнеслись к новой диете. Однако Бантинг получал тысячи благодарственных писем со всего мира, свидетельствующих о действенности новаторского метода. Сам Бантинг сохранил свой новый вес и до конца жизни продолжал агитировать окружающих.

В чем секрет? Как Бантингу удалось похудеть? Ему посоветовали отказаться от продуктов, содержащих крахмал и сахар. Зато остальное позволили есть, сколько влезет. Избегать следовало «новой» пищи — всего того, чего не было в рационе человека 364 дня, пока он оставался охотником и собирателем. А именно: сахара, хлеба, пива и картошки.

Кроме этого небольшого исключения Бантинг ни в чем себе не отказывал. Что ни день — то праздник. Он ел бекон на завтрак, мясо, рыбу и овощи на обед и ужин. И за обедом, и за ужином выпивал по два бокала вина. Другим он советовал также «при необходимости» перед отходом ко сну выпивать стаканчик грога. То есть в спиртном он тоже себя не ограничивал, главное — воздерживаться от углеводов.

Бантинг считал, что причина успеха — в точном следовании рекомендациям. Его личный опыт и полученные письма убедили его в одном. Неважно, сколько ты ешь. Главное — не *количество* пищи, а ее *качество*.

Итак, Бантинг понял: важно не сколько, а что мы едим. В наше время большинство убеждено в обратном, однако число полных людей растет. Учитывается лишь объем — «калории на входе и выходе». Но сегодня эта теория пошатнулась. Возможно, все-таки прав был Бантинг? Профессор-нейрофизиолог Мартин Ингвар из Каролинского института в книге «Контроль мозга над весом»[20] (2010) пишет: «Качество нашей пищи определяет ее количество».

Бантинг ел досыта калорийную пищу, запивал ее калорийным вином и все равно терял в весе. Как такое возможно? Как мы скоро увидим, объяснение на удивление просто.

Нью-Йорк

История Уильяма Бантинга может показаться неправдоподобной. Если эта диета существует давно, почему сегодня о ней знают не все? Ведь со времен Бантинга прошло сто пятьдесят лет, а противники до сих пор называют его метод «новомодной диетой».

Причин тут много, но важная — одна. Если жир вреден, то безуглеводная диета полезной быть не может. Только преодолев свои страхи, мы можем заглянуть правде в глаза. За последние сто пятьдесят лет Бантинг был не единственным, кто отстаивал этот простой и эффективный метод. Были и другие. В наше время наиболее известен американский врач Роберт Аткинс.

---

[20] Книга переведена на русский язык: Ингвар М., Эльд Г. Контроль мозга над весом. Научный подход к похудению. — М. : Эксмо, 2011. — *Примеч. перев.*

В конце 1950-х, будучи молодым специалистом по сердечно-сосудистым заболеваниям, он открыл частную практику в Нью-Йорке. Ему было тридцать три. В таком возрасте будущее должно казаться светлым и безоблачным. Однако Аткинс впал в депрессию. «Я выглядел на все сорок пять, — впоследствии скажет он в одном интервью. — Три двойных подбородка, 100 килограммов веса. Раньше девяти я не вставал, пациентов принимал только с десяти. И я решил сесть на диету».

Аткинс стал читать разную литературу и остановился на методе доктора Альфреда У. Пеннингтона. Автор утверждал, что, исключив из рациона крахмал и сахар, можно избавиться от лишнего веса. Аткинс подумал, что за месяц наверняка сбросит килограмм-другой. Вскоре он сбросил девять, а потом еще больше.

Одна компания пригласила его на должность консультанта-диетолога для сотрудников. Из шестидесяти пяти пациентов шестьдесят четыре снизили вес до нормального, шестьдесят пятый преодолел лишь полпути. Повсюду стали говорить о диете Аткинса, его приглашали на телевидение и брали интервью для прессы. В журнале Vogue опубликовали его диету, и после этого метод Аткинса какое-то время называли «диетой Vogue». Одно издательство предложило напечатать книгу для широкой общественности. В сентябре 1972 года вышла «Диетическая революция доктора Аткинса». К концу года было продано двести тысяч экземпляров, еще через полгода — почти миллион. Со временем общий тираж перевалил за десять миллионов, и книга Аткинса стала самой продаваемой книгой о диетическом питании. Возможно, потому, что метод действительно был очень эффективным.

Для начала Аткинс предлагает строго снизить количество углеводов до 20 г в день. Проще говоря, можно есть мясо, рыбу, яйца и натуральные жиры (сливочное или оливковое масло), а также все овощи, кроме корнеплодов и клубнеплодов (так как овощи, растущие над землей, содержат меньше углеводов).

Пищу, богатую углеводами (сахар, хлеб, картофель, макаронные изделия, рис), следует исключить совсем. Через несколько недель или месяцев строгой безуглеводной диеты можно постепенно добавлять углеводы, в зависимости от темпов снижения веса.

Воплощая американскую мечту, Аткинс выстроил целую корпорацию и подчинил ее своей идее. Но у коммерциализации была и оборотная сторона. Производство сосредоточилось на различных заменителях углеводных продуктов и сладостей. На натуральных продуктах, таких как мясо и рыба, особо не заработаешь. Корпорация стала выпускать, например, так называемые «шоколадки Аткинса», в которых сахар был частично заменен альдитами (сорбит, ксилит, изомальтит и проч.).

Подобные сладости с низким содержанием углеводов продаются и сегодня, и даже в Швеции. Это можно назвать надувательством, но, возможно, это просто невежество. В процессе усвоения половина подсластителей и сахарозаменителей превращается в сахар, о чем производители умалчивают. Другая половина сбраживается кишечными бактериями, вызывая метеоризм и диарею. Не лучше ли вместо этого иногда позволить себе кусочек темного шоколада?

Возможно, американцы верят, что можно сбросить вес, ни в чем себе не отказывая. Людям вообще свойственно мечтать о чудесах. Капитализм дает приверженцам метода Аткинса все, о чем только можно мечтать: низкоуглеводные макаронные изделия, низкоуглеводное мороженое, низкоуглеводный хлеб, чипсы, печенье, низкокалорийные газированные напитки на сахарозаменителях и так далее.

Лучше забудьте об этом. В США я встречал много энтузиастов, охотно покупающих такие продукты. На мой взгляд, это не очень действенно. Многие так и не могут избавиться от лишнего веса. А самый грузный из моих знакомых владел целым предприятием по продаже низкоуглеводных продуктов.

Ешьте натуральную низкоуглеводную пищу: мясо, рыбу, сливочное масло и овощи. Пищу, которая служила человечеству не один миллион лет. Избегайте искусственных продуктов с пониженным содержанием углеводов — это такой же обман, как и обезжиренные продукты, разве что этикетка другая.

Но вернемся к Роберту Аткинсу. Он агитировал за жирную низкоуглеводную диету в самый разгар жирофобии. Разумеется, его теория вызывала горячие споры. Помню, в середине 1990-х один очень грузный приятель моего брата решил питаться по Аткинсу. «Стейк под беарнским соусом — тоже мне, диета», — думал я. Сам я тогда только учился на врача и считал это безумием, граничащим с риском для жизни. Помню, однако, что этот человек в конце концов похудел.

Коммерческое предприятие Аткинса превратилось в империю, достаточно богатую, чтобы финансировать крупные и дорогостоящие исследования низкоуглеводной диеты. Все больше людей пробовали этот метод и худели. Одно время девиз предприятия гласил: «Кого ни спроси, все знают хотя бы одного человека, который похудел по Аткинсу. Этим человеком можешь стать ты».

Но весной 2003 года все кончилось. Аткинс, которому тогда было семьдесят два года, шел на работу. В Нью-Йорке только что прошел сильный снегопад. Аткинс поскользнулся, ударился головой о лед и потерял сознание. Перелом костей черепа вызвал внутричерепную гематому. Аткинс провел десять дней в реанимации, но так и не пришел в себя.

Как только Аткинса не стало, поползли разные слухи. Будто бы на самом деле он умер от инфаркта миокарда, а в старости к тому же страдал болезненной полнотой. Это было неправдой. Аткинс избавился от лишнего веса благодаря низкоуглеводной диете за сорок лет до смерти. На последних снимках мы видим пожилого человека с мягким взглядом. Не худощавого, но уж точно не полного.

Сплетням не было конца, они прекрасно гармонировали с всеобщей жирофобией. Низкоуглеводное питание, всего за несколько лет обретя столько сторонников, быстро теряло популярность. А через два года после смерти Аткинса его компания обанкротилась.

Ньюрунда

В Швеции есть собственный Уильям Бантинг и Роберт Аткинс в одном лице. Только это женщина. Ее зовут Анника Дальквист, и ее личность и высказывания вызывают не меньше споров.

Анника Дальквист работает окружным врачом на севере Швеции, в небольшом городе Ньюрунда. В 2004 году ее жизнь изменилась. В своих книгах и многочисленных лекциях она рассказывает, что долго страдала от избыточного веса. Она столкнулась с так называемым эффектом маятника: стоило ей похудеть и снова начать нормально питаться, как она сразу прибавляла в весе.

В начале 1990-х она попыталась решить проблему с помощью безжировой диеты, полностью отказавшись от жирной пищи. С этого дня, по ее признанию, она вообще потеряла контроль над весом. Из-за постоянного чувства голода она забросила все свои диеты и не вылезала из кухни. Она набрала двадцать килограммов.

Самочувствие ухудшалось. Запястья и плечи распухли и болели. Раз в месяц она колола себе кортизон, но он действовал недолго. Многокилометровые пешие прогулки не помогали. Наоборот, теперь у нее еще и разболелись колени. Ее мучило постоянное вздутие живота, газы и колики. Мышцы были как каменные. В сочетании с этим напряженная работа стала причиной синдрома эмоционального выгорания и временной нетрудоспособности. Анника не понимала, как в пятьдесят пять лет можно чувствовать себя «такой развалиной».

В октябре 2004 года ее навестила дочь, тогда еще студентка-медик. На ее курсе проводили групповой эксперимент, исследуя различные диеты для похудения. Ее группа изучала строгую безуглеводную диету. Дочка рассказала, что, испытав диету на себе, она за неделю похудела на три килограмма.

Анника Дальквист, которой до этого не помогали никакие диеты, решила немедленно попробовать. Сбросить три килограмма было пределом ее мечтаний — уже несколько лет она не могла добиться даже такого незначительного результата. После совета дочери она стала терять по килограмму в неделю и почти достигла своего прежнего веса. Постоянное чувство голода исчезло.

Через несколько месяцев она обнаружила, что чувствует себя лучше. Боль в плечах и запястьях больше не мучила ее, живот успокоился. Это было чудо. Конечно, она не могла молчать. Она стала советовать эту диету своим пациентам, и результаты были потрясающие. Анника Дальквист стала писать в разные газеты, давать интервью и завела блог, чтобы поделиться своим знанием с другими.

Она советовала диабетикам и людям с избыточным весом питаться низкоуглеводными продуктами с высоким содержанием жира, сокращенно по-английски — LCHF. В этой книге я называю диету LCHF просто низкоуглеводной диетой по двум причинам. Во-первых, это понятнее, чем аббревиатура, во-вторых, похожие диеты существовали задолго до того, как метод назвали LCHF. На деле это одно и то же. Значительно сокращая углеводы, мы получаем больше энергии от потребляемых жиров.

Известность не заставила себя ждать. Анника Дальквист не оставляет людей равнодушными, ее фигура вызывает самые разные, в том числе резкие мнения. Благодаря своей бескомпромиссности она привлекает огромное внимание журналистов. Скоро о ней уже знали все. Кто-то считает ее героиней, смело заявившей о том, о чем другие молчат. Кому-то она помогла вновь обрести здоровье. У кого-то она вызывает раздражение. Один профессор-диетолог, всю жизнь проповедовавший безжировую диету, от которой заболела и располнела Дальквист, назвал ее «веселой взбалмошной энтузиасткой из провинции».

В ответ на негативную критику Дальквист называет своих противников истеблишментом. В ее представлении это значит, что человек отстал от жизни, отрицает действительность или еще хуже — сидит за пазухой у пищевой и фармацевтической промышленности. Анника Дальквист не боится идти на конфликт.

В ее адрес звучали и справедливые замечания. Анника Дальквист скорее практик, чем теоретик. В действительности диеты она убедилась на собственном опыте, но она не читала всех исследований. Ее эмоциональные, но непродуманные высказывания часто содержат ляпусы, как, например, слова, вынесенные на главную страницу газеты *Aftonbladet* в августе 2009-го: «МОЯ ДИЕТА ЗАЩИЩАЕТ МЕНЯ ОТ СВИНОГО ГРИППА». Цитата вызвала волну критики, но скандал, который раздули вокруг этого СМИ, больше был похож на бурю в стакане воды. Доказательств того, что диета обладает таким действием, не было, и Далькоист пришлось взять свои слова обратно.

Некоторые люди не терпят опрометчивых высказываний, не подкрепленных научными доказательствами, особенно если подобные высказывания исходят от врачей и звучат в СМИ. Многие из моих коллег покрываются аллергической сыпью, слыша подобные заявления. Поэтому в профессиональных кругах Далькоист обычно не пользуется большим авторитетом.

Несмотря на трудности, а может, и благодаря им, сейчас Далькоист зарабатывает на жизнь писательским трудом (пишет поваренные книги, пользующиеся огромной популярностью), а также гастролирует по Швеции с лекциями о питании по системе LCHF. Все больше людей пробуют этот метод и, так же как сама Далькоист, убеждаются в его действенности.

Современный шведский вариант низкоуглеводного питания, LCHF, который популяризировала Далькоист, похож на диету Аткинса. Но есть три отличия.

Во-первых, в шведском варианте количество углеводов жестко не ограничивается, условная планка — 10% энергии, получаемой из углеводов, — может служить в качестве приблизительного ориентира[21]. Чем меньше углеводов, тем эффективнее похудение и стабилизация глюкозы в крови. Количество углеводов снижается до комфортного уровня, нет также и жестких временных рамок. Кто-то совсем отказывается от углеводов, кто-то просто немного сокращает их количество.

Второе отличие — это максимальный фокус на настоящей пище, приготовленной из натуральных ингредиентов (мяса, сливочного масла, овощей) без искусственных добавок. Промышленные низкокалорийные или низкоуглеводные сладости, макаронные изделия, якобы

---

[21] Следует заметить, что многие, и я в том числе, никогда ничего не взвешивают и не подсчитывают. Если есть мясо, рыбу, яйца, жирные соусы, немного сыра и овощи-некорнеплоды в разумных количествах, то доля калорий, получаемых из углеводов, не будет превышать 5%. Если же добавить побольше овощей, а также орехи, ягоды, сливки, немного корнеплодов и, в виде исключения, иногда позволять себе что-то еще, то мы как раз и достигнем этих 10% энергии.

содержащие меньше углеводов, не рекомендуются. «Шоколадки Анники Далквист» в Швеции не продаются.

И, наконец, желателен баланс между омега-3 и омега-6 жирными кислотами. Полезны жирная рыба и мясо животных, выращенных на натуральных кормах. И, наоборот, следует избегать чрезмерного употребления жирных кислот омега-6, содержащихся, например, в дешевых растительных маслах и маргаринах. Не исключена связь между потреблением омега-6 жирных кислот и такими воспалительными заболеваниями, как бронхиальная астма.

Можно ли считать низкоуглеводное питание эффективным для здоровья и снижения веса или же это просто очередная «модная» диета? У ученых уже есть ответ на этот вопрос. Но прежде я хотел бы еще раз вернуться к трем историям, которые я только что рассказал.

Шведская искра

Не правда ли, читая о Бантинге, Аткинсе и Далквист, поражаешься сходству этих трех судеб?

На самом деле это одна и та же история, произошедшая в разное время и в разных местах: в XIX веке в Англии, в XX-м — в Америке и в XXI-м — в Швеции. Три успешных человека страдают от ожирения и болезней. Разочаровавшись во всех диетах, они пробуют низкоуглеводное питание и снова обретают стройность и здоровье. Потом рассказывают о новом методе другим, а те в свою очередь распространяют этот удачный опыт дальше. В результате все трое, несмотря на неоднозначную оценку, становятся знаменитыми.

Мы привели здесь лишь три известных случая. За последние сто пятьдесят лет подобных историй было огромное множество. Если от жира толстеют или же если выбор продуктов никак не сказывается на здоровье, почему раз за разом повторяется один и тот же феномен? Почему полные люди во все времена сталкиваются с одним и тем же? Почему им удается избавиться от лишнего веса только тогда, когда они перестают есть сахар и крахмалсодержащие продукты?

А что думает по этому поводу наука? Может, низкоуглеводное питание работает лишь на практике, но не в теории? Неужели мы должны выбирать между действительностью и схематическим ее изображением? Или же их можно соединить? Я убежден, что сегодня это возможно. В Швеции помощь пришла с неожиданной стороны.

В 2005 году два диетолога написали жалобу на Аннику Далквист в Государственное управление социальной защиты населения. В то время было не принято открыто советовать диабетикам есть жирную пищу. Диетологи считали, что это угрожает здоровью их пациентов, и хотели прекратить деятельность Далквист. Любопытно, что их жалоба имела обратный эффект и оказала решающее влияние на ход дела.

Управление соцзащиты назначило комиссию, работа которой продолжалась больше двух лет. Наука о низкоуглеводной диете была подвергнута тщательному анализу. В январе 2008 года был опубликован отчет. Аннику Далквист оправдали. Новость, о которой написали в газетах, имела эффект разорвавшейся бомбы. Как такое возможно — Управление соцзащиты вдруг оправдало спорную низкоуглеводную диету, да еще на фоне обостренной дискуссии в медиа? Ту самую «экстремальную новомодную диету», которую многие все еще считали опасной для жизни!

Вскоре несколько уважаемых профессоров во главе с председателем Союза диетологов написали длинную и занудную статью в медицинский журнал *Läkartidningen*. Они призывали Управление соцзащиты отменить свое решение, которое, по их мнению, было ошибочным. Управление твердо стояло на своем, и на страницах того же журнала, равно как и в других изданиях, развернулись горячие споры между сторонниками разных мнений. Эта дискуссия продолжается до сих пор.

Происходившее напоминало ни что иное, как смену парадигм.

Люди уже давно выступали в защиту «нового» метода, и их число постоянно росло. Но официальное признание низкоуглеводной диеты Государственным управлением социальной защиты населения в январе 2008 года стало необходимой искрой, без которой пламя никак не могло разгореться. Что же говорилось в этом документе?

Вывод комиссии, который так разозлил многих, в том числе гласил: «*Обобщая вышесказанное: [...] безуглеводная диета является научно обоснованным и проверенным методом и может назначаться при избыточном весе, а также при диабете II типа. Действенность в краткосрочной перспективе доказана рядом исследований, негативных эффектов, представляющих опасность для здоровья, не выявлено...*»

Это было похоже на взрыв динамита. Низкоуглеводное питание долго отвергалось как опасная модная диета. Сейчас само Управление соцзащиты говорило обратное: действенность метода доказана научно, никаких известных рисков не существует. Трудно переоценить влияние этого события на шведскую дискуссию о здоровом питании. Воздушный шар из слухов и пересудов лопнул, дымовая завеса рассеялась.

Теперь наконец мы можем увидеть, что открывается перед нами.

Революция набирает ход

Бантинг и Аткинс оставили след в истории. Но по тем временам их идеи не имели достаточной силы. Всего их практического опыта не хватило, чтобы изменить мировоззрение современников. Однако сегодня у этих идей более богатый потенциал. Его хватит, чтобы смена парадигм наконец свершилась.

В отличие от 1860-го или 1960 года, сегодня у нас есть научные доказательства. Доказательства, которые не противоречат практическому опыту, эволюции или истории. Доказательства, о которых говорило шведское Управление соцзащиты в 2008 году, а также рельзультаты самых последних исследований. Сегодня действительность и ее схематическое изображение могут соединиться. Совпасть в новой картине мира. Наше здоровье и вес взаимосвязаны.

Начнем с веса. Мало что может так же легко мотивировать человека изменить свой образ жизни, ибо эффект заметен и ощущается сразу. Здоровье приходит уже потом, как бонус, иногда неожиданный. Поражает воображение и новая теория о контроле над весом — она не только действенна, но и прекрасна в своей логичности.

Сегодня нам нужны новые решения. Подобно другим устаревшим представлениям, теория о снижении веса разваливается на глазах от бесчисленных противоречий.

Считается, что похудеть просто: меньше ешьте, больше бегайте. Тратьте больше калорий, чем получаете с пищей. Почему бы и нет? Только пока все судорожно считали потраченные калории, человечество ничуть не похудело. Наоборот. Мы столкнулись с эпидемией ожирения. Несколько сот лет назад никто и не знал, что такое калории, и почти все были худыми. Теперь каждый второй толстяк знает точное количество калорий в стандартной порции картошки-фри, только это почему-то не помогает. В чем же дело?

Научные исследования, как правило, доказывают неэффективность метода подсчета калорий, так как он редко дает устойчивый результат: поначалу, конечно, худеешь, но год-другой — и ты снова набираешь столько же или даже больше. В этом уже все убедились: эффект маятника всегда приводит к ожирению.

Призыв «Меньше ешьте, больше бегайте» уже всем осточертел. Если это так просто, почему же это не всем удается? Ответ, как правило, напрашивается сам. Толстые люди...

Толстые люди — ленивые обжоры. Так сегодня в глубине души думают многие. Раньше я и сам так думал за неимением лучшего объяснения. Только больше я так не думаю. Это не наука, а предубеждения. Устаревшее морализаторство, подозрительно похожее на обвинение в смертных грехах — лени и чревоугодии.

Старое мировоззрение обернулось для нас эпидемией ожирения, оно научило нас нездоровым способам похудения и внушило предубеждения. Отказавшись от него, мы получим снижение веса без чувства голода, настоящую вкусную пищу и более глубокие знания.

Пора менять мировоззрение. Прислушайтесь к своему организму.

ГЛАВА ПЯТАЯ
Похудение без чувства голода

Считать, что от жира жиреют, — все равно что думать, будто от зелени зеленеют.

КРИСТЕР ЭНКВИСТ
Главный врач, Трольхэттан
Статья в газете Dagens Nyheter, раздел «Дебаты», 2004

Инженеры-химики, работающие на крупную маргариновую компанию *Unilever*, почти достигли цели. Они изобрели съедобное низкокалорийное желе и теперь экспериментируют. Люди с избыточным весом смогут заменить этим желе обычную пищу, либо же добавлять в еду. Пока ты его ешь, желе остается мягким, но в желудке разбухает и превращается в твердый комок. Комок медленно усваивается, чувство голода приглушается. Остается лишь выбрать, какие искусственные вещества добавить, чтобы скрасить его вкус. Компания надеется на успех.

Итак, инженеры пытаются придумать что-то такое, что приятно на вкус, наполняет желудок, утоляет голод и по необходимости обеспечивает снижение веса. Только «такое» уже есть. Называется — *настоящая еда*.

Сегодня, чтобы похудеть, нам не рекомендуют настоящую еду. Сегодня редомендуют «легкие» продукты, порошки, таблетки и хирургическое вмешательство на желудке. Только что если все это — ошибка? Что если вся эта многомиллиардная индустрия вот-вот потерпит крах?

Избавившись от жирофобии, можно увидеть другой выход.

Неприменимая истина

Правда ли, что мы съедаем больше калорий, чем можем потратить, и потому толстеем?

Тысячи специалистов по ожирению много лет уверяли нас, будто это — непререкаемый закон природы. Как ни странно, они оказались неправы. Конечно, если вы прибавляете в весе, значит, вы получаете слишком много калорий. Но в этой логике есть сбой, который не так-то просто обнаружить. Зато, обнаружив, понимаешь, что это было очевидно с самого начала. Однако давайте разберемся, как работает контроль над весом.

Слепая вера в метод подсчета калорий «на входе и выходе» только сбивает с толку и едва ли может помочь людям с избыточным весом. Распространенный совет, основанный на представлениях о калориях, звучит так: меньше ешьте, больше бегайте. Только это мало у кого получается. Такой метод не дает устойчивого результата, что доказано научными исследованиями и подтверждено на практике.

Не исключено, однако, что вам повезло и вы похудели именно благодаря этому методу. Поздравляю. Значит, у вас железная воля и хорошие гены. Большинству поначалу удается похудеть, но потом они снова толстеют, порой набирая больше, чем сбросили. Их вес скачет, пока дело не кончается ожирением. Мало кто остается худым надолго. Даже если у вас собственные повара и персональный тренер, вы можете попасть в заколдованный круг и потерять контроль над своим весом. Пример тому — Опра Уинфри.

Не стоит тешить себя надеждой, что вы — исключение и у вас все получится. Чем вы лучше других? Многие специалисты сегодня отказались от этого метода. Они считают, что хирургическое вмешательство на желудке — единственный способ борьбы с ожирением. Трудно представить себе более провальный финал для теории подсчета калорий.

Проблема в чересчур упрощенном представлении о регуляции веса. Зацикливаясь на калориях «на входе и выходе», мы упускаем из виду главный вопрос: «Почему?»

Почему каждый второй швед потребляет слишком много калорий? Почему число полных американцев увеличилось втрое сразу после начала гонения на жиры? Почему их постигла эпидемия ожирения, распространившаяся даже на младенцев, которым еще не исполнилось и полугода, — этим что, тоже надо больше бегать? Почему мы едим больше, чем нам нужно?

Поняв причину, вы избавитесь от лишнего веса без чувства голода. Этот метод также называется «приятным методом». Сегодня нам еще по-прежнему мешает страх, наследие Энсела Киза. Бесполезно рекомендовать худеющему человеку есть нормальную пищу, если он уверен, что она опасна для здоровья.

Чем больше углеводов, тем выше инсулин, тем сильнее ожирение. Эта зависимость — ключ к пониманию природы избыточного веса. Инсулин откладывает жир в жировых клетках и «запирает» его, не позволяя организму его использовать. Если уровень инсулина в крови высокий, то жировые запасы не расходуются, а даже наоборот, увеличиваются. Уровень инсулина в крови может в дальнейшем определять жировую массу тела.

Избыточный вес и лишние калории можно увязать с действием инсулина. Это самое простое объяснение: углеводы и инсулин вызывают чувство голода. Переизбыток инсулина вынуждает нас есть больше, чем нужно.

Есть еще одно, более сложное, но и более изящное объяснение. Оно может поначалу показаться непонятным, но не спешите его отвергать. При смене парадигм все переворачивается с ног на голову. Просто представьте себе следующее...

Вы полнеете не потому, что получаете слишком много калорий. Эта связь есть, только обратная. Ваш организм требует много калорий, потому что вы полнеете.

Позвольте мне объясниться.

Во власти жировых клеток

Ожирение — это избыточные жировые отложения. Они связаны с нарушением липидного (жирового) обмена, из-за которого запасы жира слишком разрослись.

Мы привыкли считать жировые клетки пассивным хранилищем питательных излишков. Это не так — жировые клетки активны. Когда они всасывают в себя питательные вещества, человек полнеет. Питание поступает из крови, человек испытывает чувство голода и начинает больше есть. Это влияние инсулина.

Пытаться противостоять такому голоду — это самоистязание. Навсегда выиграть битву с чувством голода невозможно, он неизбежно возвращается. Но бороться и не надо. Есть способ получше.

Быть может, кто-то из ваших знакомых похудел благодаря низкоуглеводной диете. Люди, которые прошли через это, всегда рассказывают одно и то же. Постоянный голод внезапно исчезает, перестает хотеться сладкого. Чувства сытости хватает надолго. Теперь нам понятно, что произошло на самом деле: патологически высокий уровень инсулина нормализовался. Питательные запасы высвобождаются из жировых клеток и поступают в кровь.

Расти в длину или в ширину

Как может гормон управлять весом? Приведу одну аналогию. В организме пятнадцатилетнего Калле полно гормонов, благодаря которым он растет в длину. Мальчик растет не потому, что слишком много ест. Наоборот. Он ест потому, что растет. Но если Калле сделает над собой усилие и начнет есть меньше, он не перестанет расти.

Гормон роста заставляет Калле расти в длину. Инсулин заставляет нас расти в ширину. Оба гормона активируют клетки и заставляют их расти. Клетки получают питание из крови, провоцируя чувство голода. Растущему ребенку нужно больше еды. Взрослому человеку с растущим животом тоже нужно больше еды.

Связь здесь обратная. Мы едим больше, чем обычно, потому что полнеем. Потому что наши жировые клетки растут. Если же вы сможете заставить свои жировые клетки уменьшиться и самим поставлять питательные вещества в кровь, то случится обратное. Вы начнете потреблять меньше калорий, чем вы тратите. Это и даст снижение веса без чувства голода.

Термин «приятный метод» принадлежит Йорану Адлену, аналитику трендов, предпочитающему в одежде черный цвет. Он и половина его родственников похудели благодаря безуглеводной диете — без всякого чувства голода. 1 января 2009 года в телевизионной передаче «Доброе утро, Швеция» Адлен предрекал большое будущее этому тренду. Он оказался прав. Швеция начала пробуждаться — первая во всем мире.

Тощие свиньи и толстые люди

«Приятный метод» был известен много веков назад. Жан-Антельм Брийя-Саварен, кулинар, повар от бога и идол всех французов, в 1825 году написал «Физиологию вкуса» — книгу о еде, прославившуюся на весь мир. В ней он, в частности, описывает, чем питаются полные люди по их собственному признанию. Брийя-Саварен не сомневался, что в этом-то и заключается главная проблема. В те времена это были те же самые продукты: хлеб, рис, картошка, пирожные и другие сладости.

Тогда об этом никто не знал, но именно такая пища в желудке превращается в глюкозу. Она повышает глюкозу в крови и инсулин. Повинуясь инсулину, жировые клетки откладывают жировые запасы.

Брийя-Саварен отмечал, что дикие хищники никогда не бывают толстыми. Ни волки, ни шакалы, ни львы, ни орлы. Хищники вообще почти не едят углеводов. Их инсулин остается низким.

Если у вас есть домашнее животное (собака, кошка), страдающее избыточным весом, проверьте состав его корма. Толстая домашняя собака ест меньше мяса, чем ее поджарые дикие предки. Толстая собака вместо мяса получает углеводы, потому что такой корм дешевле.

Сухие корма для домашних животных по большей части состоят из концентрированных углеводов — риса, кукурузы, зерновых. Из-за этого инсулин у собаки повышается и жировые клетки растут. Ожирение домашнего животного объясняется теми же причинами, что и ожирение его хозяина. Оба едят пищу, не предназначенную для их организма.

Другой хороший пример — это медведи. Осенью им нужно сильно растолстеть, отложить очень много жира. Жировые запасы надо скопить, перед тем как животное впадет в зимнюю спячку. И что же в этом случае ест медведь? Чернику. Десятки килограммов черники каждый день. Тот же сахар.

Свиньи похожи на людей. Когда в 1960-е свиней откармливали к Рождеству, то слой жира на окороке должен был быть в несколько сантиметров толщиной. В те времена на Рождество ели жирную ветчину. Крестьянин откармливал свинью картошкой и хлебными корками. Сейчас люди предпочитают постную ветчину, поэтому свиней кормят кукурузным маслом.

Свиньи в старину были жирные, потому что соблюдали безжировую диету. А люди, которые ели жирную ветчину, были худыми. Сегодня свиньи стали худыми, хотя их кормят жирными кормами. А мы, хоть и едим постную ветчину (заедая и запивая углеводами — хлебом, картошкой, пивом, рождественскими сладостями), наоборот, толстеем.

Хлеб и картошка — продукты, которые нам некогда рекомендовали, — делают толстыми и свиней. Они повышают инсулин, жировые клетки забирают питательные вещества из крови и растут. Свинья испытывает постоянное чувство голода и ест все больше и больше.

Примерно то же самое происходит и с человеком. Излишек углеводов и сахара может сделать нас толстыми, как свиньи.

Доказательства

Новая теория логична. Однако это не просто красивая теория, вписывающаяся в эволюцию и подтвержденная красноречивыми примерами. Сегодня она доказана научными исследованиями. Ответы ждут нас, но сперва еще немного предыстории.

Начиная с 1980-х сомнений оставалось все меньше. От жира толстеют, говорили нам, но это было так же бездоказательно, как и утверждение, что от зелени зеленеют. Многие думали, что углеводы никак не отражаются на весе, но это было ошибкой, которая привела к чудовищной эпидемии ожирения.

Современная наука указывает другой путь. Те, кто раньше проповедовал безжировую диету, ретировались. Они заняли довольно сомнительную позицию: мол, все диеты хороши. Важно лишь учитывать калории «на входе и на выходе». Неважно, *что* вы едите. Конфеты, пирожные и сладкие воды влияют на ваш вес так же, как нормальная еда. Так ли это?

Метод подсчета калорий работает только в кабинетной теории. Она не учитывает чувства голода. От настоящей еды вы будете сыты надолго. От сладостей и газированных напитков скоро снова захочется сладкого. То есть все не так просто, как полагают те, кто подсчитывает калории. Сегодня наука должна лучше соотноситься со здравым смыслом.

Как доказать, какая диета эффективнее? Как ни странно, это очень трудно. Требуется самый мощный инструмент, который есть у науки, — проспективное (то есть длительное) сравнительное рандомизированное исследование альтернатив[22]. Это занимает много времени и требует большого количества участников. Такие исследования очень дорогостоящи. Тем не менее, в 2000-е годы было проведено около десяти подобных исследований, сравнивавших два основных метода похудения: голодную безжировую диету с подсчетом калорий и соперничающую с ней безуглеводную диету без чувства голода.

Многие десятилетия на Западе рекомендовали безжировую диету по двум причинам. Во-первых, жир считали вредным, а во-вторых, жир имеет высокую калорийность. Доказательств, что данный метод хорош для снижения веса, не было. Но сегодня у нас есть доказательства неэффективности этого метода, с помощью которого многие полные люди безуспешно боролись с лишним весом, а кто-то в отчаянии даже делал себе операции на желудке.

---

[22] Наиболее доказательными являются контролируемые (сравнительные) рандомизированные исследования. Добровольцев случайным образом делят на две группы, каждая из которых при помощи специалистов следует определенной диете. Через некоторое время (шесть месяцев или два года) ученые смотрят, какая группа сбросила больше веса, а также убедительна ли разница в результатах, можно ли считать ее «статистически значимой».

Произвольность деления на группы, рандомизация, нужна для того, чтобы разделение было справедливым. Если участники будут выбирать сами, группы могут получиться слишком разными. Может случиться, что самые мотивированные пациенты попадут в одну группу и получат несправедливое преимущество. Рандомизация обеспечивает непредвзятость исследования.

Более стройные американцы и израильтяне

Что если все наоборот? Против старого метода уже свидетельствовало несколько менее продолжительных исследований, а в 2007 году была опубликована первая по-настоящему революционная работа, которую нельзя было сбросить со счетов.

Главный идеолог проекта был, как ни смешно, вегетарианцем. Кристофер Д. Гарднер — профессор Стэнфордского университета в США, ранее занимавшийся исследованиями сои, чеснока и растительной пищи. Но когда он докладывал о своих результатах на конференциях, его часто спрашивали о другом. Люди хотели знать, насколько действенны низкоуглеводные диеты вроде диеты Аткинса, которые время от времени снова входили в моду. Можно ли с их помощью похудеть?

Гарднер понял, что, несмотря на давнюю известность этого метода, не существует ни одного достоверного сравнения устойчивости его результатов с другими типами питания. И Гарднер решил с этим разобраться. Собрав почти три миллиона долларов из денег американских налогоплательщиков, он приступил к своему проекту, на тот день самому крупному.

Исследование продолжалось один год. Триста одиннадцать женщин, страдающих избыточным весом, случайным образом разделили на четыре группы. Одна группа питалась по методу Аткинса — строгая безуглеводная диета, максимальное количество углеводов — не более 20 г в день. Это соответствует примерно 4% суточной энергии. Сахар, хлеб и картошка были исключены. Зато можно было досыта есть другие продукты — мясо, рыбу, яйца, сливочное масло, жирные соусы и овощи-некорнеплоды.

Трем другим группам рекомендовали диеты с большим содержанием углеводов, одна из которых напоминала рекомендации шведского Государственного продовольственного управления. Все группы получили консультации диетолога. После окончания эксперимента за всеми участниками в течение года наблюдали специалисты, чтобы отследить отдаленные результаты.

Итоги были опубликованы весной 2007 года в уважаемом научном журнале *Journal of the American Medical Association*. Это была безоговорочная победа. По результатам всех взвешиваний группа Аткинса опережала остальные группы, причем разница была статистически значимой. Но самым неожиданным было другое: влияние безуглеводной диеты на факторы риска сердечных заболеваний.

Раньше считалось, что жиры отрицательно сказываются на показателях холестерина, что, собственно, и было главной причиной истерии. Но исследование Гарднера продемонстрировало, что у группы, которая питалась жирной безуглеводной пищей, показатели холестерина и кровяное давление *улучшились*. Никакие показатели в результате диеты не ухудшились[23].

Статья в *Dagens Nyheter* под названием «Чем меньше углеводов, тем лучше диета» начиналась словами: «Безуглеводная диета Аткинса вдвое эффективнее по сравнению с диетами, ограничивающими потребление жиров. Это доказало самое крупное, самое длительное и самое качественное на сегодняшний день исследование».

Было ли это просто разовым явлением, странной случайностью?

Летом 2008 года в самом толстом журнале, посвященном клиническим исследованиям, *New England Journal of Medicine*, была опубликована еще одна работа. На сегодняшний день это самое серьезное исследование строгой безуглеводной диеты.

Под руководством Айрис Шаи триста двадцать два израильтянина с избыточным весом были случайным образом разделены на три группы: Аткинс, средиземноморская диета и безжировая диета. За пациентами наблюдали два года. Все они работали на атомной электростанции в пустыне и питались в служебной столовой, что облегчало задачу с практической точки зрения, — так было удобнее давать каждой группе соответствующую пищу.

Какая же диета показала лучший результат? Снова Аткинс. Худший? Как всегда, безжировая диета. То же самое с показателями холестерина. Аткинс снова победил.

СМИ захлебывались этой новостью. На этот раз *Dagens Nyheter* выбрало название «Жирная пища делает вас стройнее», и статья начиналась словами: «Больше жира и меньше углеводов — это лучший и наиболее здоровый способ сбросить лишний вес. К этому выводу, противоречащему рекомендациям Государственного продовольственного управления, пришло самое длительное на сей день диетологическое исследование».

На фотографии, иллюстрирующей статью, почему-то были изображены две женщины с мороженым. Сладкое сахарное мороженое, видимо, противопоставлялось безуглеводному питанию. Правда, через несколько дней в медиа, как всегда, забыли об этом и других исследованиях. Во всем, что касается медицины, память СМИ — как у аквариумной

---

[23] 75-минутную лекцию профессора Гарднера и его беседу со слушателями можно найти по-английски в Интернете. Профессор рассказывает о том, как крупные исследования последних лет, включая его собственное, смогли доказать преимущества низкоуглеводного питания по сравнению с другими диетами и по показателям веса, и по факторам риска. Лекцию можно найти по названию: *The Battle of the Diets: Is Anyone Winning (At Losing)?*

рыбки, дольше трех минут информация не задерживается. С появлением каждого нового исследования они начинают с нуля.

Названные выше работы — наиболее крупные из всех, которые сравнивали строгое безуглеводное питание и безжировую диету как методы похудения. Несмотря на то, что пациенты, получавшие низкоуглеводную пищу, сытно питались, они оба раза выиграли. Те, кто избегал жирной пищи, хотя и считал калории, проиграл.

При безжировой и низкокалорийной диете голод всегда возьмет свое. Сахар и крахмал повышают инсулин и запускают в организме процесс отложения жиров. Попытка исправить это самодисциплиной — сизифов труд, бесконечное движение в гору. Шансы на выигрыш равны нулю.

Досыта наедаясь вкусной едой, вы легко и беспрепятственно спускаетесь под гору, постепенно приближаясь к вашему идеальному весу. Поэтому название «приятный метод» подходит к этой диете как нельзя лучше.

10:0

Существует еще целый ряд сравнительных исследований безуглеводного питания и безжировой/низкокалорийной диеты. В общей сложности в 2000-х годах было проведено как минимум двадцать одно такое исследование.

Перевес очевидно на стороне безуглеводного питания (см. таблицу на с. 88). В некоторых случаях была достигнута ничья, когда различия между двумя группами не были статистически значимыми.

Но раз за разом результат подтверждался. Звездочка рядом с результатом указывает на то, что победа была бесспорной. Низкоуглеводному питанию удалось добиться десяти очевидных побед. Безжировая диета не выиграла ни разу.

Счет — 10:0. Победа подтверждается и на формальном уровне в сводном систематическом обзоре всех исследований, произведенных в данной области, так называемом метаанализе. Последний на сегодняшний день метаанализ, рассмотревший результаты тринадцати рандомизированных исследований, был проведен группой ученых во главе с англичанкой Мишель Хешн в 2009 году.

Итог? Низкоуглеводное питание дало лучшие результаты по снижению веса, лучшие показатели липидов в крови, лучшее кровяное давление и наименьшее число соскочивших с диеты.

Безжировая диета проиграла по всем показателям.

Схема и действительность

Как можно до сих пор утверждать, будто качество продуктов не сказывается на весе, когда одно исследование за другим доказывает противоположное? А ведь так рассуждают даже некоторые профессора.

Возможно, они еще просто не успели прочесть эти новые исследования. А может, так прочно увязли в своем мировоззрении, что закрыты для всего нового. Или так увлечены своими схемами, что не замечают действительности. В худшем случае объяснение иное: иногда люди стесняются слишком быстро менять свою точку зрения.

Исследование (город, дата)	Количество участников	Продолжительность в месяцах	НУ-группа (низкоуглеводная)	БЖ-группа (безжировая)	Лучший результат по снижению веса
Brehm – 2003	53	6	4–12%	55%	НУ*
Foster – 2003	63	12	4%+	60%	НУ
Samaha – 2003	132	6	6%	55%	НУ*
Sondike – 2003	30	3	4–8%	55%	НУ*
Aude – 2004	60	3	10–28%	55%	НУ*
Volek – 2004	31	1,5	<10%	60%	НУ*
Meckling – 2004	31	2,5	12%	55 %	НУ
Yancy – 2004	120	6	4%+	55%	НУ*
Stern – 2004	132	12	6%	55%	НУ
Nickols-R – 2005	28	1,5	4%+	60%	НУ*
Dansinger – 2005	80	12	4–10%	55%	БЖ
Truby – 2006	212	6	4%+	55%	НУ
Gardner – 2007	311	12	4–10%	40–70%	НУ*
Ebbeling – 2007	73	18	40%	55%	НУ
Shai – 2008	213	24	4%+	>50%	НУ*
Sacks – 2009	811	24	35–45%	55–65%	НУ
Brinkworth – 2009	118	12	4%	46%	НУ
Frisch – 2009	200	12	<40%	>55 %	НУ
Yancy – 2010	146	11	4%+	55%	НУ
Foster – 2010	307	24	4%+	55 %	БЖ
Krebs – 2010	46	3	4%	55 %	НУ*
Метаисследования					
Nordmann – 2006	5 исследований	6			НУ*
Hession – 2009	13 исследований	12			НУ*

НУ-группа: в колонке указаны проценты калорий, получаемых из углеводов, в пище, рекомендованной участникам низкоуглеводной группы
БЖ-группа: в колонке указаны проценты калорий, получаемых из углеводов, в пище, рекомендованной участникам безжировой группы
«Плюс» означает, что количество углеводов было со временем немного увеличено
Лучший результат по снижению веса: жирный шрифт и звездочка = статистически значимый результат
Серый шрифт: статистически незначимый результат

В качестве контраргумента часто указывают на одно из исследований из приведенной выше таблицы, не показавшее четкого отрыва[24], а на остальное закрывают глаза. Мол, это исследование доказывает, что никакой разницы нет, что «все диеты одинаково хороши».

Это не так. Если вы не сильны в статистике, то вот вам понятная аналогия. Если футбольная команда проигрывает матч за матчем и никогда не выигрывает, то, разумеется, она играет хуже, чем ее противники, а не «так же хороша», как и все.

Если крошечное островное государство Мальта после ряда проигрышей случайно сыграет вничью со шведской сборной, ее команду нельзя будет безусловно считать «такой же сильной». И если спортивный журналист всерьез напишет об этом, его засмеют. Почему же никого не удивляет, когда профессор прибегает к той же логике, рассуждая об эффективности диет?

К счастью, многие профессора сегодня уже признают ошибочность старого метода. Профессор Мартин Ингвар из Каролинского института в Стокгольме в своей книге «Контроль мозга над весом» пишет: «Низкокалорийные и безжировые диеты дают менее устойчивый результат, нежели методы, связанные с ограничением углеводов».

Победа безуглеводной диеты неоспорима. Вопрос лишь в том, *насколько* она эффективна.

На 168 килограммов легче

Пережив чудесное превращение, Сольвейг попала на страницы норвежского медицинского журнала *Läkartidningen*. С двухлетнего возраста она страдала избыточным весом и находилась под наблюдением

---

[24] Обычно речь идет об исследовании Sachs et al. Строгая безуглеводная диета наподобие диеты Аткинса не была предметом этого крупного исследования. Доля углеводов в рационе должна была составлять минимум 35%. При меньшем количестве углеводов снижение веса было эффективнее, однако результат не был статистически значимым.

Летом 2010 года на конференции, посвященной проблемам ожирения, от одного из ученых — участников проекта — я узнал кое-что интересное. Пациентки, задействованные в исследовании Сакса, также смогли значительно снизить вес при меньшем количестве углеводов, и в этом случае различие было-таки статистически значимым. Однако этот результат никто не опубликовал и публиковать не собирался.

врачей. Когда ей было шестнадцать, выяснилось, что у нее повышенный инсулин.

Чего ей только ни советовали: «модель тарелки», безжировую диету, таблетки для похудения и физические тренировки. Но она только полнела. Вскоре, несмотря на регулярные тренировки под наблюдением физиотерапевта, она весила 250 килограммов. Она подала заявление на выплату страховой компенсации как жертва врачебной ошибки, так как, следуя советам врачей, поправилась еще больше. Однако в компенсации ей отказали, мотивируя это тем, что она якобы получила квалифицированную медицинскую помощь.

В двадцать пять лет, когда она весила уже 265 килограммов, Сольвейг сменила врача. Врач обратила внимание на чудовищно высокий уровень инсулина и, чтобы снизить его и запустить процесс снижения веса, посоветовала безуглеводную диету.

Сольвейг ограничила углеводы 20–40 граммами в сутки. За первые недели она потеряла 17 килограммов. Это может показаться невероятным, но через два месяца она сбросила 75 килограммов. Затем темпы снизились до одного килограмма в неделю. Она хорошо себя чувствовала и уже могла ходить на небольшие прогулки, со временем — до 10 километров в день.

Два года спустя она пришла на повторный прием. Врач с трудом узнала ее. Сольвейг весила 97 килограммов. Анализ крови был в норме, включая инсулиновый показатель. Сольвейг удалось сбросить 168 килограммов, отказавшись от углеводной пищи, которую ей все это время рекомендовали для похудения, и снизив высоченный уровень инсулина, мешавший процессу сжигания жиров[25].

Сольвейг побила скоростной рекорд, но есть и много других ярких примеров. Один мужчина с севера Швеции, страдавший ожирением, на безуглеводной диете за год похудел до нормального веса, сбросив 92 килограмма и питаясь почти исключительно дичью. Или один мой знакомый, молодой человек по имени Даниэль Страндрут, который за восемь месяцев похудел на 50 килограммов.

Нормально ли это?

---

[25] Сольвейг помогла врач Софи Хексеберг, она же потом написала об этом случае в норвежском медицинском журнале. Софи Хексеберг занимается нутрициологией и защитила докторскую диссертацию.

В 2010 году у нее вышла книга об успешном лечении пациентов с помощью низкоуглеводной диеты. Причем речь идет не только о снижении веса, но и о диабете, гипертонической болезни и других заболеваниях. Книга пока переведена только на шведский и носит название «Новая жизнь с настоящей пищей — здоровье с LCHF». Я горячо рекомендую ее всем, кто может ее прочесть.

В среднем 26

Рандомизированные исследования — доказательный способ определить победителя. Но чтобы изучить воздействие диеты на мотивированных людей, которые добровольно выбрали такой способ питания, требуются специальные исследования.

Несколько лет назад, как ни странно, такое исследование было проведено в университетской больнице в Кувейте. Шестьдесят шесть человек с избыточным весом в течение года получали максимум 20 граммов углеводов в день, но при этом не голодали, а могли досыта есть другую пищу. Каков же был результат?

При среднем весе 107 килограммов в начале эксперимента пациенты сбросили в среднем по 25,9 килограмма. Кроме того, показатели холестерина и глюкозы намного улучшились. Слишком уж все гладко, — думал я раньше. Сегодня я знаю столько подобных случаев, что больше не сомневаюсь. К тому же есть и другие потрясающие исследования.

Одно из них проводилось в Испании — низкоуглеводная диета по типу средиземноморской. Длился проект три месяца, из углеводных продуктов можно было есть только овощи — 30 граммов углеводов в день. Участники ели много рыбы, заправляли блюда оливковым маслом и выпивали один-два бокала вина в день. Как обычно, можно было наедаться досыта. В проекте участвовали сорок человек — здоровых, но довольно грузных, и уже через три месяца они похудели в среднем на 14 килограммов. Больше килограмма в неделю без всякого чувства голода. Артериальное давление, холестерин, глюкоза заметно улучшились.

Итак, популярная средиземноморская пища никак не противоречит низкоуглеводной диете. Конечно, нет причин избегать насыщенных жиров, например сливочного масла. Но не хотите — не ешьте. Можно запросто есть меньше насыщенных жиров, хотя на самом деле это совершенно ни к чему.

Еще раз вернемся к кувейтскому исследованию. 26 килограммов в год — это примерно полкило в неделю. На самом деле это обычная норма для строгой низкоуглеводной диеты в долгосрочной перспективе. Как правило, в первую неделю уходит 2–3 килограмма, что очень воодушевляет и мотивирует пациентов.

Кто-то сбрасывает сразу много, у кого-то процесс похудения идет медленнее. Но если можно наедаться вкусной едой и при этом хорошо себя чувствовать, то не надо особо торопиться. Если выдерживать нормальный ритм, то и кожа успеет подтянуться. Чем ближе к нормальному весу, тем сильнее замедляется процесс, до тех пор пока вес не стабилизируется и организм не привыкнет к новому состоянию. Вкусная сытная пища, естественная для человека, в конце концов должна вернуть вас к нормальному весу.

Еще один вопрос. Как быть с физическими нагрузками?

От кнута к прянику

Метод подсчета калорий — это не только чувство голода. Нужно еще и двигаться, причем много и долго. Только чтобы сжечь съеденную булочку из пшеничной муки, нужно пробежать примерно 5 километров, а может, и больше. Физкультура — это отлично для здоровья и хорошего самочувствия, но ее значение для похудения переоценено. Исследования показывают, что физические нагрузки почти бесполезны, если, конечно, не тренироваться как минимум час каждый день. Если вы страдаете избыточным весом и не очень энергичны, это будет для вас мучением. А если вас еще и мучают боли, то о физкультуре можно забыть.

Умный способ похудения, вроде способа Уильяма Бантинга, не требует от вас изматывающих упражнений. Можете спокойно есть низкоуглеводную пищу, и вы похудеете, даже если не хотите двигаться. Физические нагрузки — не кнут, а пряник.

Разумеется, тренировки тоже влияют на вес. Но здесь все не так бескомпромиссно, как в кабинетной теории о калориях «на входе и на выходе». Конечно, много двигаясь, вы похудеете, но лишь при том условии, что *будете мало есть*. Однако после физической нагрузки есть хочется сильнее. Работая в лесу, вы к вечеру проголодаетесь больше, чем после неподвижного сидения в офисе.

Если после тренировки выпить бутылку сладкого «спортивного» напитка, вы почти сразу выйдете в плюс-минус-ноль. Вы истратили свой запас глюкозы, но тут же его пополнили. От этого вы не станете ни стройнее, ни здоровее. Как однажды сказал знаменитый биатлонист Юнас Кольтинг: «Это все равно что рыть яму, чтобы подставить лестницу, чтобы вымыть окно на первом этаже»[26].

---

[26] Юнас Кольтинг давно указывал на проблему чрезмерного потребления быстроусвояемых углеводов среди спортсменов. В 2009 году он написал об этом статью в *Runners World*, привлекшую к себе внимание публики. Статью можно найти по-шведски в Интернете (*Kolhydratsbluffen*).

Думаете, чтобы тренироваться, обязательно есть хлеб и макароны? Посмотрите на Бьорна Ферри, шведского олимпийского чемпиона 2010 года по биатло-

Если вы хотите избавиться от жировых отложений, надо тренироваться так, чтобы жиры максимально сжигались. Как этого достичь? Снизив инсулин. Как? Меньше сахара и крахмала. Чем больше вы тренируетесь, тем меньше требуется инсулина для усвоения углеводов (= более легкий способ похудения), и чем меньше лишнего веса, тем больше удовольствия вы будете получать от физических нагрузок. Добро пожаловать в мир удовольствий.

И, конечно, сытная пища даст вам больше сил для тренировок. Теперь вам не придется истязать себя голодом и тренироваться на износ. Тренируйтесь, когда захотите, просто для того, чтобы хорошо себя чувствовать и стать еще здоровее. Физические нагрузки только ускорят процесс сжигания жира[27]. Но это необязательно, теперь это не кнут, а пряник.

Скоро вы и думать забудете о том, что когда-то боялись жиров.

«Калории в воздухе»

Недавно главный врач одной больницы, давая интервью, нечаянно проговорился. Руководство клиники не хотело больше консультировать людей с избыточным весом. По словам главного врача, это было крайне нерезультативно, пустая трата времени. Он пытался объяснить журналисту, что клиника не может себе позволить возиться с «толстяками, которые отказываются худеть и только тратят рабочее время диетологов».

Ведь для врача это тоже разочарование — так выкладываться и всякий раз терпеть неудачу. Естественно, возникает соблазн переложить свою вину на другого. Только, скорее всего, главная проблема не в том, что толстяки отказываются худеть, а в том, что наше здравоохранение упорно продолжает давать устаревшие и неэффективные рекомендации по питанию.

Если врач считает, что похудеть просто — достаточно лишь «меньше есть и больше бегать», а пациенты никак не худеют? Не порождает ли это предрассудки? Ведь если похудеть действительно так просто, то причина ожирения — слабый характер, обжорство или лень.

ну, автора книги *Ferry Food* (2011). Его выбор — низкоуглеводное питание. Меньше подкожного жира, больше мышечной массы.

[27] Думаю, в скором времени большинство персональных инструкторов будут рекомендовать своим клиентам сочетать тренировки с низкоуглеводной диетой для снижения лишнего веса. Это даст им реальное преимущество. Я знаю несколько человек, которые уже практикуют это и добились хороших результатов.

Чего этот главный врач пока еще не понял, так это то, что ни гипертрофированное чувство голода, ни физическая вялость не являются причиной обычного ожирения. Все это симптомы типичных гормональных нарушений, причина которых — патологически повышенный инсулин.

ВЫСОКИЙ ИНСУЛИН

ЧУВСТВО ГОЛОДА, УСТАЛОСТЬ, УВЕЛИЧЕНИЕ МАССЫ ТЕЛА

Пока у вас повышен инсулин, который не позволяет расходовать питательные вещества, «запирая» их в жировых отложениях, вы будете постоянно хотеть есть, испытывать упадок сил и прибавлять в весе. Все взаимосвязано. Специалисты не должны подвергать пациентов зашоренному морализаторству. Это не приведет ни к чему хорошему. Вместо этого следует обратить внимание на причины проблемы.

Как-то раз я слушал доклад одного врача, специалиста по низкокалорийным диетам. Похоже, эта дама даже себе боялась признаться, что ее рекомендации не очень действенны, и выплескивала свое бессилие, иронизируя над пациентами. «У вас весы сломались», «Калории витают в воздухе», — приводила она их отговорки.

Старая теория о регуляции веса не спасает нас от ожирения, она только порождает предрассудки. Даже среди врачей. Правда, на той конференции многие были возмущены шутками этой дамы — значит, не все так плохо.

Обезжиренная пища содержит достаточное количество углеводов, чтобы повысить уровень инсулина и «запереть» питательные вещества в жировых клетках, обостряя чувство голода. Советы этого врача мешали пациентам сбросить вес, и по отношению к тем из них, кто терпел неудачу, она испытывала презрение.

Точно так же, как и с насыщенными жирами, понять это непросто, на осмысление требуется время. Мы долго верили, что от жиров толстеют. До сих пор, за отсутствием других доказательств, нередко приводят один странный аргумент. Девять калорий на грамм.

Сколько весит ваша еда?

Один грамм жира содержит девять калорий, углеводы и белки — четыре. Поэтому принято утверждать, что обезжиренная пища способствует похудению. Если каждый день съедать одинаковое количество граммов, то безжировая диета обеспечит меньшее количество калорий.

Но разве кто-нибудь садится за обеденный стол с четким намерением съесть определенное количество граммов — скажем, 237? Не думаю. «Девять калорий на грамм» — такая же кабинетная теория, не имеющая никакого отношения к действительности.

Если сомневаетесь, проверьте, чем вы будете сыты дольше — огурцом весом в 200 граммов или такой же порцией жаренного на масле мяса? Неважно, сколько весит ваша еда. Вашим голодом руководят не весы в желудке. Вы будете хотеть есть, пока не наедитесь досыта. Это работало, пока мы питались той пищей, для которой созданы. И будет работать снова, если мы вернемся к этой пище.

Жиры калорийны, потому что они питательны. Будь это вредно для здоровья, человек набирал бы вес от любого количества жирной низкоуглеводной пищи. Но исследования доказывают обратное. Такая диета эффективнее других. От жиров не толстеют. От жиров становятся сытыми. Не нужно ничего считать или взвешивать. Ешьте настоящую сытную пищу — и похудеете.

Хватит следовать надуманным правилам. Не нужно считать никакие калории. Ваш организм отлично может контролировать чувство голода, если вы не будете обманывать его повышающими инсулин крахмалом и сахаром. Наши предки, когда охотились, не таскали с собой в набедренных повязках таблицы с калориями и при этом оставались худыми.

Альтернатива настоящей пище — низкокалорийные сладости, слабительное и хирургия мозга. Судите сами.

Низкокалорийные сладости

Почему в аптеках продается шоколад для полных? На упаковке шоколадки *Modifast* утверждается, что две такие плитки якобы могут заменить целый обед. 240 килокалорий.

В состав входят сахар, лактоза, фруктовый сироп, фруктоза, еще раз сахар и сироп глюкозы. Шесть разновидностей сахара. Даже в официальных рекомендациях говорится, что энергия, получаемая из сахара, должна составлять максимум 10%. Это очень много сахара, во много раз больше, чем когда-либо ели наши предки. В этом кусочке шоколада, который полным людям рекомендуют есть вместо нормальной пищи, не 10 и не 20, а целых 34% калорий чистого сахара. С виду и на вкус это обычные конфеты, по сути это и есть самые обыкновенные конфеты.

Разве можно похудеть, заменив нормальную еду конфетами? По теории выходит, что вес снижается, если благодаря конфетам мы получаем меньшее количество калорий. Но это предполагает неимоверную силу воли. Вряд ли вы будете сыты, съев на обед одну шоколадку. Почему аптеки участвуют в этом циничном обмане? Возможно, просто по невежеству. Пресс-секретарь шведской аптечной сети объяснил, что на подобные сладости для похудения есть спрос, вот их и продают. Может, в скором будущем аптеки начнут предлагать нам сигареты и кокаин? Или секс-услуги?

На рынке полно компаний, которые продают сладости «в помощь худеющим»: *Itrim*, *Naturdiet*, *Cambridge* и другие. Это, разумеется, очень прибыльно. Сахар — дешевый продукт, который с помощью наглого маркетинга можно продавать дорого.

Такие сладости встречаются не только в шведских аптеках. Недавно я побывал в Сиэтле на ежегодном конгрессе американских врачей — специалистов по избыточному весу. Там было полным-полно компаний, предлагавших медикам свои продукты — шоколадки с точно рассчитанным количеством калорий, шоколадные хлопья, печенье, десерты, соки и чипсы, — все для худеющих. Одна фирма даже изобрела замену препаратам кальция от остеопороза — шоколадные и лимонные маффины с добавлением кальция — для тех, кому обычные таблетки кажутся скучными[28].

Врачи, зацикленные на калориях, рассматривают ожирение как хроническое заболевание. Его «нельзя вылечить». Всю оставшуюся жизнь больные вынуждены принимать препараты, предотвращающие различные факторы риска. Наверное, скоро все лекарства будут просто добавлять в лимонные маффины.

Многие даже очень мудрые люди обманулись, поверив в теорию подсчета калорий. Один известный профессор, специалист по избыточному весу, любил радостно повторять, что диета может запросто состоять из одних конфет. Но это, опять же, кабинетная теория, она очень далека от здравого смысла. Речь идет не о нормальной пище, а о подсчете калорий.

Вы никогда не похудеете от конфет в реальной жизни, хотя на бумаге все выглядит как нельзя лучше.

Мечта о волшебной таблетке

Многие долго надеялись на появление волшебной таблетки, которая разрешит все их проблемы. Таблетки, которая позволит объедаться любым джанкфудом и не толстеть. И рыбку съесть, и на лошадке покататься.

---

[28] Хотите увидеть фото этого бесстыдства? См. публикацию в моем блоге: www.kostdoktorn.se/godisforsaljare-pa-bantarkonferens.

Сегодня, как никогда раньше, ясно, что это пустые фантазии. Еще недавно у нас было три варианта: редуктил, акомплиа и ксеникал. Редуктил повышал риск возникновения инфаркта и был запрещен. Акомплиа воздействовала на мозг, подавляя чувство голода. К сожалению, этот препарат подавлял не только чувство голода, но и все остальные чувства тоже. Многие, начав принимать его, теряли всякий интерес к жизни, кто-то впал в депрессию, кто-то покончил с собой, и акомплию тоже запретили.

Остается ксеникал (орлистат). Он продается без рецепта, а также в более слабой форме под названием «алли». Дает снижение веса на несколько килограммов за счет того, что предотвращает всасывание жира кишечником. Проблема в том, что тот жир, который все-таки поступает в пищу, выходит с другой стороны. Распространенные побочные эффекты по справочнику «Видаль»[29]: маслянистые выделения из прямой кишки, жидкий или мягкий стул, боли в животе, выделение газов с некоторым количеством отделяемого, учащение дефекации, недержание кала. Кроме того, что не удивительно, — повышенная тревожность.

На мой взгляд, ксеникал/алли — препарат совершенно бессмысленный. Его нельзя сочетать с нормальной пищей, если только вы не решили навсегда поселиться в сортире. Капсулы можно принимать только в сочетании с обезжиренной пищей. Я никогда не рекомендую этот препарат своим пациентам.

Рынок таблеток для похудения снова переживает период регресса, — считает известный профессор Стефан Рёсснер. От эпидемии ожирения нас не спасут никакие таблетки.

Изменить тело, а не отношение к еде

Если метод подсчета калорий работает так себе, таблетки еще хуже, а конфеты для похудения — хуже всего, то, может быть, пора уже наконец отказаться от старой теории о калориях? Но нет. Осталась еще одна, последняя надежда.

Мало кому удается заморить себя жесткой дисциплиной и научиться до конца жизни игнорировать голод. А вы бы смогли? Но если организм отказывается вас слушаться, его можно заставить. Можно произвести операцию на желудке. Это эффективное средство — со всеми плюсами и минусами.

---

[29] В оригинале автор ссылается на шведский аналог, справочник лекарственных препаратов *FASS*. — *Примеч. перев.*

Самая распространенная операция — шунтирование желудка. Хирург делит желудок на две части, зашивая бо́льшую часть и оставляя меньшую, которая напрямую присоединяется к тонкому кишечнику. Объема этого «малого желудка» хватает лишь на несколько ложек еды или несколько глотков жидкости. Но не больше, иначе может стошнить. В придачу, при частичном отключении пищеварительного тракта уменьшается всасывание питательных веществ.

Неувидительно, что после такого вмешательства многие сильно худеют, во всяком случае ненадолго. Им приходится голодать, хотят они того или нет. Иногда они сбрасывают по нескольку килограммов в неделю. Это главное преимущество данной операции.

Такое хирургическое вмешательство, конечно же, небезопасно. Случаются серьезные осложнения и даже летальные исходы. Последнее скорее редкость, но я сам знал одну женщину, которая умерла на операционном столе из-за случайного повреждения аорты.

С шунтированием желудка связано как минимум три распространенных проблем. Кожа не успевает за массой, и на теле обычно остается много лишних складок. Если вы заботитесь о красоте своего тела, то придется потратиться на дополнительные косметические операции.

Вторая проблема в том, что после шунтирования желудка вы рискуете остаток жизни страдать от недостатка питательных веществ. Недостаток витаминов группы B может вызывать головокружение и в худшем случае мозговые нарушения[30], недостаток кальция — остеопороз, а дефицит железа — анемию и повышенную утомляемость. Вызывает особую тревогу, когда на такие операции идут молодые люди или будущие матери.

И, наконец, последняя проблема состоит в том, что спустя некоторое время человек опять прибавляет в весе, особенно если продолжает питаться, как раньше. Через год порции можно уже увеличить, так как

---

[30] Медицинский журнал *Läkartidningen* писал недавно о 23-летней женщине, перенесшей желудочное шунтирование. Несмотря на то, что она дополнительно принимала витамины, она испытывала острую нехватку витаминов группы B. Ее мозг перестал нормально функционировать. Ее мучили серьезные головокружения, в глазах стало двоиться. Проведя в больнице три недели, где ей кололи витамины внутривенно, она смогла наконец вернуться домой. Но еще несколько месяцев после этого испытывала трудности при чтении, не могла смотреть телевизор и опасалась садиться за руль.

В США было описано около сотни подобных случаев. Состояние лишь половины пациентов восстановилось полностью. У многих сохранились двигательные нарушения и проблемы с памятью.

желудок растянулся. Вес прибавляется. Случается даже, что человек возвращается к своему прежнему весу.

Несмотря на все минусы, хирургия ожирения пользуется все большей популярностью. Несколько лет назад это мало кому приходило в голову. Теперь же каждый год 7000 шведов делают себе операции на желудке, спрос на эту хирургию быстро растет. Ожирением в Швеции страдают сегодня около миллиона человек, так что можно предположить, что в будущем такие операции станут самым обычным делом. Может, и вам попробовать обходиться без желудка?

Неужели таких примеров недостаточно, чтобы понять: мы живем не так, как было задумано природой. Мы не замечаем нарушений, из-за которых *хотим* есть больше, чем нужно, и поэтому производим хирургические манипуляции со своим телом, чтобы не есть вообще.

Ведь надо не организм приспосабливать к еде, а подобрать такую еду, чтобы она подходила нашему организму.

Хороший совет, прежде чем лечь на операционный стол

Прежде чем предпринимать рискованную операцию, врачам следует давать эффективные рекомендации по естественному снижению веса, основанные на научных наблюдениях и проверенном опыте. Сегодня такое случается слишком редко. Медики, к сожалению, такие же жертвы жирофобии, как и все мы.

Пациентов с избыточным весом до сих пор лечат при помощи методов, показавших худшие результаты в клинических исследованиях. Им дают рекомендации, которые мешают им похудеть. Тому, кто терпит неудачу, предлагают хирургическое вмешательство. Разве это не безумие?

Многих врачей, рекомендующих своим больным желудочное шунтирование, беспокоит, что низкоуглеводная пища богата жирами. Но ведь после подобной операции организм функционирует благодаря как минимум такому же количеству жиров. Когда человек почти ничего не ест, он получает энергию из собственных жировых отложений. Организм работает за счет сжигания собственного жира.

То есть положительный эффект такой операции подобен эффекту низкоуглеводной диеты. В обоих случаях потребление углеводов сокращается, инсулин падает до минимума и организм избавляется от жировых отложений.

Только для того, чтобы питаться низкоуглеводной пищей, урезать желудок необязательно. Почему бы для начала не испробовать менее радикальный способ? Отрезать всегда успеете.

Полет над гнездом кукушки

А ведь скоро все станет еще хуже. Как насчет операций на мозге, как в «Полете над гнездом кукушки»?

Я не шучу. Во многих странах, включая Данию, проводятся эксперименты по вживлению в мозг особых электродов, которые должны влиять на пищевой центр, снижая аппетит. Если желудочное шунтирование не помогло, то следующий шаг — операция на мозге.

Шестидесятилетняя Кэрол По одна из первых в Америке перенесла подобную операцию. Она испробовала все диеты, сделала шунтирование желудка и все равно не похудела. На операции присутствовали тележурналисты.

Во время операции пациентка оставалась в сознании. В гипоталамус вставляют тонкие иглы и по ним посылают электрический ток. Пациентка рассказывает, что чувствует, чтобы помочь хирургу найти центр, отвечающий за аппетит. Когда концы иголок нащупывают его, у Кэрол появляется желание выпить пепси — это ее любимый напиток.

Позже, когда электроды уже на месте, а седые волосы потихоньку начинают отрастать, Кэрол По принимает журналистов у себя дома. Она сбросила полтора килограмма, — делится она с журналистами, и чувство голода уменьшилось. Она открывает холодильник. Только одна начатая бутылка пепси-колы. Кэрол По воодушевленно рассказывает, что открыла ее три дня назад и с тех пор выпила только стакан или два. До операции она выпивала бутылку в день, то есть два литра сахарного раствора. Почти четверть килограмма чистого сахара в день. Вполне достаточно, чтобы растолстеть.

Мы делаем операции на желудке и мозге, вместо того чтобы просто отказаться от газированных напитков. Мы совершаем манипуляции над нашим организмом, чтобы приучить его к искусственным продуктам. Настоящую еду заменяем шоколадками из аптеки. Чем это все кончится?

Выход из тупика

Будем надеяться, что это кончится так: в свете новой науки и здравого смысла страх перед жирами и калориями отступит. Крупные исследования доказывают, что ограничение жиров и калорий — худший метод для похудения. Сегодня ученые еще судорожно изобретают разные экстремальные вынужденные методы, но вряд ли они долго просуществуют[31].

Новый взгляд на регуляцию веса почти победил. Вам не нужно голодать, пить таблетки или прибегать к экспериментальной хирургии. Нужно просто снова начать есть настоящую пищу, такую, которую веками ели наши предки. Мясо, рыбу, овощи, яйца.

Настоящая пища снижает инсулин. Если вы страдаете избыточным весом из-за повышенного инсулина, обмен веществ восстановится. Жировые клетки начнут уменьшаться, насыщая кровь питательными веществами. Вы почувствуете сытость, появятся силы двигаться: меньше калорий «на входе», больше «на выходе». Вас не будут мучить голод и чувство усталости, не придется тренироваться больше, чем вам этого хочется. Это умный способ работы с телом, «приятный метод».

Вместо того чтобы считать калории, прислушайтесь к своему организму и дайте ему то, в чем он нуждается. Считать калории будет так же бессмысленно, как считать количество вдохов. Ваше тело сделает это за вас, если вы не будете подсовывать ему пищу, для которой оно не создано.

Вы добьетесь не только снижения веса, но и предотвращение факторов риска сердечно-сосудистых заболеваний. Нормализуется артериальное давление, показатели глюкозы и холестерина. Речь не только о лишнем весе, но и о здоровье. Если сомневаетесь, проверьте сами. Это просто и безопасно. Такая еда может быть и недорогой, и вкусной. В конце книги вы найдете практические советы для начинающих.

Швеция и тут вполне могла бы стать примером для других. Первой страной, которая вернулась к настоящей пище. Первой нацией, которая избавилась от ожирения и болезней и теперь может помочь другим. Где люди едят сытную вкусную пищу и полны желания и сил двигаться.

Проблема в сахаре и крахмале, новых продуктах, которых раньше не существовало и которые не подходят для нашего организма. Эти

---

[31] В чем заключается ошибочность высказывания: «Мы толстеем, потому что съедаем больше калорий, чем можем потратить»? Ошибка в словах «потому что». Они явно не отсюда. Безусловно, если человек поправляется, значит, он получает больше калорий, чем тратит. Но это ничего не говорит о причине, почему это происходит.

Если при вас кто-то заговорит о калориях, можете спросить: «А почему?». Может быть, вам дадут хороший осмысленный ответ, и вам не придется выслушивать ханжеские замечания о том, что все толстяки — слабаки. Если же хорошего ответа вы так и не услышите, дайте вашему собеседнику почитать эту книгу.

продукты повышают глюкозу в крови и инсулин, гормон, отвечающий за отложение жира. Высокий инсулин вынуждает жировые клетки поглощать питательные вещества и расти, человек полнеет. Он испытывает чувство голода и потребляет еще больше калорий. Растущий живот — как организм подростка, требующий все больше еды.

Диетологи-фундаменталисты утверждают, что личные гастрономические предпочтения не играют роли, «важно лишь количество потребляемых калорий». Они всерьез полагают, будто конфеты лучше, чем настоящая еда. Как мы уже говорили, эта теория хороша лишь на бумаге. На бумаге можно забыть о чувстве голода, однако в реальной жизни от него никуда не денешься. Отрицание основных биологических инстинктов вряд ли доведет до добра. Попытка игнорировать свой голод может в худшем случае закончиться такими пищевыми расстройствами, как булимия.

Устаревшая провальная теория о калориях рекомендует нам продукты, от которых толстеют даже животные, а потом, чтобы решить наши проблемы, предлагает урезать желудок. Это безумие.

Но вы еще не все знаете. Избыточный вес — это просто ранний симптом новой западной болезни. Со временем к нему присоединяются сопутствующие заболевания. Когда кровь будет перенасыщена глюкозой, тогда-то и начнутся настоящие проблемы.

ГЛАВА ШЕСТАЯ
Конец диабету — конец безумию

Я не понимаю, как Государственное продовольственное управление может рекомендовать безжировую диету, да еще диабетикам... В этом нет никакой логики...

ФРЕДРИК НЮСТРЁМ
Завотделением Университетской клиники эндокринологии и гастроэнтерологии, профессор внутренних болезней, Линчёпинг

Разговор с незнакомым человеком в молочном отделе супермаркета изменил жизнь Кеннета Якобсона.

Кеннету было сорок три года, когда в начале 1990-х ему поставили диагноз: диабет II типа. Сперва его лечили таблетками, но скоро потребовались инъекции инсулина, причем дозировку постоянно увеличивали, чтобы удержать уровень глюкозы в норме, — такое постепенное ухудшение состояния часто характерно для этой болезни.

Вскоре начались осложнения. Склероз коронарных артерий. Кеннет перенес инфаркт миокарда, затем еще один — в общей сложности у него было семь инфарктов. В 2005 году ему сделали аортокоронарное шунтирование.

Послеоперационный шов нагноился, и рану пришлось раскрыть. На лечение инфекции ушло десять дней. Дефект ребер, раневая инфекция и длительное применение морфина сильно ослабили его состояние. В какой-то момент он принимал двенадцать разных препаратов. Сильные боли в плечах требовали инъекций кортизона. Будущее выглядело безрадостно.

2 августа 2009 года Кеннет случайно познакомился с одним человеком в магазине — они встретились в молочном отделе и заговорили про масло. Мужчина рассказал, что они с женой вот уже два года соблюдают строгую низкоуглеводную диету LCHF, и супруга вылечилась от диабета и сбросила 36 килограммов. Сам он сбросил 8 килограммов и тоже отлично себя чувствовал.

Кеннет заинтересовался. Он нашел ссылку на дискуссионный форум в Интернете[32], начал читать и решил сразу же попробовать. Через неделю суточная доза инсулина была снижена с 66 до 10 ЕД (единиц действия), и, несмотря на это, уровень глюкозы в крови был лучше, чем когда-либо. Через две недели из 114 килограммов он сбросил 8 килограммов, боли в плечах исчезли. Он смог поднимать руки вверх, что раньше было невозможно. Общее самочувствие тоже улучшилось.

Несколько месяцев спустя он весил уже меньше ста килограммов и влезал в брюки, которые не носил уже десять лет. Жирная пища в рождественские праздники помогла ему сбросить еще несколько килограммов. К лету он похудел еще на 25 килограммов. Он смог отказаться от инъекций инсулина и даже от препаратов против изжоги и болеутоляющих. Давление было 130/80 без всяких лекарств. После визита к врачу в апреле он сложил все ненужные лекарства и вернул в аптеку. Из двенадцати препаратов осталось только два.

Случай Кеннета — скорее исключение: он смог противостоять болезни и не скатиться в пропасть. В день, когда он перестал следовать рекомендациям врачей и отказался от обезжиренной пищи и углеводов, его болезнь отступила. Он похудел и стал здоровее, когда перестал есть продукты, к которым человеческие гены не приспособлены. Он избавился от диабета. Его история удивительна. А может, не так уж это и удивительно?

Подкравшаяся болезнь

Что-то пошло не так. Сегодня в Швеции у многих, если не у большинства, наблюдаются отдельные симптомы западной болезни. Заболевания, которые она влечет за собой, часто убивают нас до срока. Самая острая ее форма — это повышенный уровень глюкозы в крови, то, что называется диабетом II типа.

Латинское название этого заболевания — *diabetes mellitus*, что означает «сладкая моча». Если показатель глюкозы чересчур высокий, то ее излишек выделяется с мочой. Это название указывает на то, как диагностировали эту болезнь в прежние времена. К счастью, тогда она была довольно редкой.

---

[32] www.kolhydrater.ifocus.se

Повышенная глюкоза в крови при диабете разрушает сосуды и «разъедает» их изнутри. Плохо контролируемый диабет медленно, на протяжении многих лет, подрывает работу разных органов.

Бывает, что отказывают почки. Из-за плохого кровоснабжения часто мерзнут ноги, стопы теряют чувствительность, на них появляются инфицированные незаживающие язвы. Бывает, что пальцы ног приходится ампутировать, а порой и сами стопы, и даже выше. Мужчины часто страдают импотенцией. Распространены мозговые нарушения, вызывающие раннюю деменцию. Есть риск потери зрения. Список болезней можно продолжать бесконечно.

К счастью, таких последствий диабета можно избежать. Если нормализовать уровень глюкозы в крови и инсулин, течение болезни можно притормозить или вовсе остановить.

Сахарный диабет бывает двух типов. Диабет I типа раньше называли «юношеским диабетом». Сегодня он наименее распространен, но наиболее понятен. Клетки, продуцирующие инсулин, атрофируются — чаще всего в раннем возрасте. Недостаток инсулина не позволяет организму использовать глюкозу в крови, и человек быстро полнеет. В прежние времена это заболевание кончалось быстрым смертельным исходом. Диабет I типа лечится на протяжении всей жизни при помощи тщательно дозированных инъекций инсулина. Организму оказывается помощь в виде вещества, которое он сам вырабатывать не в состоянии, и болезнь в лучшем случае удается держать под контролем.

Диабет II типа раньше называли «старческим диабетом», поскольку в основном им болели люди преклонного возраста. Теперь болезнь «помолодела»: наряду с эпидемией ожирения, диабет II типа все чаще встречается у людей среднего возраста и даже молодых. В США известны случаи заболевания даже среди полных детей, не достигших десяти лет. Никто не знает, какое течение примет их заболевание.

Диабет II типа сегодня — наиболее распространенная форма диабета. В основном он встречается у людей с брюшным типом ожирения. Как узнать, больны ли вы? Вы можете и не догадываться о том, что больны, и годами не замечать симптомов — они чаще всего неопределенны, но организм уже страдает. Выделение глюкозы с мочой приводит к более обильному мочеиспусканию и повышенной жажде. Больные часто испытывают усталость и бессилие. Диагноз ставится тогда, когда в крови обнаруживается повышенный уровень глюкозы.

Диабет II типа — это серьезный случай западной болезни.

Катастрофа

С тех пор как мы отказались от жирной пищи, все больше людей заболевают диабетом II типа. Вот число больных диабетом в мире по данным ВОЗ и Международной диабетической федерации (IDF):

1985: 30 миллионов
1995: 135 миллионов
2010: 285 миллионов
И прогноз на 2030 год: 438 миллионов

Президент Международной диабетической федерации Жан Клод Мбаяна недавно прокомментировал эти цифры: «Эпидемия вышла из-под контроля. Мы пытаемся притормозить темпы роста заболеваемости, но постоянно теряем свои позиции». То есть речь даже не идет о снижении кривой — рост заболеваемости еще даже не приостановлен. Швеция — не исключение. Медицинские работники сегодня каждый день сталкиваются с диабетом II типа. Наверняка диабетики есть и среди ваших знакомых. В чем причина катастрофы?

Самое расхожее объяснение мы уже слышали: люди слишком много едят и слишком мало двигаются. Чересчур калорийная пища приводит к избыточному весу и повышает риск заболеваемости диабетом. Что это — правда или просто отговорка с налетом морализаторства?

Диабет II типа сегодня считается хроническим заболеванием. Медики признают, что состояние больного с каждым годом может ухудшаться. Пациентам советуют есть меньше, в особенности сократить потребление жиров, в том числе насыщенных жирных кислот. Чтобы чувствовать насыщение, они восполняют недостаток жиров углеводами. При помощи лекарственных препаратов приходится контролировать глюкозу в крови и другие факторы риска. Все более высокий показатель глюкозы и вызванные этим последствия, часто лишающие человека дееспособности, принято называть обычным течением болезни. Мы, врачи, не лечим диабетиков. Мы своими руками ведем их к гибели, и конец чаще всего ужасен.

Однако все не так безнадежно, как кажется.

Сало и огурец

Экскурс в историю поможет нам критически взглянуть на современные методы лечения диабета. В начале XX века, до того как современные лекарства и инъекции инсулина скрыли от нас суть проблемы, диабет лечили иначе. Тогда не было препаратов, снижающих уровень глюкозы в крови, поэтому помочь больному можно было только одним способом: исключив из рациона пищу, которая эту глюкозу повышает.

Эрик Аск-Упмарк, известный профессор медицины из Упсалы, рассказывал своим студентам, как он, еще будучи стажером, застал эпоху, предшествующую инсулиновой терапии. Диабетикам «каждый второй день давали сало и огурцы, а каждый третий — огурцы и сало». Минимум углеводов.

В 1923 году лундский профессор Карл Петрéн выпустил огромный, почти в тысячу страниц, труд, посвященный диабету. Он разработал питание для диабетиков, которое долгое время пользовалось популярностью. Это была низкоуглеводная диета — свинина, сливочное масло и белокочанная капуста в любых количествах. Кроме того, больным прописывался алкоголь: бордо и крепкие напитки[33].

Во время Второй мировой войны диабетикам в Швеции полагалась дополнительная пайка сливок, свинины или сливочного масла — если они не использовали свой сахарный паек.

До появления инсулина углеводы всегда ограничивали, и такая терапия была успешной. Поваренную книгу *Diabetic Cookery*[34] 1917 года можно бесплатно найти в Сети. В ней также рекомендуется жирная, богатая белками пища. В одном месте (на с. 12) упоминаются продукты «особенно полезные из-за своей питательной ценности»: мясо, рыба, яйца, сыр и масло.

На следующей странице перечисляется пища, которую диабетикам есть нельзя. Это сахар и крахмалсодержащая пища, например хлеб, рис, макароны, клубне- и корнеплоды. Заголовок раздела красноречиво гласит: *Foods stricktly forbidden* — строго запрещенная пища.

В 1917 году хлеб, картошка, макароны и рис были диабетикам категорически запрещены. Сегодня все ровным счетом наоборот: диабетикам в основном рекомендуют именно эти продукты, то есть крахмал, который уже в желудке расщепляется до глюкозы и попадает в кровь. Другими словами, пищу, повышающую глюкозу в крови. Но ведь это безумие. В чем причина?

---

[33] Любопытно, что красное вино и крепкие алкогольные напитки содержат минимум углеводов. Это полезно знать, если вы хотите сбросить лишний вес или нормализовать глюкозу в крови.

Вместо сладких напитков лучше пить водку с содой и лаймом или виски. Пиво хуже, так как в нем содержится солодовый сахар — возможная причина так называемого «пивного живота».

[34] «Поваренная книга для диабетиков» (англ.). — *Примеч. перев.*

Основная причина сегодняшних представлений о правильном питании — это панический страх перед жирами. Диабетики входят в группу риска по сердечно-сосудистым заболеваниям. Поскольку раньше считалось, что жиры вредны для сердца, то и возникло предположение, что диабетикам особенно важно не есть жирной пищи. Вместо этого им пришлось есть углеводы, повышающие глюкозу в крови. Ведь что-то надо есть. А высокую глюкозу пытались снизить лекарственными препаратами.

Теперь, когда доказано, что жир неопасен, стало очевидно, насколько неоправданны эти странные рекомендации. Есть ли хоть какие-то доказательства их пользы?

Уровень доказательности C

Доказательная медицина существует для того, чтобы здравоохранение использовало такие методы лечения, действенность которых научно обоснована. Существуют три уровня доказательности: A, B и C. A — самый высокий, C — самый низкий.

В 2004 году европейская экспертная группа составила рекомендации по питанию для диабетиков, на которые у нас часто ссылаются. Больным диабетом советуют есть поменьше жирного. Эти рекомендации имели уровень доказательности C. В комментарии к ним говорилось:

Рекомендации по потреблению жиров для диабетиков выработаны на основании исследований, проведенных в основном на недиабетиках.

Это похоже на шутку, но это не шутка.

Далее диабетикам советовали есть побольше углеводов — углеводы должны давать до 60% энергии. Как и предыдущий совет, эта рекомендация имела уровень доказательности C.

Итак, C — самый низкий уровень доказательности. Данные, подтвержденные достоверными исследованиями, имеют уровень A — высокая доказательность. Менее достоверные — B, средняя доказательность.

Уровень доказательности C означает, что данные не подтверждаются никакими научными исследованиями. Вместо этого принято полагаться на мнение признанных авторитетов. Другими словами, рекомендации по питанию для диабетиков строятся на *предположении* якобы знающих людей, что углеводы полезны для диабетиков.

Смущает также и то, что автор именно этих европейских рекомендаций долгое время работал в консалтинговой фирме, обслуживающей сахарную индустрию. Но что бы мы об этом ни думали, рекомендации по питанию, которые десятилетиями получали диабетики и которые способствуют повышению глюкозы в крови, бездоказательны. Вам это не кажется странным?

Шведская Государственная комиссия по медицинской экспертизе недавно исследовала научные предпосылки, лежащие в основе рекомендаций по питанию для диабетиков. Весной 2010 года она опубликовала свой отчет. Я скоро расскажу вам об этом интересном случае более подробно. Но заключение комиссии гласило: «Доказательная база рекомендаций несостоятельна».

Чтобы самим убедиться в этом, необязательно читать научные исследования.

Сахарный шок

Как разобраться, чему верить можно, а чему нет? Проверьте сами. Проверьте свой уровень глюкозы до и после двух разных по составу приемов пищи. Приведу забавный пример. Я не диабетик, но разница поражает воображение. Будь я диабетиком, она была бы еще больше.

Самый жуткий ланч, который мне довелось отведать за последние годы, подавали на недельной конференции, посвященной проблемам ожирения в Стокгольме в 2010 году. Участникам каждый день предлагали сухой двойной сэндвич, сладкий йогурт, яблоко и шоколадку («Дайм» или «Баунти»). Никакой альтернативы не было.

Эта еда — в основном чистый сахар и крахмал, новая пища[35], повышающая уровень инсулина. Но что происходит с глюкозой в крови? Я решил рискнуть здоровьем и проверить. А потом сравнил с уровнем глюкозы после нормального обеда. Мясо, брокколи и соус из шампиньонов со сливками — настоящая пища. Оба обеда я запивал водой.

Вот что происходило с глюкозой в крови после этих двух трапез:

---

[35] Яблоки, разумеется, росли и в прежние времена. Но не такие огромные и сладкие, как мы имеем сегодня благодаря селекции, и не круглый год, а лишь сезонно. Если вы хотите сбросить лишний вес или же страдаете диабетом, я бы посоветовал вам рассматривать сладкие фрукты как натуральный заменитель конфет. Это вкусно, и иногда это можно себе позволить. Во фруктах не содержится ничего такого, без чего бы вы не могли обойтись. А витамин C есть и в овощах.

Уровень глюкозы в крови, ммоль/л

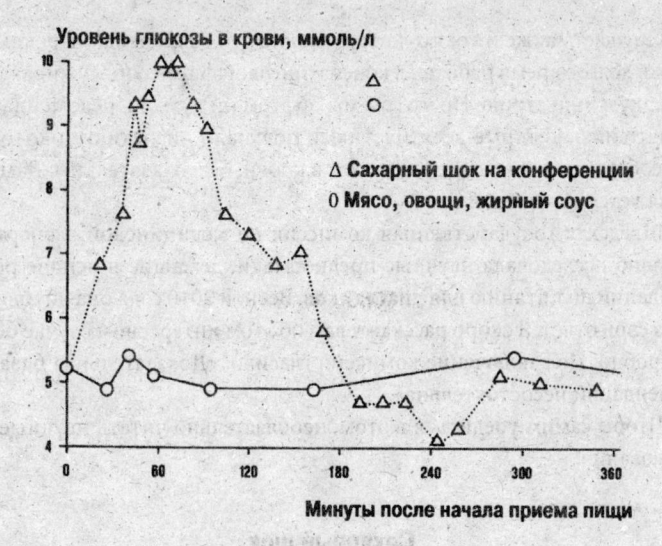

△ Сахарный шок на конференции
○ Мясо, овощи, жирный соус

Минуты после начала приема пищи

После настоящего обеда уровень сахара оставался стабильным и неизменным. Организму легко справиться с небольшим количеством углеводов.

После обеда, предложенного на конференции, показатель глюкозы подскочил еще до того, как я встал из-за стола. Через полчаса он достиг высокой отметки 9,9 ммоль/л и затем начал снижаться.

Обратите внимание, что через несколько часов после ланча на конференции уровень глюкозы резко упал, причем ниже изначальной отметки. В тот момент мне очень хотелось снова перекусить. После еды, содержащей много сахара и крахмала, чувство голода часто наступает раньше, и есть риск, что человек будет есть больше, чем это необходимо, и поэтому прибавлять в весе.

Эту кривую, однако, считают нормальной. Но для человека, больного диабетом II типа, кривая выглядела бы намного хуже[36].

Такое сравнение четко показывает, какая еда полезнее для диабетиков, у которых уровень глюкозы в крови поднимается так легко. Но необяза-

---

[36] Через два часа после приема 75 граммов глюкозы (столько содержалось в обеде, предложенном на конференции) у здорового человека глюкоза в крови может подняться до 8,7 ммоль/л. У человека с пониженной толерантностью к глюкозе — 8,7–12,1 ммоль/л. У диабетика — выше 12,1.

У меня показатель держался около 7 ммоль/л еще примерно два часа после этого ужасного ланча, то есть с глюкозой у меня все в порядке. Дополнительная информация о глюкозе в крови размещена на моем сайте: kostdoktorn.se/diabetes.

тельно верить мне на слово. Есть сколько угодно исследований, доказывающих то же самое. А не хотите читать — проверьте сами и убедитесь[37].

Углеводы повышают глюкозу в крови, поэтому диабетикам следует их избегать. Вот так вот все просто. Современные диетологические рекомендации для диабетиков не имеют никаких научных обоснований. Король голый.

И эти рекомендации теперь обернулись для нас непредвиденными последствиями.

Опасное лечение

Богатое углеводами питание, которое сегодня официально рекомендуют диабетикам, повышает потребность в глюкозопонижающих препаратах. Во многих случаях не доказано, что эти лекарства положительно влияют на здоровье больных диабетом II типа[38]. Нет подтверждения тому, что пациенты, получающие, к примеру, инсулин (при том что у большинства из них он и так намного выше нормы), живут дольше или становятся здоровее.

В США и Канаде было проведено крупное исследование под названием ACCORD, призванное доказать, что интенсивная лекарственная терапия, направленная на снижение глюкозы в крови, предупреждает сердечно-сосудистые заболевания у больных диабетом II типа. Более десяти тысяч диабетиков были случайным образом разделены на две группы: одна должна была пройти интенсивную лекарственную терапию, другая — нет. В опытной группе уровень глюкозы предполагалось снизить посредством инсулина и зачастую двух-трех других препаратов, принимаемых ежедневно.

В феврале 2008 года проект потерпел крах. Продолжавшееся несколько лет исследование пришлось досрочно прервать из-за угрозы риска здоровью пациентов. Самочувствие участников опытной группы не становилось лучше. Наоборот. Многие из них набрали больше десяти килограммов лишнего веса, а глюкоза в крови понизилась до критического уровня. Но это еще не самое страшное. Продолжительность

---

[37] С помощью глюкометра можно измерить уровень глюкозы в крови перед едой и через час после. Сравните две трапезы — одну с высоким содержанием сахара/крахмала (картофель или цельнозерновой хлеб), другую — с низким (мясо, масло и овощи). Думаю, разница вас удивит.

[38] Единственное исключение — это метформин, таблетированный препарат с доказанным положительным эффектом. Метформин прекрасно сочетается с низкоуглеводной диетой, если одного ее действия недостаточно.

При необходимости другой разумный шаг — это так называемые препараты группы GLP-1 в виде инъекций: баета и виктоза. В отличие от инсулина, они способствуют снижению веса.

жизни среди участников опытной группы не была выше. Наоборот, они умирали раньше. Назначение лекарственных препаратов в опытной группе к снижению летальности не привело.

Исследование ACCORD — это пример интеллектуального коллапса, которым обернулось современное лечение диабета II. Из-за необоснованного страха перед жирной пищей диабетикам рекомендовали питаться углеводной пищей, повышающей уровень глюкозы в крови. Лекарства снижали уровень глюкозы. В результате оказалось, что это опасно для жизни.

Безусловно, медиками руководят самые благие намерения. Но иногда пациенты непреднамеренно подвергаются страданиям, просто по незнанию. В XIX веке кровопускание считалось самым распространенным лечением от всех болезней. Позже оказалось, что это бессмысленно и зачастую опасно. Точно так же, как сегодняшние диетологические рекомендации.

Требуется что-то более эффективное. Что-то, что позволит больным диабетом II типа чувствовать себя лучше. Лечение, которое продлит им жизнь.

Карлсхамн и большой мир

Йорген Вести Нильсен работал заведующим отделением в медицинской клинике в Карлсхамне. Однажды у него на глазах случилось невозможное. Один пациент сбросил 20 килограммов и вылечился от диабета, начав есть больше жира, — другими словами, благодаря диете Аткинса.

Почему бы и нет, — подумал Нильсен. Ведь пациент одновременно сократил потребление углеводов. Нильсен решил изучить этот вопрос. Все работы действительно доказывали, что низкоуглеводное питание способствует снижению веса. Однако нигде не говорилось о том, как безуглеводная диета сказывается на состоянии диабетиков. И Нильсен решил провести свое собственное исследование.

В отличие от масштабных проектов, которые проводят фармацевтические компании, вовлекая тысячи пациентов с целью обнаружить скрытое воздействие на организм того или иного препарата, исследование Нильсена было совсем маленьким и призвано было выявить более очевидные вещи. Он пригласил шестнадцать диабетиков, которым предложил умеренно строгое безуглеводное питание (20% углеводов), и пятнадцать человек — в контрольную группу — на обезжиренную диету «модель тарелки» (55–60% углеводов).

Через полгода разрыв между двумя группами был огромный. Состояние тех, кто питался обезжиренной пищей, существенно не изменилось. Вероятно, они так же питались и раньше, до того как заболели. Но те из пациентов, кому посоветовали ограничить углеводы, очень сильно похудели — средний результат превышал 11 килограммов. Кроме того, несмотря на снижение лекарственных доз (трое из больных смогли отказаться от инсулина), значительно улучшились показатели глюкозы и холестерина.

Исследование показало хороший отдаленный результат: преимущественно стабильные показатели массы тела и глюкозы в течение почти четырех лет наблюдений. Кому-то удавалось поддерживать нормальный уровень глюкозы без всяких медикаментов. Пациенты смогли излечиться от диабета или, по крайней мере, избавиться от его симптомов.

Так называемое Карлсхамнское исследование Нильсена было очень маленьким и вовсе не рандомизированным, зато первым в своем роде.

На сегодняшний день известно девять рандомизированных исследований, сравнивающих безуглеводную диету с безжировой применительно к лечению диабета II типа. Результат говорит сам за себя.

5:0

По показателям глюкозы в крови низкоуглеводная диета победила во всех девяти исследованиях. В пяти из них разрыв был уверенный, статистически значимый.

Но глюкоза — это еще не все преимущества. Кроме того, улучшились вес, артериальное давление и показатели холестерина — повысился уровень «хорошего» холестерина (ЛПВП) и понизился уровень триглицеридов. Улучшение именно этих пяти факторов риска неслучайно. Они тесно связаны с диабетом II типа и новой западной болезнью.

Исследование	Количество участников	Продолжительность (в месяцах)	НУ-диета (низкоуглеводная)	БЖ-диета (безжировая)	Вес	Глюкоза (HbA1c)	ЛПВП	Триглицериды	Артериальное давление
Stern – 2004	54	12	6%	55%		НУ*			
Daly – 2006	102	3	14%	55%	НУ*	НУ	НУ*	НУ	НУ
Wolever – 2008	110	12	39%	52%	БЖ	НУ	НУ*	НУ*	НУ
Shai – 2008	31	24	4%+	>50%		НУ			
Westman – 2008	84	6	4%	55%	НУ*	НУ*	НУ*	НУ	НУ
Jönsson – 2009	13	3	32%	42%	НУ*	НУ	НУ*	НУ*	НУ*
Davis – 2009	105	12	4%+	55%	—	НУ	НУ	НУ	БЖ
Esposito – 2009	215	48	<50%	>50%	НУ	НУ*	НУ*	НУ*	НУ
Elhayany – 2010	170	12	35%	52%	НУ	НУ*	НУ*	НУ*	

Таблица определяет победителя среди исследований, изучавших влияние разных диет на вес, глюкозу (HbA1c), холестерин (ЛПВП, триглицериды) и артериальное давление.
НУ: процент калорий, получаемых из углеводов, для безуглеводной группы
БЖ: процент калорий, получаемых из углеводов, для безжировой группы
Звездочка рядом со словом: различие между группами статистически значимое
Серый шрифт: различие между группами статистически незначимое

Безжировая диета и тут показала самый слабый результат. Не только по весу, но и по уровню глюкозы и другим факторам риска.

Профессор Фредрик Нюстрём из Линчёпинга, всегда охотно выступающий в СМИ, сейчас участвует в одном крупном шведском исследовании, посвященном питанию для диабетиков. Проект длится уже несколько лет. Низкоуглеводная диета сравнивается с безжировой. Вот-вот должны прийти результаты, и я предвижу большой прорыв в дебатах.

Десятилетие убедительных доказательств

Одна из работ по исследованию диабета принадлежит доктору Эрику Вестману. Я познакомился с ним недавно в Сиэтле, на конференции для американских врачей — специалистов по лечению ожирения. Доктору Вестману около пятидесяти, но у него мальчишеский вид и косой пробор. Когда-то он был так же убежден во вреде жиров, как и другие врачи. Но в 1998 году, после встречи с несколькими пациентами, которые похудели и стали лучше себя чувствовать благодаря диете Аткинса, его мнение изменилось.

Вестман заинтересовался и написал самому Аткинсу, и тот сразу перезвонил ему. Вестман спросил: «Где здесь наука? Я прочел вашу книгу, но ведь это просто сборник анекдотов». Аткинс ответил: «Приходите ко мне на прием. Зачем мне исследования, если я заранее знаю результат?»

Вестман полетел в Нью-Йорк, чтобы лично познакомиться с Аткинсом, о котором ходили самые противоречивые слухи. Вестман хотел убедиться, что Аткинс и вправду сумасшедший, как утверждали его противники. Но вместо этого он был приятно удивлен. За тридцать лет через Аткинса прошло множество пациентов, и он тщательно документировал все их достижения.

Вестман решил, что низкоуглеводное питание заслуживает серьезного изучения. На сегодняшний день он опубликовал несколько клинических исследований, показавших прекрасные результаты. Работы Вестмана — не единственные в своем роде. В 1998 году серьезных научных исследований низкоуглеводного питания не было. Сейчас их множество. Они демонстрируют хорошие результаты, подтверждающиеся в реальной жизни.

После той конференции мне пришлось задержаться в США (из-за извержения исландского вулкана), и доктор Вестман пригласил меня к себе в Северную Каролину. Я провел у него несколько дней и побывал на приеме в его клинике. Он принимает до тридцати пациентов в день, многие из них страдают избыточным весом, диабетом или повышенным артериальным давлением. Всем своим больным доктор Вестман рекомендует низкоуглеводную диету. Впоследствии они докладывают ему о результатах. Если кто-то отчитывается, что сбросил 50 фунтов (23 килограмма), доктор Вестман садится за пианино и исполняет любую песню на заказ[39].

Но вес — это не самое удивительное. Чуть ли не с каждым визитом пациенты сокращают дозы лекарственных средств. Сперва они избавляются от препаратов, снижающих глюкозу в крови, — это происходит почти сразу после начала диеты. Затем постепенно уменьшают дозы лекарств от давления и т. п. Довольно быстро они становятся слишком здоровыми для своих таблеток.

Подобный эффект я наблюдал и у своих пациентов. Еще мне ежедневно пишут читатели моего блога и часто благодарят за то, что я помог им избавиться от диабета и лишнего веса. Настоящая пища может спасти многих диабетиков от тяжелых осложнений. Только жаль, что знания распространяются так медленно.

Медленные шаги в нужном направлении

Эксперты не могут так просто изменить свое мнение. Им нужно время. Перемены происходят постепенно. Вспомните, когда Шведская государственная комиссия по медицинской экспертизе пересмотрела рекомендации по питанию для диабетиков.

Раньше за все рекомендации по питанию, даже для больных людей, отвечало Государственное продовольственное управление. После некоторой реструктуризации ответственность за диетологические рекомендации недавно перешла к Государственному управлению социальной защиты населения, так как эта организация обладает более высокой компетенцией в области медицины. В Управлении соцзащиты сразу поняли, что вопрос о питании для диабетиков очень трудный и далеко не однозначный с научной точки зрения. Поэтому они быстро перенаправили его в Комиссию по медэкспертизе.

Комиссия созвала экспертную группу, состоящую из признанных специалистов, и весной 2010 года они выдали свое заключение. Однако

---

[39] Однажды кто-то попросил его сыграть песню Queen *Fat Bottomed Girls* («Толстозадые девицы»). Пожалуй, это был самый оригинальный выбор.

ничего определенного сказано не было. Даже признав доказательную базу современных рекомендаций по питанию для диабетиков несостоятельной, они не собирались их менять.

Они отметили ряд качественных исследований, показавших хорошие результаты по низкоуглеводному питанию. Но, по мнению экспертов, эти работы не имели должного веса: чтобы изменить рекомендации по питанию, нужны более масштабные и длительные исследования, — заявили они в журнале *Dagens Medicin* в ответ на продолжавшуюся дискуссию.

Такой аргумент звучит довольно странно. Получается, что для введения новых рекомендаций требуются масштабные безупречные исследования, а старые рекомендации в доказательствах не нуждаются?

К чести Комиссии по медэкспертизе надо заметить, что ее специалисты повели себя очень достойно. Профессор Челль Асплунд, руководивший ее работой, признал: «Мы были удивлены, что питание, которое столько лет рекомендовали диабетикам, имеет так мало научных обоснований». Профессор Кристиан Берне, ведущий эксперт по диабету, сказал, что такая неопределенность «обеспечивает большую свободу и позволяет медикам давать рекомендации, соответствующие пожеланиям и ожиданиям каждого пациента». Они заявили, что недостаточность доказательной базы в поддержку существующих рекомендаций означает, что мы должны быть готовы пересмотреть их, как только будут получены результаты новых исследований.

Косные государственные структуры действуют крайне медленно. Но к счастью, вам необязательно ждать тех, кто застрял во вчерашнем дне. Никто не может запретить вам питаться так, как вы считаете нужным.

Чудовище, порожденное наукой

Несмотря на сопротивление со стороны государства, Швеция сильно опережает другие страны: нигде в мире диета для диабетиков не обсуждалась так открыто среди врачей и в СМИ.

Весной 2010 года я оказался в холодной и дождливой Праге на медицинской конференции, посвященной, в частности, лечению диабета и связанным с ним спорным вопросам. В роскошном конференц-центре в «Хилтоне» собралось около тысячи врачей, чтобы обменяться опытом и прийти наконец к «консенсусу».

В коридорах, как всегда, стояли представители фармацевтических компаний, красивые женщины и изящно одетые мужчины. Они раздавали участникам ручки, лазерные указки и шагомеры, на которых были напечатаны названия новых препаратов от диабета.

В залах заседаний обсуждались только «удобные» спорные вопросы. Тот факт, что снижение уровня глюкозы при помощи современных препаратов может быть смертельным для диабетиков, вызвал сильное волнение в публике, однако не настолько сильное, чтобы усомниться в правильности общепринятых методов. Возможно, мы так далеко зашли в тупик, что уже не видим выхода.

Докладчики всерьез рассуждали о том, что нормальный уровень глюкозы может представлять опасность для больных диабетом II типа. Никто даже не упомянул о том, что глюкозу можно снизить и без лекарственной терапии, или же что проблема отчасти объясняется ошибочными диетологическими рекомендациями. Профессора сменяли друг друга на кафедре, обсуждая цвет и размер шезлонгов на палубе. А «Титаник» тем временем шел ко дну.

Как образованные интеллигентные люди могут не заметить такого очевидного решения? Ведь все не так сложно. Возможно, они до сих пор находятся во власти надуманной схемы, которая все это время поддерживала теорию о вреде жиров. Вот как выглядит эта схема в упрощенном виде.

Если слишком много есть и мало двигаться, можно потолстеть. Скопившийся в организме жир попадает в кровь и хитрым образом понижает чувствительность к инсулину. Если организм не вырабатывает достаточное количество инсулина, глюкоза в крови повышается и приводит к диабету II типа.

Вот и получается, что во всем виновата жирная пища, которая на самом деле никак не влияет на уровень глюкозы, а влияние углеводов, как раз-таки повышающих глюкозу в крови, отрицается. Правда, изобретательно? Только эта теория — ошибка, чудовище, порожденное наукой[40].

Если главная проблема — инсулинорезистентность, вызванная избыточным весом, то, чтобы избавиться от нее, достаточно похудеть,

---

[40] Ее можно легко опровергнуть. Теория предполагает, что причиной повышения глюкозы в крови является ожирение (посредством инсулинорезистентности). Но когда диабетик отказывается от углеводной пищи, уровень глюкозы нормализуется примерно за один-два дня. Это происходит намного быстрее, чем он начинает терять лишний вес. Это доказано в ряде исследований. То же самое наблюдается у диабетиков, перенесших желудочное шунтирование: в первую очередь, как правило, нормализуется глюкоза и только потом — вес. После сокращения объема желудка человек не может потреблять большое количество углеводов.

Ожирение не является причиной высокой глюкозы в крови при диабете II типа. Уровень глюкозы может нормализоваться до того, как начался процесс похудения.

что непросто, так как высокий инсулин препятствует сжиганию жиров. Чтобы снизить инсулин, диабетик должен похудеть, чего он сделать как раз не может из-за высокого инсулина. Это заколдованный круг. Нет ничего странного в том, что диабетики только полнеют и самочувствие их ухудшается.

Тогда как решение очень простое. С понижением количества углеводов в пище уровень глюкозы и инсулин падают. Низкий инсулин способствует сжиганию жиров, вес нормализуется. Инсулинорезистентность ослабевает, инсулин падает еще сильнее, вес продолжает снижаться. Порочный круг разрывается. Самочувствие улучшается, человек худеет, не испытывая чувства голода.

Современный подход к лечению диабета II типа был смертелен для пациентов, и виновата в этом устаревшая теория. Уровень инсулина у диабетиков, как правило, сильно повышен. Старая теория объясняла это низкой чувствительностью к инсулину и в качестве лечения предлагала тот же самый инсулин.

Как можно назначать инсулин человеку с повышенным инсулином? Это все равно что лечить гипертиреоз, при котором повышаются гормоны щитовидной железы, гормонами той же щитовидной железы. Или опухоль, вырабатывающую кортизол, кортизоном. Врач, назначивший такое лечение, моментально лишился бы своей лицензии.

Разве удивительно, что состояние больных диабетом II типа, у которых и так патологически повышен уровень инсулина, ухудшается, когда им назначают инсулиновую терапию?

Стабильный уровень глюкозы в крови

Следует также поговорить о больных диабетом I типа, юношеским диабетом. Здесь проблема в другом — в отсутствии собственного инсулина. Его можно восполнить инъекциями. Поэтому считается, что таким диабетикам якобы можно есть все что угодно.

На самом деле все не так просто. У здоровых людей организм очень точно регулирует выработку инсулина, который в свою очередь влияет на глюкозу. У диабетиков I типа есть три сложных задачи. Они должны рассчитать необходимое количество инсулина, а также скорость усвоения пищи и быстродействие инсулиновой инъекции.

Как бы они ни поднаторели в этом деле, требуется седьмое чувство, чтобы предсказания были точными. Чем больше углеводов поступает с пищей, тем сильнее повышается глюкоза в крови и тем больше требуется инсулина для ее снижения. Уровень глюкозы становится нестабильным, и возникает риск ее резкого падения.

Что же происходит, когда мы ограничиваем прием углеводов с пищей? Йорген Вести Нильсен, заведующий отделением в Карлсхамнской клинике, тоже пытался найти ответ на этот вопрос. Двадцати четырем больным диабетом I типа было назначено умеренно-строгое безуглеводное питание (16% углеводов).

В результате уровень глюкозы стабилизировался. Случаи резкого падения глюкозы сократились на 80%. Показатель, отражающий среднее содержание глюкозы в крови (гликированный гемоглобин, HbA1c), заметно улучшился в среднем с 7,5% до 6,4%, что позволило пациентам снизить дозу инсулина, принимаемую перед едой, почти вдвое. Улучшились также показатели холестерина.

Эта кривая отражает изменения уровня глюкозы у одного из пациентов на протяжении трех недель после перехода на новую диету:

Уровень глюкозы в крови

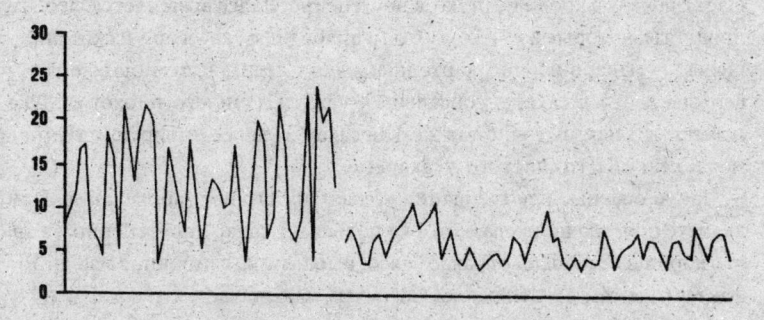

Кривая слева — это 12 дней обычного углеводного питания. Кривая справа — 10 дней низкоуглеводной диеты и подобранных в соответствии с ней (сниженных) доз инсулина. Какая кривая вам нравится больше?

Больные диабетом I типа, которым удается добиться неплохого уровня глюкозы несмотря на углеводную пищу, — эксперты по дозированию инсулина. Ограничив углеводы, они, вероятно, могли бы добиться рекордно ровной прямой.

Я знаю многих диабетиков I типа, которые испробовали низкоуглеводную диету на себе. Они, как правило, подтверждают: глюкоза стабилизируется, дозировать инсулин проще. Иногда, когда они едят совсем мало углеводов и глюкоза поднимается не очень сильно, они даже обходятся без своей обычной дозы. Сокращение дозировки инсулина часто сопровождается снижением лишнего веса[41].

Что плохого в сахаре?

Недавно я посетил двухдневную конференцию, посвященную проблемам ожирения. В перерывах нам подавали кофе в холле, где разные компании рекламировали свою продукцию. Я взял новую яркую брошюру одной из фармацевтических компаний, распространяющих лекарства от диабета. Брошюра называлась «Что можно есть при диабете».

На обложке была изображена молодая красивая женщина. В одной руке она держала миску с фруктами, большой палец второй руки одобрительно указывал вверх. Фрукты — это сладость. Фрукты содержат примерно 10% сахара — столько же, сколько кока-кола. Разве диабетикам можно сладкое? Сомневаюсь. Но то, что сообщалось внутри брошюры, было еще сомнительнее.

Диабетикам, говорилось в ней, полезна такая пища, которая повышает глюкозу в крови не резко, а постепенно. Далее выясняется, что это продукты, которые в 1917 году были диабетикам категорически запрещены, — макароны, рис, картошка, хлеб. Следом за тем брошюра утверждает, что в сахаре, собственно, тоже нет ничего плохого. Мука повышает глюкозу точно так же, как сахар. И далее цитирую: «Мучное можно есть. И что плохого в сахаре?»

Такие опасные рекомендации только обостряют заболевание. При диабете полезна не та еда, которая повышает сахар «постепенно», а та, что вообще *не* повышает сахар: мясо, рыба, яйца, сливочное масло. Тот факт, что мука так же вредна, как сахар, не означает, что сахар и муку можно есть без ограничений. Это значит, что и то, и другое следует исключить.

---

[41] Как это отражается на дальнейшем течении заболевания? Американский врач Ричард К. Бернстайн сам страдает от диабета I типа, и у него есть ответ на этот вопрос. Вот уже много десятилетий он проповедует строгое безуглеводное питание. Испробовав диету на себе и убедившись в ее действенности, он стал рекомендовать ее и своим пациентам, приходящим к нему на Манхэттен. Через него прошли тысячи больных. Ричард К. Бернстайн выучился на врача уже будучи взрослым человеком, специально для того, чтобы распространять это знание. Сейчас ему 76, но он до сих пор работает. Его книга *The Diabetes Solution* («Лечение диабета») — наиболее исчерпывающая работа, посвященная низкоуглеводному питанию и диабету.

Пациентам дают неверные диетологические рекомендации просто по незнанию. Подобные брошюры вызывают недоумение. Фармацевтические компании должны понимать, что чем больше углеводов получает диабетик, тем больше ему требуется инсулина и других препаратов. Они продают свои препараты и распространяют нарядные брошюры, в которых рекомендуют высокоуглеводное питание. Диабетики следуют их рекомендациям и принимают все больше лекарств, принося компании прибыль. Вам не кажется, что это больше напоминает конспирологию? А не слишком ли наивно закрывать на это глаза?

Если бы дорогие препараты устраняли вред, причиненный диетологическими рекомендациями, то такие брошюры были бы просто лишним бременем для кармана налогоплательщика. Но когда лекарства представляют смертельный риск для здоровья пациентов, проблема куда серьезнее.

Конец безумию

Побольше углеводов и побольше лекарств — не выход при диабете II типа. Это безумие.

В Швеции диабетом страдает триста пятьдесят тысяч человек. К сожалению, мы назначаем им неправильное лечение. Мы не лечим их, а калечим. Иначе это не назовешь.

Некоторые выступают в защиту устаревших рекомендаций: мол, диабетики имеют право питаться, как все нормальные люди. Возможно, они считают, что делают доброе дело, но это некрасиво, в этом нет ничего, кроме снисхождения.

Если вы захотели попробовать низкоуглеводную диету, если во избежание риска ампутаций или слепоты решили отказаться от булочки к кофе, это ваше личное право. Медики не должны принимать такие решения за пациентов. Диабетики имеют право получать от врачей достоверную информацию и делать собственный выбор. Причем не только с точки зрения морали, но и по закону о страховании пациентов от врачебной ошибки.

Когда мы наконец избавимся от бессмысленного страха перед жирной пищей, мы сможем снова рассуждать здраво. Человеческая эволюция, многочисленные свидетельства людей, испытавших этот метод на себе, и качественные научные исследования, число которых с каждым днем растет, предлагают нам правильное решение. Решение при диабете — это сокращение углеводов. Это нормализует глюкозу, снижает потребность в лекарственных препаратах и улучшает самочувствие.

Не волнуйтесь, вовсе необязательно переходить на огурцы и сало, как рекомендовали диабетикам сто лет назад. Диабетическое питание будущего можно найти в роскошном ресторане[42], но можно и приготовить дома самому — попроще и подешевле.

Вы можете есть мясо, овощи, поджаренные в масле, и ароматные соусы из сливок, запивая все это бокалом вина. Наслаждайтесь питательный сытной едой. Вы сбросите лишние килограммы и будете лучше себя чувствовать. Я от всей души желаю вам удачи.

Вот мы и приближаемся к развязке. Вес и глюкоза — это не все. Проблема не только в них. Иногда приходится отказаться от того, что ты знал, чтобы понять, куда двигаться дальше. Как сделал Вильялмур Стефансон сто лет назад. На время расставшись с цивилизацией, он вернулся домой новым человеком. Его историю вы сейчас узнаете.

---

[42] Самый изысканный ужин, который мне довелось отведать в жизни, идеально подходил для диабетиков. Ресторан 50 KVADRAT на Готланде, в городе Висбю, в 2005 г. получивший звание «Шведский ресторан года», предлагал вот такое меню из семи блюд:

ЛОСОСЬ — балтийский лосось с перепелиными яйцами, укропом, огурцами и икрой ряпушки;

КАМБАЛА-ТЮРБО — тюрбо с артишоками, зеленым перцем, помидорами и белым вином;

ОМАР — вяленая говяжья лопатка с вареным омаром, дыней и кориандром;

БЫЧЬЯ ЩЕКА — обжаренная в красном вине бычья щека с абрикосами, морковью и шалфеем;

ГОВЯДИНА — флэт-айрон-стейк с жареными овощами и соус Café de Paris;

ПАРМЕЗАН — двухлетний пармезан с пятнадцатилетним бальзамическим уксусом;

МАЛИНА — свежая малина с муссом из фенхеля и лакрицей.

Отметьте полное отсутствие в блюдах меню рафинированного сахара и крахмала.

ГЛАВА СЕДЬМАЯ
Болезни западного общества

Исследования обнаруживают четкую взаимосвязь. У людей с избыточным весом и больных диабетом II типа сильно повышен риск возникновения онкопатологий, деменции, желчнокаменной болезни, подагры, кариеса, сердечно-сосудистых заболеваний и проч. Этот список можно продолжать бесконечно.

Что это значит? К ответу нас приблизит одна история с самого холодного и удаленного конца земного шара.

Я никогда еще не чувствовал себя так хорошо

Вильялмур Стефансон не любил рыбу и старался никогда ее не есть. Теперь же ему предстояло питаться рыбой целую долгую зиму.

В 1906 году, в возрасте двадцати семи лет, он отправился в свою первую полярную экспедицию в Северную Канаду. Молодой, только что получивший высшее образование, жаждущий приключений. Он хотел изучать жизнь эскимосов. Все сложилось как нельзя лучше, и весь первый год он прожил в семье эскимосов, практически усыновившей его. Жилищем, в котором кроме Стефансона размещалось еще двадцать два человека, был однокомнатный дом из дерева и глины.

Завтрак в 7 утра состоял из размороженной зимней рыбы (сырой), на ланч в 11 часов давали то же самое, на обед в 4 часа дня — вареную рыбу. Вечером доедали остатки обеда (рыбу).

Днем мужчины и некоторые женщины ловили рыбу. Когда они в обед возвращались с мороза домой, в жилище было тепло, казалось, будто ты попал в баню.

Через несколько месяцев Стефансон не просто привык к рыбе — он полюбил ее. Всю зиму он питался практически одной рыбой и водой.

Впоследствии он писал, что никогда еще не чувствовал себя так хорошо — и физически, и душевно.

Стефансон много раз возвращался в Арктику. И всякий раз питался тем, что было у эскимосов, — рыбой и мясом (тюленьим или медвежьим). На морозе не растут ни овощи, ни злаки. В общей сложности Стефансон провел на севере больше пяти лет, с каждым разом его экспедиции становились длиннее, и все это время Стефансон питался исключительно животной пищей.

Со временем Вильялмур Стефансон стал известен благодаря книгам, в которых описывал свои увлекательные путешествия. Как и к другим энтузиастам безуглеводной диеты, к нему тоже относились очень по-разному. Он много писал об этом, чувствуя, каким бодрым и подтянутым сделала его эта пища.

Стефансон прожил с эскимосами многие годы. В начале XIX века, пока они питались своей традиционной пищей, он не встретил среди них ни одного полного человека. Изменения начались с приходом западной пищи.

Индейская кровь

А теперь давайте перенесемся на сто лет вперед. Сегодня немногочисленному коренному населению Канады, включая эскимосов, пришлось отказаться от традиционного образа жизни. Они больше не питаются исключительно мясом и рыбой. Они едят дешевую западную еду, богатую крахмалом и сахаром.

Стефансон умер в 1962 году, и, окажись он сейчас среди них, он бы не понял, где находится. Народа, не знавшего, что такое ожирение, в языке которого не было слова «диабет», больше не существует. И ожирение, и диабет стали теперь повседневным явлением и носят характер эпидемии. Распространены и другие заболевания, которые обычно появляются одновременно с ними: сердечно-сосудистые заболевания, рак, деменция, подагра, желчнокаменная болезнь.

Канадский врач Джей Уортман хотел бы изменить эту ситуацию и полагает, что знает как — изменив общество, отраженное в объективах телекамер.

По происхождению доктор Уортман сам отчасти индеец. Это угадывается по чертам его лица и цвету кожи. Немного печальные глаза и седые волосы создают образ мудрого человека.

Несколько лет назад он, как это случается со многими, сделал для себя неприятное открытие. Хотя у него в роду многие страдали диабетом II типа, Уортман полагал, что как врачу ему не страшны болезни, которые он диагностирует и лечит у других людей. Долгое время он не обращал внимания на утомляемость, избыточный вес, необходимость бегать в туалет ночью, постоянное чувство жажды, привычку щуриться перед телевизором и высокое артериальное давление, с которым без лекарств уже было явно не справиться. Но ведь ему скоро пятьдесят. В его возрасте это нормально.

Но однажды доктор Уортман понял. У него классические симптомы диабета. Как-то раз в выходной он был дома — он прекрасно запомнил этот день. Он пошел в уборную, захватив с собой глюкометр. Чтобы узнать ответ, требовалось лишь уколоть кончик пальца. Уровень глюкозы был сильно выше нормы.

Это было для него шоком, он не знал, что делать. Чтобы разобраться, ему требовалось время, и он решил его себе купить — не есть ничего, что может еще сильнее повысить глюкозу в крови. Уортман отказался от продуктов, богатых углеводами. О низкоуглеводной диете он толком ничего не знал — он видел в этом скорее временную экстренную меру, пока не начнет настоящее лечение.

Только вдруг случилось неожиданное. Стоило ему исключить углеводы, как уровень глюкозы нормализовался. Он начал терять почти по полкилограмма лишнего веса в день. Остальные симптомы быстро исчезали. Зрение улучшилось, обильное мочеиспускание и чувство жажды прошли, силы прибавились и в целом он чувствовал себя намного лучше.

Жена объяснила, что ему помогла диета Аткинса, чего он сам и не понял. Недавно она купила книгу Аткинса, решив похудеть после беременности. Но тогда Уортман забраковал ее как «модную диету», которая скорее всего не дала бы устойчивого результата. А сейчас начал читать.

Как врач он изучал состояние здоровья коренного населения Канады. Он отлично понимал, что по мере того, как эпидемия диабета распространялась по всей Канаде, ситуация с коренными народностями стала катастрофической. Начальные стадии диабета, ожирение и метаболический синдром (подробнее об этом далее) были чрезвычайно распространены. Эпидемия стала настоящим бедствием для коренного населения, а медицинские услуги стоили больше, чем люди могли себе позволить.

С помощью новой диеты Уортман справился со своей болезнью и теперь смотрел на проблемы коренного населения другими глазами.

Ему приходилось много ездить по разным эскимосским поселениям, и он стал расспрашивать — особенно пожилых — об их традиционной пище. Она была чрезвычайно бедна углеводами: рыба, крабы, мясо оленя и косули, сезонные ягоды и растения.

Сейчас ситуация изменилась: в качестве основного блюда — хлеб, картошка или макароны, печенье на десерт, и все это запивалось сладкими газированными напитками или соками. Доктор Уортман задумался: что будет, если эскимосы, как и он сам, вернутся к традиционной пище? Станут ли они снова здоровыми?

Он связался с американскими врачами, которые давно занимались исследованиями низкоуглеводной диеты, а также успешно применяли ее на практике, — с Эриком Вестманом, Стивом Финни и Мэри Вернон. И они решили вместе провести исследование.

Здоровье возвращается вместе с традиционным питанием

Спустя год по канадскому телевидению был показан документальный фильм, рассказывающий об этом проекте. Он стал одним из наиболее обсуждаемых телефильмов. Он назывался *My Big Fat Diet*[43]. В далекой от цивилизации, когда-то рыбацкой деревеньке Алёрт Бэй живут в основном потомки коренных жителей. Ожирение, диабет, метаболический синдром встречаются там в четыре раза чаще, чем в среднем по Канаде, где эти патологии и без того широко распространены.

В исследовании Джея Уортмана и его коллег приняло участие около сотни жителей. В течение года они воздерживались от сахара и продуктов с высоким содержанием крахмала, а вместо этого ели больше мяса, рыбы, овощей и другой низкоуглеводной пищи. Многих убедил тот факт, что такая диета больше соответствует пище их предков.

В единственном магазинчике в деревне сразу заметили, что спрос покупателей изменился. Продажа яиц возросла в три раза, но больше всего люди покупали овощи. Цветная капуста заменила когда-то популярные макаронные изделия и рис — спрос на нее увеличился в пять раз.

За участниками исследования в течение года наблюдали врач и медсестра. Результаты по всем показателям были одинаково убе-

---

[43] «Моя большая жирная диета» (англ.). — *Примеч. перев.*

дительными. Испытуемые в среднем сбросили по 10 килограммов, показатели глюкозы и холестерина заметно улучшились, многие смогли значительно снизить дозировку препаратов, которые они принимали от диабета и повышенного артериального давления. В отсутствие современной пищи болезни отступили. Здоровье возвращалось.

Доктор Уортман помог другим и вернул здоровье себе. Я познакомился с ним через восемь лет после того, как он начал питаться по-новому. Он был такой же стройный и бодрый, уровень глюкозы и другие показатели оставались в норме без всяких лекарств.

Сегодня у Уортмана двое маленьких детей. У него есть все шансы дожить здоровым, сохранив свое зрение и конечности, до того дня, когда дети закончат школу. Увидеть, как они вырастут, и дождаться внуков. Встретить старость с высоко поднятой головой. Джея Уортмана западная болезнь обошла.

Больной мир

Канада — это просто пример. В первой главе я пытался показать, как за какие-то сто лет западная болезнь распространилась по всему миру. Все больше людей начинали питаться, как мы, болеть, как мы, умирать, как мы. Одни и те же заболевания вспыхивали повсюду, где появлялась новая пища.

Наука не поспевала за болезнями. Во всем мире, во всех странах никто уже не удивлялся ранее редким заболеваниям. Диабет, ожирение, подагра, желчнокаменная болезнь, рак и так далее. Западные болезни.

Сегодня мука и кока-кола есть повсюду. Мы не можем отмотать время назад. Мы не можем обследовать людей, которые жили до того, как эти продукты появились. Зато можем прочесть свидетельства современников. Тех, кто понимал, что происходит, и реагировал на происходящее. Часто это были западные врачи, работавшие в странах-колониях. Всего за какое-то десятилетие на их глазах с местным населением начали происходить страшные вещи. У этих людей вдруг появились наши болезни.

Но сегодня у нас есть доступ к другой информации. Сегодня современная наука может объяснить, почему это произошло. Ученые обладают потрясающими знаниями о том, как работает организм на молекулярном уровне, и мы можем понять, где именно произошел сбой.

Инфаркты, бесплодие, акне, простатит, деменция. Заболевания, которые сегодня стали неотъемлемой частью жизни западного общества. Они все взаимосвязаны с избыточным весом и диабетом — сегодня многое указывает на то, что это разные проявления одного типа нарушений.

Начнем с главных убийц — сердечно-сосудистых заболеваний и инфаркта миокарда. В 1950-е Энсел Киз ошибочно считал, что причиной этих патологий является чрезмерное потребление жиров. Сегодня мы знаем, что жиры и насыщенные жиры в том числе не имеют никакого отношения к заболеваниям сердца и сосудов. Но в чем же тогда причина?

Сегодня, спустя столько лет, мы знаем больше. Энсел Киз обнаружил, что в некоторых развитых странах люди потребляют больше насыщенных жиров и потому чаще страдают сердечно-сосудистыми заболеваниями, чем люди в бедных развивающихся странах. Впоследствии оказалось, что это ложный след. Выяснилось, что есть другая взаимосвязь, не менее очевидная. В развитых странах люди также ели больше сахара и мучного.

Давайте разберемся, как одно связано с другим. Попробуем понять то, чего Энсел Киз не разглядел.

Главный убийца

На Западе сердечно-сосудистые заболевания, такие как инфаркт и инсульт, являются болезнями, уносящими наибольшее число жизней. До сих пор из десяти шведов четверо умирают от сердечно-сосудистых заболеваний. Благодаря тому что в Швеции сильно сократилось число курильщиков, а уровень здравоохранения и профилактики заболеваний повысился, многие пациенты живут дольше. Но что если болезни и терапии можно было бы избежать вовсе?

Что является причиной сердечно-сосудистых заболеваний? Существует много разных теорий. Одна из них — старая теория Киза о повышенном холестерине. Но у большинства людей, перенесших инфаркт, уровень холестерина не особенно высок. На самом деле все не так просто. В следующей главе мы рассмотрим сложную взаимосвязь холестерина с сердечно-сосудистыми заболеваниями. Это будет последний кусочек пазла, но прежде надо сложить еще несколько деталей.

При сердечно-сосудистых заболеваниях происходит сужение просвета артерий, на внутренних стенках образуются утолщения, бляшки.

Из-за них затрудняется кровоток, вызывая болезненную нехватку кислорода в тканях. Сужение сердечных артерий вызывает ишемию миокарда, боли в груди при физических нагрузках, когда сердцу необходимо больше крови и кислорода.

Нарушение целостности бляшки может привести к тромбозу. Поток крови приостанавливается. От недостатка кислорода ткани отмирают. Если кровь перестает поступать к сердцу, то случается инфаркт миокарда, если к мозгу — то инфаркт мозга (инсульт). Чем крупнее артерия, тем серьезнее последствия.

Что вызывает болезнь сосудов? Сейчас врачи полагают, что риск заболевания повышается при одновременном участии нескольких факторов. У многих из них есть некоторые общие черты.

В самом крупном обсервационном исследовании в этой области, *INTERHEART*, участвовало почти тридцать тысяч человек со всего мира. Половина участников только что перенесла свой первый инфаркт, у второй половины симптомов сердечно-сосудистых заболеваний не было. Ученые пытались выявить черты, отличающие пациентов, перенесших инфаркт, от здоровых людей.

Было выделено шесть основных отличий. Вот что отличает больных людей от здоровых:

1. Ожирение брюшного типа
2. Диабет
3. Повышенное артериальное давление
4. Нарушение липидного обмена (высокое соотношение Апо1/АпоВ)[44]
5. Курение
6. Стресс

У курильщиков и людей, ведущих слишком напряженный образ жизни, инфаркт случается чаще. Это полезно знать, но наша книга не об этом. Нас будут интересовать первые четыре пункта, напрямую связанные с питанием. Именно они — симптомы западной болезни.

---

[44] Измерение соотношения аполипротеинов Апо1/АпоВ позволяет более точно измерить холестерин. Подробнее об этом в следующей главе.

Причина — метаболический синдром

Запомните это название — метаболический синдром. Вы еще много услышите о нем. Это медицинское обозначение западной болезни.

С середины XX века отчетливо проявляется странный феномен. Некоторые заболевания и факторы риска сердечно-сосудистых заболеваний отнюдь не случайно распределены среди той или иной части населения. Все они взаимосвязаны.

У людей с ожирением брюшного типа диабет встречается чаще. Если у вас высокое давление, то у вас скорее всего нарушен уровень холестерина. Если у вас диабет II типа, то, вероятно, вы страдаете ожирением брюшного типа и повышенным давлением. Почему? Возможно, потому, что причина ожирения, диабета, сердечно-сосудистых заболеваний одна и та же.

Факторы риска взаимосвязаны, они часто встречаются у одного и того же человека. То же относится и к болезням. Как сказано в Евангелии от Матфея: «Ибо кто имеет, тому дано будет и приумножится, а кто не имеет, у того отнимется и то, что имеет» (13:12).

У больных людей, как правило, не одна болезнь, а целый комплекс, и они умирают до срока. Здоровые люди обычно остаются здоровыми до конца. Они часто подтянуты и кажутся вполне счастливыми. Во всем, что касается здоровья, жизнь несправедлива. И теперь становится понятно, почему это так.

Метаболический синдром подразумевает одновременное наличие у человека как минимум трех из нижеперечисленных факторов риска:

Ожирение брюшного типа: объем талии >102 см (для мужчин), >88 см (для женщин)
Высокая глюкоза: показатель глюкозы натощак >6,1
Повышенное артериальное давление: выше 130/85 или применение гипотензивных препаратов
Нарушение липидного обмена 1: триглицериды >1,7
Нарушение липидного обмена 2: ЛПВП >1,0 (мужчины), >1,3 (женщины)

Метаболический синдром стал крайне частым явлением в наши дни. В США им страдает каждый третий житель среднего и почти каждый второй житель старшего возраста. Число людей, у которых обнаруживаются его отдельные проявления, постоянно растет. В Швеции большинство пожилых людей принимают препараты от повышенного давления, каждый третий — лекарства, нормализующие холестерин.

Метаболический синдром, западная болезнь, в наши дни очень распространен. Насколько он опасен?

118 сигарет в день

Люди, страдающие метаболическим синдромом, находятся в группе риска по заболеваемости самыми распространенными болезнями нашего времени. Сердечно-сосудистые заболевания, рак, деменция и прочие патологии.

Трудно сказать точно, насколько опасен метаболический синдром. Но можно поиграть со статистическими данными, полученными благодаря исследованию INTERHEART.

Чтобы было понятее, рассмотрим это на примере курения. У курильщиков инфаркт миокарда случается чаще, и риск возрастает с количеством выкуренных сигарет за день. У тех, кто выкуривает десять сигарет в день, риск в два раза выше. Двадцать сигарет, то есть пачка, увеличивает риск в четыре раза, две пачки — в восемь раз.

Сколько нужно курить, чтобы это было так же опасно, как метаболический синдром? Вот примерное сравнение, основанное на данных, полученных в результате наблюдений:

ФАКТОР РИСКА	УВЕЛИЧЕНИЕ РИСКА СООТВЕТСТВУЕТ
Ожирение брюшного типа	7 сигаретам в день
Диабет	12 сигаретам в день
Высокое артериальное давление	9 сигаретам в день
Метаболическое нарушение липидного обмена	16 сигаретам в день

Так увеличивается риск возникновения инфаркта при наличии одного фактора риска, что уже немало. Но риски не просто накладываются один на другой — они усиливают друг друга. Чем больше факторов риска, тем выше риск сердечно-сосудистых заболеваний.

А что если у человека присутствуют все четыре фактора одновременно?

ФАКТОР РИСКА	УВЕЛИЧЕНИЕ РИСКА СООТВЕТСТВУЕТ
Все четыре фактора одновременно	118 сигаретам в день

Получается, что метаболический синдром — это так же опасно, как выкуривать по *шесть пачек сигарет в день*. Все равно что выкуривать по три сигареты подряд, прикуривая одну от другой.

Возникает закономерный вопрос: что делать, если вы уже страдаете метаболическим синдромом? Можно ли разом исправить все четыре показателя, одним ударом? Ответ — да.

Тут и открывается удивительная взаимосвязь, которой я и сам не перестаю удивляться. Комплекс возможных причин метаболического синдрома по сути идентичен связанным с питанием факторам риска сердечно-сосудистых заболеваний. Но это еще не все.

Целый ряд исследований отчетливо демонстрирует, что низкоуглеводная диета наиболее благоприятно влияет на те же самые факторы риска.

Удивительная взаимосвязь

Низкоуглеводная диета помогает избавиться от живота, снижает глюкозу, артериальное давление и нормализует липидный обмен (ЛПВП, триглицериды или Апо1/АпоВ). Она положительно сказывается на метаболическом синдроме в целом.

Эти улучшения были подтверждены многими качественными рандомизированными исследованиями (см. таблицу на с. 133).

Давайте теперь додумаем эту мысль до логического конца. Если низкоуглеводная диета улучшает эти показатели, то значит, причиной факторов риска можно считать избыточное потребление сахара и крахмала? Является ли избыточное потребление сахара и крахмала, нашей новой пищи, причиной сердечно-сосудистых заболеваний?

Это революционный взгляд на вещи. Но сердечно-сосудистые заболевания и их факторы риска — ожирение и диабет — это только начало. Когда сахар и крахмал сто лет назад распространились по миру, вместе с ними вдруг появились совершенно новые заболевания — все наши современные болезни.

Данная таблица демонстрирует эффективность низкоуглеводной диеты по показателям веса, глюкозы (HbA1c), холестерина (ЛПВП, триглицериды) и артериального давления.

Исследование (город, дата)	Количество участников	Продолжительность в месяцах	НУ-группа (низкоуглеводная)	БЖ-группа (безжировая)	Вес	HbA1c	ЛПВП	Триглицериды	Артериальное давление
Brehm – 2003	53	6	4–12%	55%	НУ*		НУ	НУ*	НУ
Foster – 2003	63	12	4%+	60%	НУ		НУ*	НУ*	НУ
Samaha – 2003	132	6	6%	55%	НУ*	НУ		НУ*	
Sondike – 2003	30	3	4–8%	55%	НУ*		НУ	НУ	
Aude – 2004	60	3	10–28%	55%	НУ*			НУ	НУ
Volek – 2004	31	1,5	<10%	60%	НУ*				
Meckling – 2004	31	2,5	<12%	55%	НУ		НУ*	НУ	НУ
Yancy – 2004	120	6	4%+	55%	НУ*		НУ*	НУ*	НУ
Stern – 2004	132	12	6%	55%	НУ	НУ*	НУ*	НУ*	
Nickols-R – 2005	28	1,5	4%+	60%	НУ*				
Dansinger – 2005	80	12	4–10%	55%	БЖ		НУ	БЖ	БЖ
Truby – 2006	212	6	4%+	55%	НУ				НУ
Gardner – 2007	153	12	4–10%	55–60%	НУ*		НУ*	НУ*	НУ*
Ebbeling – 2007	73	18	40%	55%	НУ		НУ*	НУ	НУ
Shai – 2008	213	24	4%+	>50%	НУ*	НУ	НУ*	НУ*	
Sacks – 2009	811	24	35–45%	55–65%	НУ		НУ	НУ	БЖ
Brinkworth – 2009	118	12	4%	46%	НУ		НУ*	НУ*	
Frisch – 2009	200	12	<40%	>55%	НУ		НУ	НУ	НУ*
Yancy – 2010	146	11	4%+	55%	НУ	НУ	НУ	НУ	НУ*
Foster – 2010	307	24	4%+	55 %	БЖ		НУ*	БЖ	НУ*
Krebs – 2010	46	3	4%	55 %	НУ*		НУ		
Метаисследования									
Nordmann – 2006	5 исследований	6			НУ*		НУ*	НУ*	НУ
Hession – 2009	13 исследований	12			НУ*		НУ*	НУ*	НУ*

НУ-группа: в колонке указаны проценты калорий, получаемых из углеводов, в пище, рекомендованной участникам низкоуглеводной группы
БЖ-группа: в колонке указаны проценты калорий, получаемых из углеводов, в пище, рекомендованной участникам безжировой группы
«Плюс» означает, что количество углеводов было со временем немного увеличено
Жирный шрифт и звездочка = статистически значимый результат
Серый шрифт: статистически незначимый результат

Все эти заболевания связаны с метаболическим синдромом. Если у вас метаболический синдром, значит, вы в группе повышенного риска. А что если у всех этих заболеваний одна общая причина?

Здоровые сосуды

Для начала чуть подробнее о сердечно-сосудистых заболеваниях. Дело в том, что наука продвинулась гораздо дальше факторов риска.

Безжировые диеты были проверены крупными доказательными исследованиями и потерпели фиаско. Они не способствуют профилактике сердечно-сосудистых заболеваний. Самое крупное исследование, WHI, продемонстрировало также, что состояние людей с сердечно-сосудистыми заболеваниями в анамнезе от таких диет только ухудшается. Очевидно, что вера в обезжиренные «легкие» продукты была ошибкой.

Главный соперник безжировых диет — низкоуглеводная диета — положительно влияет на факторы риска. Однако ее воздействие собственно на сосуды еще не было досконально изучено. Пока мы еще не знаем, насколько она хороша на деле. Правда, есть несколько новых работ, показавших интересные результаты.

Уже в 2004 году в Гарварде было опубликовано одно качественное и любопытное исследование. Научное сообщество встретило его полным молчанием. Никто не понимал, как отнестись к его результатам. Ведь если жиры вредны, значит, результаты исследования необъяснимы, и поэтому их решили проигнорировать.

В проекте участвовало около сотни пациенток, страдающих сердечно-сосудистыми заболеваниями. Ученые провели коронарографию — обследовали их коронарные артерии, а затем, через три года, повторили обследование.

Многих поразила прямая зависимость состояния сосудов от диеты. Чем меньше насыщенных жиров в рационе, тем меньше просвет артерий. Предписанная безжировая диета ухудшала состояние пациенток. Взаимосвязь была слишком очевидной, чтобы ею пренебречь.

Сейчас, когда отношение к насыщенным жирам наконец изменилось, мы поняли суть проблемы. Дело в том, что, исключая из рациона насыщенные жиры, мы едим другую, более опасную пищу. Такую, которая может действительно стать причиной сердечно-сосудистых заболеваний. Взаимосвязь с углеводами была такой же очевидной, только зеркально противоположной. Чем меньше углеводов содержалось в пище этих пациенток, тем здоровее были их сосуды.

Вскоре это открытие было подтверждено еще в одной работе. Самое крупное обсервационное исследование в этой области — *Nurse's Health Study*. Проект продолжался около двадцати лет, в нем участвовало восемьдесят тысяч американских медсестер. Результаты, доказывающие связь между потреблением углеводов и сердечно-сосудистыми заболеваниями, сочли достойными публикации в одном из самых уважаемых научных журналов — *New England Journal of Medicine*. У участниц, которые добровольно отказались от быстрых углеводов, таких как сахар и крахмал, риск заболевания снизился.

Результаты этих работ говорили сами за себя. Но это обсервационные исследования, не самый надежный научный подход. Наиболее доказательный метод — рандомизированное интервенционное исследование, изучающее воздействие безуглеводной диеты на сосуды. Сейчас такое исследование есть.

В 2008 году крупное израильское исследование под руководством Айрис Шаи продемонстрировало, что низкоуглеводная диета, соблюдавшаяся участниками в течение двух лет, дает более эффективное снижение веса и лучшие показатели холестерина, чем безжировая. Мы упоминали эту работу в главе о весе. Но это не все. В 2010 году были опубликованы данные о состоянии сонных артерий участников, полученные при помощи ультразвукового исследования.

У тех участников, кто питался низкоуглеводной пищей, нормализовались не только вес и холестерин. Изменения произошли и в артериях. Утолщения на стенках уменьшились. После двух лет низкоуглеводной диеты состояние артерий намного улучшилось.

Низкоуглеводная диета положительно влияет на все факторы метаболического синдрома. Улучшается состояние артерий, снижается риск сердечно-сосудистых заболеваний.

Давайте рассмотрим и другие западные болезни нового времени. Среди них много по-настоящему страшных болезней, таких как рак или деменция. Но мы начнем с другого, довольно неожиданного примера.

Противосудорожный эффект

Чарли Абрахамсу был год, когда у него случился первый эпилептический припадок. Эпилепсия характеризуется приступообразными эпизодами ненормальной мозговой активности. Чаще всего, как в случае Чарли, природа приступов неизвестна. Жизнь его родителей скоро превратилась в настоящий кошмар. Припадки с мышечными судорогами и потерей сознания случались все чаще и чаще, вплоть до ста раз в день.

Родители Чарли обращались к лучшим врачам. Они испробовали все доступные лекарства, но ничего толком не помогало. Приступы не прекращались даже тогда, когда ребенка накачивали лекарствами до бессознательного состояния. Постоянные припадки грозили необратимыми нарушениями мозга и развития.

Время работало против них. Чарли сделали операцию на головном мозге, удалив эпилептогенный очаг. Однако припадки продолжались. Врачи только разводили руками. Родители были в отчаянии. Отец Чарли читал об эпилепсии все, что ему попадалось под руку. Как-то раз, сидя в медицинской библиотеке, он нашел одну книгу и прочитал в ней то, о чем ему раньше никто не рассказывал.

В одной книге упоминалась диета, которая якобы помогла половине испробовавших ее детей. Этот метод успешно практиковался с 1921 года врачами из Университетской клиники Джона Хопкинса в Балтиморе — одной из лучших больниц США. Отец Чарли был потрясен. Неужели такое возможно? Почему ему раньше никто об этом не говорил? Несмотря на уговоры врачей, он повез Чарли на другой конец США, в Балтимор, на прием к доктору Джону Фридману, автору той самой книги.

И они решили попробовать. Сняв лекарственную терапию, Чарли назначили диету, состоящую преимущественно из жиров. По словам отца, это было чудо. Приступы стали реже, а через несколько дней прекратились совсем. Чарли вернулся к нормальной жизни и скоро смог обходиться без лекарств. Это было как день и ночь. Но это не конец истории.

Реакция родителей Чарли была предсказуемой. Они были счастливы, но в то же время возмущены[45]. Почему им не рассказали об этом раньше? Ведь в этой клинике Чарли был не единственным пациентом. Почему в Балтиморе от самых трудных случаев эпилепсии излечивают многих детей, а в той клинике, где лечили Чарли, об этом даже не слышали?

---

[45] Такую реакцию можно часто наблюдать у людей, добившихся хороших результатов с помощью низкоуглеводной диеты. Они долго и безуспешно боролись с лишним весом и диабетом, сидя на безжировых диетах. После этого они начинают делать ровным счетом наоборот и добиваются хороших результатов. Они, разумеется, счастливы, но в то же время раздражены: и на всю систему в целом, и на тех, кто давал им плохие советы — пусть из самых благих намерений. Особенно, если понимают, что оснований бояться жиров никогда не было.

Одна из причин в том, что диетология по сравнению с фармацевтикой — не такая прибыльная отрасль. Создавалось впечатление, что на пути диетологического метода чинят препятствия. Несмотря на поразительные результаты, его считали небезопасной альтернативной медициной. Распространять информацию было непросто. Но у родителей Чарли были связи и необходимые ресурсы. Они могли изменить положение вещей. В 1994 году они приступили к делу.

Эпилепсия

Сегодня почти каждый сотый житель Швеции страдает эпилепсией, и причина, как правило, неизвестна. Быть может, это одна из западных болезней? Обычно при эпилепсии назначают препараты, которые снижают риск возникновения припадков. Все они обладают побочными эффектами: замедляют нервные импульсы, что затрудняет работу мозга. И все же это лучше, чем постоянные припадки. Но что если есть другой выход?

Как мы теперь знаем, выход есть. Новый альтернативный метод стал быстро обретать все более широкое признание. Меньше углеводов, больше жиров. Уровень глюкозы снижается и выравнивается, клетки мозга начинают питаться жирами[46]. Мозг успокаивается, припадки становятся слабее и реже.

Сегодня строгая безуглеводная диета является признанным методом лечения детей с тяжелыми формами эпилепсии. Новые доказательные исследования подтверждают ее действенность. Традиционно используются специально разработанные продукты с повышенным содержанием жира. В последние годы успешно применяется натуральная и вкусная пища. Доказана также эффективность особой разновидности диеты Аткинса, основанной на природных продуктах — мясе, рыбе, овощах и натуральных жирах, таких как сливочное масло.

Почему строгая безуглеводная диета так быстро завоевала признание? Как всего за одно десятилетие из разряда подозрительной альтернативной медицины она превратилась в повсеместно признанный метод? Одна из причин в том, что отец Чарли, Джим Абрахамс, был

---

[46] Как это происходит: вместо глюкозы мозг переходит на другое топливо — кетоновые тела, такие энергетические молекулы в крови, которые образуются в печени из жира. Этот процесс — кетоз — запускается, если какое-то время не есть углеводную пищу. Жиры в этом случае сжигаются быстрее.

К сожалению, кетоз, не представляющий никакой опасности для организма, вызывает массу споров. См. главу «Вопросы, ответы и мифы» в конце книги.

успешным голливудским кинорежиссером. Он прославился комедиями 1980–1990 годов: «Аэроплан», «Голый пистолет» и «Горячие головы». Но теперь благодаря ему улыбок в мире стало еще больше.

Джим Абрахамс основал «Фонд Чарли», успешно распространяющий информацию об эффективности безуглеводной диеты при детской эпилепсии. Этот метод был крайне востребован среди родителей и теперь применяется во многих больницах.

Кроме того, Джим Абрахамс снял фильм «Не навреди», основанный на реальной истории, похожей на его собственную. Главную роль в нем сыграла Мерил Стрип[47]. Ее пламенное обращение к общественности опубликовано на сайте фонда. Там есть репортажи и интервью с врачами, которые рассуждают об эффективности этого метода, а также трогательные рассказы родителей и самих детей. Я искренне рекомендую вам заглянуть на этот сайт, даже если вы не страдаете эпилепсией. Адрес в Интернете — www.charliefoundation.org.

Вопрос: почему только дети? Недавно та же диета Аткинса была опробована на тридцати взрослых, больных эпилепсией в тяжелой форме. Припадки у них случались каждый день, у некоторых почти каждый час. Они принимали до десятка разных препаратов, кто-то даже перенес операцию на головном мозге, но приступы не проходили.

Состояние примерно половины участников этого исследования благодаря диете Аткинса заметно улучшилось. Припадки у них случались вдвое реже (кроме того, они в среднем сбросили по 7 килограммов). У некоторых приступы почти прекратились, один участник излечился полностью. Это потрясающие результаты, достигнутые элементарной сменой диеты, — особенно если учесть, насколько тяжелым было состояние больных.

Несмотря на небольшое количество участников, это исследование является самым крупным в своей области на сегодняшний день. Финансовые средства, к сожалению, сосредоточены в фармацевтических

---

[47] Герой фильма, Тим, страдает тяжелой формой эпилепсии, с частотой приступов от ста пятидесяти до двухсот в день. Родители обращаются к разным врачам, которые прописывают самые разные препараты, но ничто не помогает. Тим месяцами лежит в реанимации, но судороги не прекращаются, несмотря на постоянную лекарственную терапию и внутривенные инъекции валиума (возможно, в другую руку ему одновременно капали глюкозу).

Прослышав о методе, применяемом в Балтиморской клинике, мать «выкрадывает» сына из больницы и перевозит в Балтимор при помощи медсестры и врача на пенсии. Результат безуглеводной диеты превосходит все их ожидания. Проходит несколько десятилетий. Припадки эпилепсии у Тима не повторяются.

компаниях, поэтому исследований лекарственных препаратов проводится гораздо больше.

И последний вопрос. Почему только тяжелые случаи эпилепсии? Ведь люди, страдающие эпилепсией в более легкой форме, с помощью диеты могли бы чувствовать себя еще лучше? Возможно, им бы даже не пришлось следовать ей слишком строго. Они должны знать, что приступов можно избежать, если исключить из пищи сахар и крахмал.

Лекарства от эпилепсии могут вызывать головокружения, ухудшение памяти и снижение умственной активности. Кроме того, многие из них часто дают прибавку в весе. Если бы я страдал эпилепсией, я бы хотел знать о существовании такой альтернативы, как безуглеводная диета.

Разумеется, это не универсальное средство, которое стопроцентно помогает всем больным. Но правильное питание без сахара и крахмала не причинит вреда, в отличие от лекарственных препаратов или хирургии мозга. Почему же не попробовать этот метод прямо сегодня? Надо только избавиться от необоснованного страха перед жирами. Эпилепсия — это только начало.

Здоровое пищеварение

Одно из самых распространенных заболеваний в мире называется *kolon irritabile*. Этот термин означает «синдром раздраженной кишки». Почти каждый девятый швед страдает этим расстройством, вызывающим боли в животе, метеоризм, вздутие живота, жидкий стул, сменяющийся запорами.

Никто не знает причину этого крайне распространенного заболевания. Для лечения его не существует никакого эффективного лекарственного средства. Тем не менее, мы знаем, от чего бывают газы. Например, от горохового супа и красной фасоли. Почему? Клетчатка и прочие углеводы, не усвоенные тонким кишечником, переходят дальше, в толстый кишечник. Там они становятся пищей для бактерий, которые сбраживают их, образуя газы. Отсюда колики, ощущение вздутия и газы.

Что будет, если ограничить углеводы, а также не злоупотреблять овощами, богатыми клетчаткой? Мои пациенты, друзья и читатели блога в один голос утверждают: перечисленные симптомы исчезают, живот успокаивается. Об этом говорят почти все. Однако на сегодняшний день существует только одно научное исследование, посвященное строгой безуглеводной диете при синдроме раздраженной кишки.

Семнадцать человек, страдающих этим расстройством, отягощенным частым жидким стулом, в течение четырех недель соблюдали строгую безуглеводную диету (максимум 20 граммов углеводов в день). До конца испытание прошли тринадцать человек, и состояние всех тринадцати улучшилось. Стул нормализовался, уменьшились боли в животе, повысилось качество жизни. Не хотите попробовать?

Более редкое заболевание — непереносимость клейковины (глютена). Имунная реакция на белок, содержащийся в злаках, пагубно сказывается на кишечнике. Это может вызывать поносы, усталость и истощение. Строгая безуглеводная диета исключает злаки и тем самым снимает симптоматику глютеновой непереносимости. Эффективность ее в этом случае однозначна.

Сегодня распространены расстройства не только кишечника, но и желудка: гастрит, рефлюксная болезнь, вызывающая изжогу — когда желудочный сок забрасывается в пищевод. Все когда-либо испытали это на себе.

Таблетки от изжоги, уменьшающие количество кислоты в желудке, входят в число самых продаваемых лекарств. Препарат лосек принес огромный доход фирме Astra (сейчас AstraZeneca) и сделал ее одной из крупнейших фармацевтических компаний в мире. В 1990-е, пока не истек патент, лосек был самым продаваемым препаратом в мире. Сейчас его можно купить дешевле, он отпускается в аптеках без рецепта под названием «омепразол».

Является ли изжога одной из западных болезней? Может, да, может — нет. Но из-за лишнего веса давление на желудок увеличивается и изжога усиливается. Помочь в этом случае может снижение веса.

Однако часто изменения происходят до того, как человек успевает сбросить вес. Я не стану ссылаться на субъективные ощущения людей, испробовавших низкоуглеводную диету. Воздействие на изжогу не настолько однозначно, как в случае с метеоризмом. Я хочу лишь упомянуть одно исследование — насколько мне известно, единственное, изучавшее этот вопрос.

Восьми пациентам, страдающим ожирением и изжогой, была предписана строгая безуглеводная диета (максимум 20 граммов углеводов в день). До начала эксперимента, а также спустя шесть дней после начала, в их пищеводах замерили pH. За это короткое время улучшились как самочувствие участников, так и показатели pH. Без сладкой пищи кислотность в их желудках нормализовалась.

Пищеварение — это хорошо, но женщинам такая диета могла бы дать еще больше.

Бородатые женщины

Кому охота иметь лишний вес, угри и редкую бородку? Особенно если вы — женщина. Прибавьте к этому нерегулярные месячные, и перед вами — обычные симптомы СПКЯ, комплекса гормональных нарушений, от которого сегодня страдает почти каждая десятая женщина.

Это самая распространенная причина бесплодия у молодых женщин, во всяком случае, если им есть с кем завести ребенка. Данное нарушение часто сопутствует метаболическому синдрому. Ожирение брюшного типа, повышенный инсулин, высокое давление и диабет II типа обычны при этом синдроме. Это еще одна из многих западных болезней[48].

Сегодня женщины, страдающие этой патологией, не получают должного эффективного лечения. А что если бы они попробовали низкоуглеводную диету? Низкоуглеводное питание понижает инсулин и положительно сказывается на других нарушениях. Как бы это отразилось на прыщах, растительности и месячных? В этой области было проведено два любопытных исследования.

В первом участвовали девяносто шесть женщин с ожирением и СПКЯ. Сравнивалась диета, содержащая медленные углеводы (с более низким гликемическим индексом), с обычным питанием. Питание ГИ, исключающее быстрые углеводы, дало лучшие результаты — менструальный цикл у участниц эксперимента нормализовался.

Строгое безуглеводное питание стало предметом совсем маленького исследования: одиннадцати участницам было рекомендовано максимум 20 граммов углеводов в день на протяжении шести месяцев. Испытание выдержали пять женщин. Они сильно похудели, гормональный уровень улучшился, и две из них забеременели прямо во время исследования, несмотря на то, что до этого были бесплодны.

Это замечательные результаты, но последнее исследование слишком маленькое, и в нем не было контрольной группы. Оно мало убедительно. Еще меньше научной ценности представляют положительные отклики читательниц моего блога, испробовавших диету на себе. Есть ли еще какие-то доказательства?

---

[48] Аббревиатура СПКЯ означает «синдром поликистозных яичников». При ультразвуковом исследовании в яичниках обнаруживается повышенное содержание фолликулов. Это нарушение влечет за собой переизбыток тестостерона — мужского полового гормона, что препятствует овуляции, приводит к нарушению менструального цикла и бесплодию. Со временем на теле может появляться растительность, как у мальчика-подростка, например редкие усы или волоски на подбородке.

Пробирка или настоящая пища

Какое-то время назад я отправился в круизное плавание из Флориды на Багамы. На борту кроме меня было около сотни сторонников низкоуглеводного питания, включая нескольких врачей. Один из них — Майкл Д. Фокс (тезка кинозвезды), специалист по бесплодию.

Доктор Фокс — высокий блондин, для американца среднего возраста на удивление подтянутый. Возможно, потому что сам почти не ест углеводов. Он застенчив, но может рассказать удивительные вещи.

Диагноз СПКЯ крайне распространен в США, особенно среди бездетных женщин. Фокс рассказал о том, что произошло, когда его клиника, специализирующаяся на проблемах бесплодия, начала рекомендовать своим пациенткам низкоуглеводную диету. Внезапно большинство бесплодных женщин смогли забеременеть без всякого искусственного оплодотворения. В придачу они похудели и стали лучше себя чувствовать.

Как и многие американцы, Фокс очень гостеприимен. Некоторые главы этой книги написаны в его доме с видом на Атлантику, который он любезно предоставил в мое распоряжение. Он также показал мне свою частную клинику в Джексонвилле, во Флориде. Эксклюзивный интерьер, старинная мебель и уютная атмосфера. Кабинеты назывались, например, «Озеро Комо» или «Тоскана» — в честь его любимых мест в Италии.

Доктор Фокс принимает пациентов в белом халате, надетом на зеленый операционный костюм. К халату прицеплен желтый значок с надписью: *Corn Syrup Kills* («Кукурузный сироп — яд»), намекающий на дешевый сахар, содержащийся почти во всех американских продуктах. Мы знаем, что сахар — зло, но знали ли вы, что он может стать причиной бесплодия? Две стены в клинике были увешаны фотографиями новорожденных младенцев. Многие из них появились на свет благодаря тому, что их матери перестали есть сладкие обезжиренные продукты.

У самого доктора Фокса пятеро детей, трое из них — тройняшки. Он старается ограничивать их в сладком, и они на удивление здоровы. Но полностью исключить сахар из их рациона доктору Фоксу не удалось, так как его супруга не столь убеждена в преимуществах строгого безуглеводного питания. Как говорится, нет пророка в своем отечестве.

Однако все больше врачей отмечают связь питания с репродуктивной функцией. Датский гинеколог Бьярне Стигсбю в 2009 году опубликовал книгу «Ешь, пока не забеременеешь». Он рассказывает, что высокий уровень инсулина у его пациенток часто является прямой причиной бесплодия.

Как же доктор Стигсбю советует питаться, чтобы забеременеть? Точно так же, как доктор Фокс, — исключив углеводы. А именно — мясом, рыбой, яйцами и овощами. Если верить Стигсбю, в этом случае у его пациенток восстанавливаются менструальный цикл и овуляция, что позволяет им забеременеть.

И научные исследования, и действительность свительствуют об одном и том же. Дорогостоящему искусственному оплодотворению есть альтернатива. Для многих достаточно начать правильно питаться, чтобы забеременеть или избавиться от СПКЯ, одной из современных западных болезней.

Теперь мы расскажем о другом западном недуге, от которого, наоборот, часто страдают мужчины.

Мужские проблемы

Вы испытываете трудности при мочеиспускании? В Швеции с этим сталкивается каждый третий мужчина среднего или старшего возраста. С возрастом струя ослабевает. Многие из-за этого чувствуют себя инвалидами. Странно, что это нарушение настолько распространено. В менее развитых странах мужчины страдают этим заболеванием намного реже. Если это патология, то в чем ее причина?

Мочеиспускательный канал мужчины проходит через предстательную железу. На Западе наблюдается неприятная тенденция — простата с возрастом увеличивается. Проблема очевидна. Если предстательная железа увеличивается слишком сильно, она зажимает мочеиспускательный канал и препятствует мочеиспусканию.

Доцент Ян Хаммарстен — уролог, специалист по болезням простаты. Его давно интересуют причины этих заболеваний и то, как они связаны с нашим образом жизни. Сам он придерживается палеодиеты и избегает сахара и хлеба (на завтрак он, как правило, съедает одно яйцо и макрель в томатном соусе). Когда я недавно брал у него интервью, он был очень доволен результатами своей диеты.

Примерно двадцать лет назад Хаммарстен сделал одно наблюдение, которое навело его на интересную мысль. Пациенты с предстательной железой больших размеров (гиперплазией) обычно страдают ожирением и часто — диабетом. Хаммарстен заподозрил связь между болезнями предстательной железы и метаболическим синдромом.

Вскоре было опубликовано несколько исследований, и картина начала проясняться. Подозрения оправдались. Независимо от того, какой аспект метаболического синдрома изучала исследовательская группа Хаммарстена — ожирение, высокое давление или что-то еще, — оказывалось, что каждый из них является фактором риска увеличения размеров простаты. Правда, один фактор перевешивал. Инсулин.

Высокие инсулиновые показатели также способствуют увеличению ИФР-1 (инсулиноподобного фактора роста-1). Инсулин и ИФР-1 могут способствовать усиленному делению клеток и разрастанию тканей. Чем выше инсулин, стимулирующий рост клеток, тем быстрее с годами увеличивается мужская простата и тем сильнее она зажимает мочеиспускательный канал. Струя постепенно ослабевает, и вскоре моча может выделяться только по каплям. Человек вынужден ходить в туалет все чаще и чаще, в том числе и ночью.

Хаммарстен рекомендует пациентам, страдающим избыточным весом, низкоуглеводную диету. Как и у других врачей-специалистов, время приема у него ограничено. В течение трех минут он обсуждает диету, после чего выдает листочек с рекомендациями по питанию. Когда я брал у него интервью, он использовал рекомендации, распечатанные с шведского сайта www.kostdoktorn.se, который мы уже упоминали. Благодаря быстрому вмешательству его пациентам часто удавалось сбросить до десяти килограммов. Вместе с этим обычно уменьшается и простата.

Сейчас Хаммарстен убежден: увеличенная простата не является неотъемлемым атрибутом старости. Этой болезни можно избежать. Есть еще одна причина излишне не стимулировать клеточное деление и рост простаты. Возможно, вы и сами уже догадались. Высокие инсулиновые показатели — это также значительный фактор риска смерти от рака простаты.

Рак — западная болезнь?

Онкологические заболевания занимают второе место после сердечно-сосудистых по числу летальных исходов. Деление раковых клеток в каком-то органе — молочной железе, толстом кишечнике или легком — может продолжаться десятилетиями. Причина — опасные мутации в генах, регулирующие деление клеток. Факторы роста в организме могут подстегивать деление этих клеток. Распространенность процесса приводит к смерти.

Если бы существовал способ предотвратить или притормозить развитие некоторых раковых опухолей, это имело бы огромное значение как для больных, так и для науки. Будь этот способ относительно прост, мы бы давно уже о нем знали. А что если мы все это время искали не там?

Помните Альберта Швейцера, врача-миссионера и нобелевского лауреата, впервые приехавшего в Африку в 1913 году? Швейцера поразило, что в первые годы он не отметил ни одного случая рака. В последующие десятилетия, по мере того как местное население приобщалось к пище белых людей, рак становился все более распространенным заболеванием.

Известно много подобных примеров. Совсем в других условиях жили эскимосы. Их традиционная низкоуглеводная пища состояла в основном из мяса и рыбы. В 1902 году в Северную Канаду прибыл доктор Сэмюэл Хаттон. Он отметил, что западные болезни там крайне редки. «Больше всего поражает отсутствие больных раком, — пишет он спустя одиннадцать лет. — Я ни разу не видел и не слышал, чтобы у какого-нибудь эскимоса была обнаружена злокачественная опухоль».

В книге «Хорошие калории, плохие калории» научный журналист Гари Таубс упоминает около двадцати похожих свидетельств врачей, работавших в начале XX века в разных отдаленных местах. В то время рак все еще был редким заболеванием. Сейчас это уже не так.

Американский статистик Фредрик Хоффман свел воедино несколько отчетов того времени о распространенности рака в разных частях света. В книге «Рак и диета» (1937)[49] он делает тревожный вывод, что по всему миру люди стали чаще умирать от рака. Причем где-то уровень заболеваемости изначально был очень низок: «...доказательства не вызывают сомнений: по свидетельствам наблюдателей с медицинским образованием, рак среди примитивных народностей встречается исключительно редко».

Сегодня онкологические заболевания распространены во всем мире. Но теперь основное отличие между разными странами — в преобладании той или иной локализации опухолей. В последние десятилетия обсуждались причины этого явления: разумеется, курение (которое может, в частности, стать причиной рака легких), вещества, отравляющие окружающую среду, вирусы, гены или же просто старость. Как только речь заходит о диете, сразу всплывает старая, всем известная теория.

---

[49] Fredrick Hoffman. *Cancer and Diet.* — *Примеч. перев.*

Знакомый тупик

В последние десятилетия принято было считать, что если что-то в нашей пище и может вызывать рак, так это жиры (в том числе насыщенные жирные кислоты) и мясо. Как раз то, чем питались пациенты Сэмюэла Хаттона во времена, когда онкологических заболеваний среди них, вроде бы, не существовало. Можно считать его свидетельства бездоказательными рассуждениями, но сегодня эта теория была доказана рядом крупных серьезных исследований. Влияет ли безжировая диета на риск заболевания раком?

Ответ был получен в 2006 году вместе с публикацией самого крупного исследования отдаленных результатов безжировой диеты — Women's Health Initiative, о котором мы рассказывали раньше. Почти пятьдесят тысяч женщин случайным образом разделили на две группы. Восемь лет одна группа питалась обезжиренной пищей, другая — обычной. Как мы знаем, безжировая диета не оказала положительного воздействия на течение сердечно-сосудистых заболеваний. Такими же провальными были ее результаты и в случае с раком. Обезжиренная пища, хотя и богатая овощами и фруктами, не снизила риск заболевания.

Через какое-то время было проведено другое рандомизированное исследование, в котором участвовали триста женщин, перенесших рак груди. Участницы опытной группы также ели меньше жирной пищи и больше фруктов, зелени и клетчатки. За участницами наблюдали около семи лет. Отдаленные результаты — те же. В опытной группе частота рецидивов была такой же, как в контрольной, и это никак не сказалось на продолжительности жизни.

Выходит, безжировая диета — не решение проблемы. По всей видимости, жиры никак не связаны с раком. А значит, надо копать глубже.

Масло в огонь

Не только повсеместное распространение онкологических заболеваний свидетельствует о том, что рак — это одна из так называемых западных болезней. Сегодня отмечена четкая статистическая связь между раком и другими западными болезнями.

Люди, страдающие ожирением, подвержены риску различных онкологических заболеваний, например рака молочной железы, толстой кишки, пищевода, почек, печени, а также предстательной железы. Диабетики II типа также относятся к группе риска по основным, наиболее распространенным формам рака. Почему?

Между ожирением, диабетом II типа и раком есть одна возможная связь. Фактор роста. У людей с ожирением, а также у диабетиков II типа уровень инсулина, как правило, патологически повышен. Часто это приводит к высокому уровню ИФР-1. Как инсулин, так и ИФР-1 стимулируют деление клеток. Как мы скоро увидим, это может быть решающим фактором.

Принято считать, что раковая опухоль начинается с относительно безобидных мутаций в ДНК клетки. Мутации, нарушающие тщательно спланированное деление клетки, — первые шаги на пути к опухоли. К счастью, путь к формированию раковой опухоли довольно долгий. Чтобы стать по-настоящему опасной, мутировавшая клетка должна продолжать делиться и запустить еще целый ряд злополучных мутаций. Даже если такое несчастье произошло, этот процесс может растянуться на десятилетия и даже больше.

Представим, что эти крошечные зачаточные опухоли в организме — еле теплящиеся угольки. Если повезет, пламя не разгорится. Если не лить масла в огонь.

При высоком уровне инсулина и ИФР-1 такие клетки получают сигнал к делению. У людей, страдающих ожирением и диабетом II типа, эти показатели завышены на протяжении большей части жизни. Они способны ускорить процесс развития раковой опухоли. Без них заболевание может не проявляться много лет, и, прежде чем опухоль даст о себе знать, больной умрет от старости.

В ожидании доказательств

Хотя эта теория широко обсуждается и кажется вполне убедительной, серьезных научных работ в данной области еще не существует. Требуются крупные рандомизированные интервенционные исследования, которые доказали бы влияние низкоуглеводной пищи, снижающей инсулин, на развитие раковых опухолей. Но такие исследования еще даже не начаты.

Зато влияние безжировой диеты уже изучено: нам известно, что она не предотвращает рак. Что касается низкоуглеводной диеты, то здесь достоверной информации пока нет. Однако данные некоторых обсервационных исследований указывают на вероятность положительных результатов.

В одном из таких исследований участвовало пять тысяч четыреста пятьдесят женщин. На протяжении восьми лет, пока продолжалось изучение, у участниц эксперимента несколько раз замеряли показатели инсулина. Сравнив треть участниц с самыми высокими показателями и треть — с самыми низкими, ученые выяснили, что у первой группы риск заболевания раком молочной железы составлял 120%.

В другом проекте — крупном университетском исследовании из Умео — участвовало полмиллиона человек: жителей Швеции, Норвегии и Австрии. За десять лет было замечено, что люди с повышенной глюкозой крови особенно подвержены онкологическим заболеваниям. Это крупнейшее западное исследование в этой области. Еще более крупный корейский научный проект показал похожие результаты.

Высокое содержание углеводов в пище повышает глюкозу и инсулин. Что же говорит наука о чрезмерном потреблении углеводов? Журнал *American Journal of Clinical Nutrition* за последние годы опубликовал два больших обзора всех когда-либо проделанных обсервационных исследований. Они свидетельствуют о том, что у людей, которые едят много быстрых углеводов, значительно повышен риск заболеваемости раком молочной железы, толстой кишки и матки.

Повторю: доказательных интервенционных исследований в этой области пока нет. Но многие онкологические заболевания часто сопутствуют ожирению, диабету II типа, повышенным показателям инсулина и глюкозы и чрезмерному потреблению быстрых углеводов. Похоже, здесь есть четкая взаимосвязь. А высокий уровень таких факторов роста, как инсулин, может ускорить развитие раковых опухолей — как масло, подлитое в огонь.

Среди примитивных народностей рак был редким заболеванием. Возможно, современная наука скоро выяснит, почему это так. Наиболее распространенные на сегодняшний день формы рака, вероятно, можно причислить к западным болезням. Снижение в рационе сахара и муки оказало положительный эффект на другие западные недуги. Теоретически не исключено, что это могло бы приостановить рост раковых опухолей посредством снижения инсулина и ИФР-1.

Быть может, настоящая пища могла бы защитить нас даже от рака.

Гены и судьба

В этой главе мы говорили о том, как простая перемена диеты может радикально изменить ваше здоровье. Однако среда — это лишь один из двух основных факторов, влияющих на организм человека. Второй фактор — это гены.

Если западные болезни у вас в роду, значит ли это, что надеяться не на что? Если есть наследственная предрасположенность к ожирению, раку, деменции, значит ли это, что вы тоже заболеете? Короткий ответ — нет.

Гены, повышающие риск диабета II типа, рака груди, болезни Альцгеймера, еще не означают, что заболевание неизбежно. Речь идет о повышенной предрасположенности. Раньше такие гены скорее всего не приводили к серьезным заболеваниям. Тогда бы они были отбракованы эволюцией. Речь идет о генах, которые делают нас уязвимыми перед такими внешними факторами, как сахар и крахмал[50].

Кто-то ест больше быстрых углеводов без очевидных пагубных последствий. Мир вообще несправедлив. Но если у вас есть предрасположенность к каким-то болезням, это еще не значит, что надо сдаваться. Напротив, это повод задуматься о своем образе жизни. В вашем случае это особенно важно.

Исключите факторы риска — то, к чему ваш организм особенно чувствителен. Быть может, вы станете не менее подтянутыми и здоровыми, чем люди с более удачными генами. Разумеется, ничто не гарантирует безупречное здоровье на всю жизнь, но вы можете существенно повысить свои шансы.

Так не бывает?

Наверняка вы помните Вестона А. Прайса из первой главы, профессора-стоматолога, в 1930-е годы объездившего весь мир, подобно Индиане Джонсу. Кариес почти не встречался в тех местах, где люди еще не пробовали новой пищи. Тогда мы задали вопрос: если сахар и мука портят наши зубы, что же они делают с нашим организмом? Теперь мы это знаем.

Предположительно, сахар и мука повышают риск заболевания всеми западными недугами. Болезнями, которые прежде считались ред-

---

[50] Т. Л. Клив в книге «Сахарная болезнь» еще в 1974 году провидчески писал о разнице между генетическими дефектами и генетическими качествами. Сегодня ее стоило бы прочитать многим профессорам и специалистам.

Наиболее яркий пример, приводимый Кливом, — об окопах Первой мировой войны. Когда артиллеристы штурмовали укрепления, высокие солдаты чаще попадали под пули. У солдат низкого роста было больше шансов остаться в живых.

Никто не станет утверждать, что высокие солдаты погибали из-за генетического дефекта. Высокий рост может быть преимуществом до тех пор, пока не появится новый внешний фактор, — артиллерийский огонь. Высоким людям ничего не грозит до тех пор, пока они его избегают.

кими, но теперь встречаются слишком часто. Вот несколько примеров западных болезней:

Ожирение
Диабет
Сердечно-сосудистые заболевания
Рак
Деменция
Жировая дистрофия печени
Высокое артериальное давление
Увеличение предстательной железы
Синдром ночного апноэ
Желчнокаменная болезнь
СПКЯ
Подагра
Артроз
Акне
Кариес

Есть и другие болезни, которые наверняка могли бы войти в эту главу. Не исключено, что их появление тоже обусловлено новой пищей. Это открывает нам новые потрясающие возможности. Но в ожидании доказательств остановимся на вышеперечисленных заболеваниях, ведь их список и так довольно велик.

Меньше сахара и крахмала — неужели это панацея от всех бед? Поможет ли это справиться с проблемой лишнего веса, с тяжелыми заболеваниями, а также с акне, молочницей и метеоризмом? Так не бывает, — скажете вы. Но я так не думаю.

Избегая новой пищи, вы сможете защитить себя от новых заболеваний.

Богатая крахмалом еда, которую дало нам земледелие, существует относительно недавно. Потом, благодаря эпохе индустриализации, появились сахар и мука. Затем, испугавшись жиров, мы стали питаться тем, что наш организм переносит хуже всего. Это как трехступенчатая ракета, приблизившая нас к эпидемии ожирения, диабета и других западных болезней.

Идеальная пища для нас — та, которую мы ели дольше всего, к которой наш организм и гены тщательно приспособились. Если вы еще сомневаетесь, что это за пища, можно обратиться к свидетельствам, которые оставили нам наши предки.

Окно в прошлое

Мы происходим от новых людей, кроманьонцев, которые заселили Европу после неандертальцев примерно тридцать тысяч лет назад. Они обладали многими знакомыми нам навыками. Новые люди делали такие вещи, которые никто до них не делал. Например, рисовали. Некоторые из этих рисунков сохранились по сей день.

Их находили в пещерах во Франции, Испании, Англии, Финляндии и Болгарии. Наберите в Интернете «наскальная живопись» и посмотрите на них. Это окно в мир прошлого, нашего общего прошлого. Десятки тысяч лет жизни в Европе до изобретения земледелия. Наши предки рисовали то, что было для них важным, и эти рисунки можно увидеть по сей день.

По стенам пещер перед нами расхаживают огромные животные — бизоны, туры, олени. Иногда добычу преследуют люди. Это картины из мира, откуда мы родом, это и есть пища, для которой мы созданы.

Чего же на этих картинах нет? Очевидно, вы нигде не увидите ярких упаковок с обезжиренными продуктами, напичканными крахмалом и сахаром.

Как мы могли поверить, что такое полезно для нашего здоровья? Как мы могли так обмануться? Есть ли хоть малейшее оправдание тому паническому страху, который человечество испытывало перед жирами и холестерином в последние несколько десятилетий?

Пришло время поставить на место последнюю деталь пазла. Пора раскрыть тайну величайшей медицинской ошибки в истории. Причину огромного количества болезней во всем мире. Пора убить дракона.

ГЛАВА ВОСЬМАЯ
Холестерин: убить дракона

*Все мои знакомые ученые — все до единого — понимают,
что упрощенные диетологические рекомендации,
исключающие жиры, были ошибкой.*

РОНАЛЬД КРАУСС
*Ведущий исследователь холестерина, в свое время
один из главных защитников американских рекомендаций
по питанию, исключавших из рациона жиры*

Страх перед холестерином лег в основу теории о вреде жиров. Стоило людям поддаться этому страху, разразилась катастрофа. Мир захлестнули эпидемии ожирения, диабета и других западных болезней.

Сейчас мы понимаем, в чем была ошибка. Никакой пользы в обезжиренной пище нет. Однако связь между холестерином и сердечно-сосудистыми заболеваниями все-таки существует. Просто все не так однозначно, как думали ученые в 1950-е или как преподносит нам эту проблему современная реклама.

Пора взглянуть правде в глаза. Страшное слово «холестерин» — когда-то главный козырь в теории о вреде жиров — сегодня стало ее самым слабым местом. А значит, мы можем снова вкусно питаться и, более того, защитить себя и своих близких от болезней и пожизненной лекарственной терапии.

Подробности после рекламы.

«Хулиганские выходки»

Как убедить здоровых людей в пользе ненатуральных жиров? Можно поступить так же, как производители маргарина *Becel*, предложившие потребителям пройти бесплатный тест на холестерин.

В течение нескольких лет *Becel* гастролировал по продовольственным магазинам. Всем покупателям, которых беспокоил их уровень холестерина, представители компании предлагали экспресс-анализ прямо на месте.

При показателе выше 5 ммоль/л человеку сообщали о повышенном риске инфаркта миокарда и информировали о том, как этот риск снизить. В первую очередь следовало купить особенный, дорогой маргарин *Becel*. Это выглядело как искренняя забота о здоровье населения. Только почему-то, в ноябре 2008 года, последнее маргариновое турне оборвалось, едва успев начаться. И это после сотни выступлений в крупных продовольственных магазинах и десяти тысяч человек, сдавших анализ крови.

Во время расследования в СМИ главный врач одной поликлиники назвал действия компании несерьезными и посетовал, что никто не отреагировал раньше. Другой врач был возмущен тем, что «тесты *Becel* превратили объективно здоровых людей в субъективно больных». Еще один врач сказал, что все это — «хулиганские выходки для запугивания пожилых дам».

После этой дискуссии *Becel* не пустили в магазины следующего города, который стоял в плане их турне, и на этом холестериновые гастроли в Швеции закончилось. Почему?

Никем не доказано, что маргарин, понижающий холестерин, хоть кого-то сделал здоровее. Но это не главное. Основная проблема — это устаревшее понятие «высокий холестерин». Если у вас холестерин выше 5 ммоль/л, значит ли это, что вам грозит инфаркт миокарда и поэтому настоящей пищи лучше избегать?

У каждого второго здорового европейца показатель холестерина выше 5 ммоль/л, так же обстоит дело с 95% всех 60-летних. Но большинство из них не относится к группе повышенного риска по сердечно-сосудистым заболеваниям. Уровень холестерина крайне мало говорит об общей предрасположенности человека к тем или иным болезням. Это очень ненадежный и нечеткий показатель для оценки рисков. Зато прибыльный — так как превращает совершенно здоровых людей в напуганных потребителей.

Представителям *Becel* удалось запугать большинство покупателей тем, что они рискуют умереть от инфаркта, так как их показатель холестерина выше 5 ммоль/л. Какими бы здоровыми они ни были. Потом им впаривали дорогой ненатуральный маргарин, хотя его польза никем не доказана. Теперь вы понимаете, почему такие действия компании были названы несерьезными и хулиганскими[51].

Холестериновые гастроли *Becel* — это просто курьез. Всего лишь отголосок ошибки 1950-х, из-за которой сотни миллионов людей стали толстыми и больными. Ошибки, которая породила теорию о вреде жиров и последовавшую за ней эпидемию ожирения.

Величайшая ошибка в истории медицины

В основе теории о вреде жиров и безжировой диеты времен Энсела Киза лежит идея, что насыщенные жиры повышают холестерин и что повышенный холестерин приводит к инфаркту. Мысль ясна: жиры вредны.

Но, как мы видели, эта теория не работает. Крупные современные исследования доказывают, что никакой пользы в том, чтобы есть меньше жиров и насыщенных жиров, нет. А кому-то обезжиренная пища может быть даже противопоказана.

Итак, насыщенные жиры не опасны. Но они могут повысить уровень холестерина. Во всяком случае, немного и ненадолго. Именно это и ввело нас в заблуждение. Как одно связано с другим? Как зависят холестерин и профилактика сердечно-сосудистых заболеваний от пищи, которую мы едим? Сегодня наука может дать нам ответ.

В истории медицины было допущено много опасных ошибок. В XIX веке студенты-медики после занятий в прозекторской нередко прямиком отправлялись обследовать рожениц. Руки мыть было не принято, так как никто ничего не знал о бактериях и о том, сколько рожениц погибает в родильной горячке из-за несоблюдения гигиены.

Врач Игнац Земмельвейс доказал, что обязательное мытье рук спасло бесчисленное число жизней в его родильном отделении. Однако результаты его исследования игнорировались десятилетиями. Роженицы продолжали умирать из-за немытых рук врачей. Сам Земмельвейс закончил свои дни в доме для душевнобольных. Это поучительная исто-

---

[51] В связи с вышесказанным следует заметить, что на компанию, использовавшую в рекламе маргарина сомнительные медицинские аргументы, не раз подавали в суд, и суд признавал рекламу незаконной. Шведский совет по рыночной этике постановил, что реклама *Becel* вводит потребителей в заблуждение, в Дании компанию оштрафовали за нечестный маркетинг, а шведский омбудсмен по рекламе неоднократно осуждал их за незаконную рекламу — скрытую заказную рекламу в СМИ. Вряд ли можно назвать это случайностью или ошибкой.

рия. Больничный персонал должен считаться с результатами новых исследований, даже если они не всегда кажутся ему удобными.

Другое медицинское заблуждение — кровопускание. Почти две тысячи лет, до самого XIX века, это было главным средством от всех болезней. Врачи пускали больному кровь, часто много, чтобы «привести в равновесие жидкости в организме». Когда этот метод наконец был изучен наукой, оказалось, что состояние больных от кровопускания не улучшается, а только становится хуже. И все равно еще десятилетия спустя врачи продолжали пускать кровь, кто-то по привычке, кто-то — из убежденности.

Джордж Вашингтон, первый президент США, 13 декабря 1799 года сильно простудился. Накануне он катался на лошади и попал под дождь. Его старательный врач тут же пустил ему кровь, почти два литра — то есть треть всего объема содержащейся в организме крови. На следующий вечер Джордж Вашингтон умер.

Мы не знаем, сколько жизней унесло кровопускание — метод, изобретенный на благо человечества. Наверняка очень много. Раз за разом история повторяется. Мы по привычке используем методы, бессмысленность и даже вред которых уже давно доказаны.

Безжировая диета «для снижения холестерина» — это современное кровопускание. В 1984 году, когда в США все начали панически бояться холестерина и жиров, от ожирения страдали примерно 13% населения. Весь мир пошел по стопам США. Америка экспортировала свою гастрономическую культуру (сладкие воды и картошку фри, сахар и крахмал), свою жирофобию и свое ожирение.

Сегодня сотни миллионов толстяков и диабетиков во всем мире, не говоря уже о тех, кто страдает другими западными болезнями. Масштабы катастрофы не поддаются осмыслению. Возможно, это была величайшая ошибка в истории медицины. Так ли опасен холестерин, стоила ли овчинка выделки?

Что вообще такое холестерин?

Жизненно необходимо для животных

Холестерин — необходимое строительное вещество для клеток организма. Клеточная мембрана — защитная оболочка клетки — богата холестерином, который нужен для ее стабилизации. Холестерин играет важную роль в работе головного мозга. Холестерин для человека — жизненно необходимое вещество.

Холестерин является строительным материалом для гормонов-стероидов, таких как половые гормоны: тестостерон и эстроген. Это может объяснять нежелательные побочные эффекты препаратов, снижающих холестерин. Холестерин нужен для выработки такого важного витамина, как витамин D.

Холестерин — незаменимое вещество для каждой клетки животного организма. Именно поэтому мы называем «животной» пищу, богатую холестерином, такую как мясо. Нередко можно услышать, что она опаснее, чем зелень, орехи и коренья. Теория эта довольно странная. Люди также относятся к животному царству. Мы не растения. Как холестерин может быть опасен в пище, если наш организм из холестерина же и состоит и даже вырабатывает свой собственный? Ведь люди всегда ели пищу, богатую холестерином.

Обычно организм сам регулирует выработку холестерина, исходя из своих потребностей. Если вы едите много холестерина, он будет вырабатываться меньше, если собственного холестерина не хватает, он будет производиться больше. Другими словами, неважно, сколько вы едите богатых холестерином яиц, — это совершенно безопасно.

Но регуляция может быть нарушена. Именно здесь коренится ошибочное представление о вреде холестерина. Однако теперь мы знаем, что причина этого опасного нарушения иная.

Все обстоит не так просто, как думали в 1950-е. Не всякий холестерин опасен. Сам по себе пониженный холестерин автоматически не лучше повышенного. Старая теория объясняет все до бессмысленности примитивно. Современная наука дает более сложную и точную картину.

Хороший полицейский, плохой полицейский

Холестерин доставляется в разные части организма в особых белковых капсулах. Есть два основных вида капсул, которые направляются в противоположные стороны. Вы наверняка слышали о них — когда проверяют холестерин в крови, говорят о ЛПВП и ЛПНП (липопротеиды высокой и, соответственно, низкой плотности). Их еще называют «хорошим» (ЛПВП) и «плохим» (ЛПНП) холестерином. Хороший полицейский, плохой полицейский. Как в кино. Но даже такая упрощенная картина все же ближе к истине.

Что происходит, когда мы едим много насыщенных жиров? Уровень «хорошего» холестерина повышается. Статистика доказывает, что высокий показатель «хорошего» холестерина — мощная защита против сердечно-сосудистых заболеваний. Одно это заставляет усомниться в том, что «жиры повышают холестерин и приводят к сердечно-сосудистым заболеваниям». Насыщенные жиры повышают уровень ЛПВП и дают более высокий показатель общего холестерина, поскольку ЛПВП — его составная часть. Но высокий уровень ЛПВП *снижает* риск сердечно-сосудистых заболеваний, а не наоборот. Высокий уровень «хорошего» холестерина защищает нас от болезней сердца.

Перейдем теперь к «плохому» холестерину, ЛПНП. Как часто бывает в кино, у злодея более интересная роль, и у «плохого» холестерина тоже есть свои положительные стороны. Кто знает, может, это просто обстоятельства или несчастливое детство стали виной тому, что он перешел на сторону зла? Может, наркотики? Потому что переизбыток сахара и крахмала со временем может превратить ЛПНП в настоящего злодея.

У «хорошего» и «плохого» холестерина разные задачи. «Хороший» выводит из организма излишек холестерина, доставляя его в печень на утилизацию. То есть следит за чистотой.

Капсулы с ЛПНП выполняют обратную функцию — они переносят холестерин в ткани, снабжая организм холестерином. В печени образуются большие капсулы с ЛПНП, которые затем отправляются в кровь (в анализе крови на холестерин эти большие капсулы называются триглицеридами). Клетки организма призывают ЛПНП к себе и забирают содержимое капсул, из-за чего капсулы уменьшаются в размерах, а могут забирать и все капсулы целиком. У здоровых людей большие капсулы ЛПНП постепенно уменьшаются до средних размеров, а потом уже попадают в клетки. Пока еще все идет нормально, никакой беды в этом нет. ЛПНП поставляют в клетки жизненно необходимый холестерин — строительный материал.

С некоторыми западными болезнями дело обстоит сложнее. Клетки больных людей не хотят забирать себе капсулы ЛПНП целиком. Они забирают их лишь частично. Капсулы ЛПНП уменьшаются, и в крови скапливается множество мелких плотных ЛПНП. Прогоркая, они могут испортить внутренние стенки сосудов. Они оседают на них, напоминая пустые упаковки и прочий мусор на обочине. Возникает риск закупорки сосудов.

Эти ненужные маленькие плотные ЛПНП, похоже, и есть по-настоящему опасный, суперзлодейский холестерин. Не всякий холестерин опасен. И даже не всякие капсулы ЛПНП. Крупные, «пышные», нормальные капсулы ЛПНП представляются безобидными.

Жиры и насыщенные жирные кислоты, в частности, повышают уровень ЛПВП и ЛПНП среднего размера, то есть «хороший» холестерин.

Старые тесты тоже показывали эту зависимость, поэтому их считали опасными. Это и стало причиной катастрофической ошибки. Мелкие плотные ЛПНП, представляющие наибольшую опасность, старые тесты не обнаруживали. Наверняка вы уже догадались, отчего они появляются в крови.

Подсказка: не от жирной пищи.

Как заработать четырнадцать миллиардов долларов

Маргариновые деньги *Becel* — это цветочки. Больше всего прибыли холестерин принес фармацевтической промышленности.

Самое продаваемое лекарство — это липитор, выпускаемый компанией Pfizer[52]. Этот снижающий холестерин препарат возглавляет топ-лист наиболее прибыльных лекарств — его продажи приносят около четырнадцати миллиардов долларов во всем мире. Ежегодно.

Липитор относится к классу так называемых статинов. В Швеции наиболее известен его аналог — симвастатин. Статины — это величайшее достижение современной фармацевтики. Они снижают риск инфаркта миокарда и преждевременной смерти у пациентов, страдающих сердечно-сосудистыми заболеваниями.

Пока что придраться не к чему. Но коммерческие предприятия не хотят продавать лекарство только тем, кому оно действительно показано. Они хотят продавать его всем подряд.

На шведском сайте компании Pfizer www.kolesterol.nu говорится, что показатель холестерина у человека должен быть не выше 5 ммоль/л. В противном случае врач должен прописать препарат, снижающий холестерин. Сотни миллиардов крон в год уходят на то, чтобы армия приятных, внушающих доверие представителей фирмы информировала врачей о препаратах компании.

Знакомые методы, правда? У большинства здоровых европейцев показатель холестерина выше 5 ммоль/л, особенно у людей старшего воз-

---

[52] Pfizer также делает известные голубые таблетки от импотенции под названием «виагра». Однако в топ-листе прибыльных препаратов виагра занимает одно из последних мест — примерно шестидесятое. Первые позиции списка производят довольно удручающее впечатление. Это препараты, которые следует принимать ежедневно, на протяжении всей жизни, чтобы предотвратить то или иное заболевание. Как правило, это лекарства, смягчающие факторы риска при метаболическом синдроме. Как вы знаете, есть более безопасный способ: питаться нормальной пищей, ограничить сахар и крахмал. Это убережет вас и от необходимости пить голубые таблетки.

раста. Каждый третий пожилой европеец ежедневно принимает препараты, снижающие холестерин. Огромные размеры прибыли в этой отрасли уже перестали кого-либо удивлять. Как сказал Олдос Хаксли, «Медицина сделала такой огромный скачок, что здоровых людей уже почти не осталось».

Как же работают эти статины, в которых сегодня якобы нуждаются все больше людей? Как они влияют на показатели холестерина и риск сердечно-сосудистых заболеваний? В действительности все проще, чем кажется. Статины — это противоядие.

Статины влияют на фермент ГМГ-КоА-редуктаза, или HMGR. Оба названия — аббревиатуры. Я не буду мучить вас расшифровкой. Она в три раза длиннее и в десять раз непонятнее. Можно только посочувствовать студентам-медикам, которым приходится запоминать сотни подобных химических названий и реакций. Бывает только, что многие после этого за деревьями не видят леса.

Этот фермент можно назвать строителем холестерина. Он отвечает за образование холестерина в клетках организма и определяет его количество. Статины застревают в ГМГ-КоА-редуктазе и угнетают ее функцию, нарушая механизм, отвечающий за образование холестерина. Как будто в двигатель бросили пригоршню гравия. Внезапно клетки перестают справляться с собственным производством холестерина.

Если клетки не могут самостоятельно производить холестерин, они берут больше из крови, «высасывая» капсулы ЛПНП. Для тех, кто страдает метаболическим синдромом и у кого в крови много мелких плотных капсул ЛПНП, это неплохо. Ненужный побочный эффект заключается в том, что статины одновременно воздействуют на общий уровень холестерина в крови. Статины снижают риск инфаркта у пациентов, страдающих сердечно-сосудистыми заболеваниями, вероятно потому, что одновременно уничтожают мелкие опасные капсулы ЛПНП.

То есть необязательно вести здоровый образ жизни и есть здоровую пищу, достаточно раз в день пить статины, а заодно и другие таблетки против других факторов риска[53]. Правда, неплохо?

---

[53] Видимо, именно это и ждет нас в скором времени. Недавно ученые на страницах одного серьезного издания предложили, чтобы в «Макдоналдсе» к каждому меню прилагалась таблетка статина. Макстатин. По их расчетам, этого бы хватило, чтобы нейтрализовать один маленький гамбургер и коктейль.
Звучит, как первоапрельская шутка. Но, судя по всему, ученые не шутили.

Темная сторона статинов

Эффективные лекарственные препараты обладают побочными действиями. Побочные действия могут возникать и тогда, когда мы саботируем способность организма производить холестерин. Частое побочное действие статинов — легкая мышечная боль и мышечная слабость. Из-за этого может быть трудно поддерживать хорошую физическую форму. Кому же захочется заниматься спортом, когда все болит и нет сил? К счастью, до жизненно опасной мышечной дистрофии дело доходит крайне редко. Но слабость и боль сами по себе — не очень приятные ощущения.

Еще один вопрос — это сексуальная жизнь. Холестерин, кроме прочего, — строительный материал для половых гормонов. Одно исследование указало на повышенный риск импотенции после введения статинов. Описано много случаев, когда люди, принимая статины, теряли потенцию, потом потенция восстанавливалась, когда препарат отменяли; затем (у самых упорных) при попытке снова пить статины потенция опять пропадала.

Статины могут вызывать нарушения памяти и снижение мыслительной деятельности. Это неудивительно, учитывая, что мозг отчасти состоит из холестерина. Одно качественное исследование показало некоторое ослабление умственной активности в связи с приемом статинов.

Статины повышают риск заболевания диабетом II типа. Это показал метаанализ всех качественных исследований в данной области.

Итак, прием статинов связан с риском повышения глюкозы, снижения потенции и мышечной слабости. Если вы страдаете сердечно-сосудистыми заболеваниями и вам грозит инфаркт, риск оправдан. Но побочные эффекты не нужны никому.

Существует ли какой-то более безопасный способ профилактики сердечно-сосудистых заболеваний?

Отравление и противоядие

Итак, статины мешают организму производить собственный холестерин, блокируя ГМГ-КоА-редуктазу, клеточный строитель холестерина.

Интересно, существует ли такое вещество, которое бы оказывало обратное действие — усиливало активность ГМГ-КоА-редуктазы? Да, такое вещество есть, и вы уже многое о нем знаете. Это инсулин.

Внезапно детали головоломки встают на место и картина проясняется. Еще одно проявление западной болезни, метаболического синдрома. Хорошо знакомый рефрен: человек, унаследовавший гены из каменного века, попадает в мир, изобилующий новыми продуктами — кока-колой и картошкой фри, сахаром и крахмалом. Уровень глюкозы в крови резко повышается, гормон инсулин подскакивает до потолка.

Высокий инсулин способствует не только отложению жира. Кроме этого гормон подает сигнал: поступило много пищи — пора образовывать холестерин. Фермент ГМГ-КоА-редуктаза принимается за дело. Если это происходит не очень часто, то, может, ничего и не случится. Проблемы возникают в том случае, если вы питаетесь такой едой регулярно на протяжении долгого времени.

В результате уровень инсулина постоянно повышен. Развивается метаболический синдром. Фермент ГМГ-КоА-редуктаза все время в действии. Клетки производят много холестерина и почти не нуждаются в большем его количестве. Поэтому они перестают принимать капсулы ЛПНП из крови. Кровь наполняется нежелательными остатками, мелкими плотными ЛПНП, которые могут разрушительно воздействовать на сосуды и вызывать атеросклероз — еще одно следствие западной болезни.

Переизбыток глюкозы посредством инсулина может повысить активность фермента, ответственного за образование холестерина в организме. Фермента, чье действие притормаживают статины. Причина опасного холестеринового нарушения, по всей видимости, связана с отравлением сахаром. Статины выполняют функцию противоядия.

Почему не положить конец передозировкам? Может, в отсутствие яда и противоядие не понадобится?

Картина проясняется

Неужели и вправду сахар, а не жир, вызывает опасное нарушение холестеринового обмена? Есть ли какие-то научные доказательства? Да, есть. Научных подтверждений полно. Разговоры о «высоком холестерине» теряют всякий смысл в свете новой науки.

Давайте посмотрим, как наша пища сказывается на уровне холестерина. Далее приведена наглядная картинка, составленная и прокомментированная ведущими исследователями. Такой взгляд на холестерин сегодня уже считается общепринятым. Дополнительную информацию об исследованиях в этой области вы найдете в справочном разделе книги.

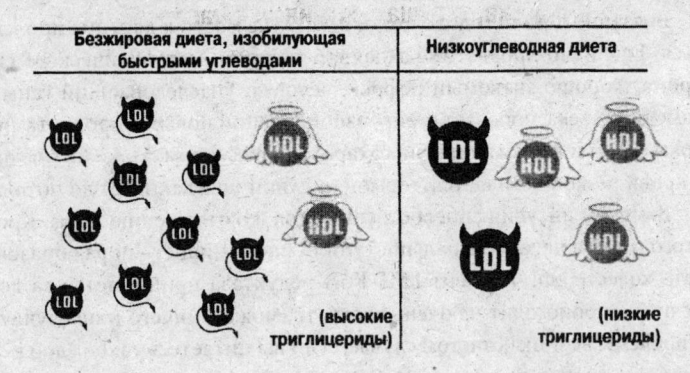

Безжировая диета, изобилующая быстрыми углеводами	Низкоуглеводная диета
много мелких плотных LDL, мало HDL (высокие триглицериды)	крупные LDL, много HDL (низкие триглицериды)

СЛЕВА: *метаболическое нарушение холестеринового обмена, связанное с высоким риском сердечно-сосудистых заболеваний; большое количество мелких плотных ЛПНП, которые могут осесть на стенках сосудов, недостаточное количество защитных ЛПВП и представляющие опасность высокие триглицериды. Нарушение связано с высоким потреблением углеводов и является частью метаболического синдрома (с ожирением брюшного типа, высокой глюкозой и повышенным артериальным давлением).*

СПРАВА: *распределение ЛПНП и ЛПВП, не представляющее большого риска для развития сердечно-сосудистых заболеваний. Большие «пышные» ЛПНП, низкие триглицериды и много защитных ЛПВП. Такое соотношение разных видов холестерина достигается благодаря низкому потреблению углеводов. Это нормальное соотношение — когда мы едим пищу, для которой мы созданы.*

Многие исследования показывают, что такое представление о распределении холестерина гораздо больше сообщает о риске сердечно-сосудистых заболеваний, нежели просто показатель холестерина или ЛПНП[54]. Более подробная информация — в справочном разделе.

Что означает эта новая картина для вашего здоровья, а также в контексте нашей истории?

---

[54] Самый высокий фактор риска в обычных анализах холестерина — холестерин/ЛПВП — общий показатель холестерина, поделённый на показатель ЛПВП. Чем ниже это число, тем ниже риск сердечно-сосудистых заболеваний.

Если холестерин 8, а ЛПВП — 2, то результат будет 4, и это довольно неплохо. Если холестерин снижается до 7, а ЛПВП — 1, то результат не очень хороший — 7. Более высокий показатель холестерина может, таким образом, быть лучше низкого. То же самое относится к ЛПНП. Итак, общие показатели холестерина или ЛПНП, взятые сами по себе, — не очень надёжные маркеры риска.

Ошибка, ставшая причиной катастрофы

Все подробности, приведенные выше, — это новое научное знание, полученное в результате новейших исследований. Когда в 1950-е Энсел Киз формулировал свою теорию, он ничего об этом не знал. Он знал только то, что холестерин влияет на сердечно-сосудистые заболевания. Он не знал о разнице между ЛПНП и ЛПВП, и уж тем более об отличиях между ЛПНП разной величины.

Здесь и возникла ошибка. Сократив потребление насыщенных жиров, вы можете немного понизить общий уровень холестерина. Киз полагал, что нашел средство от сердечно-сосудистых заболеваний. Если есть меньше насыщенных жиров, холестерин снизится. В теории это должно было спасти нас от сердечно-сосудистых заболеваний. Но это не сработало, и теперь мы понимаем почему.

Киз не знал, что обезжиренная пища снижает «хороший» холестерин, ЛПВП, тем самым *повышая* риск сердечно-сосудистых заболеваний. Кроме того, если жиры заменить углеводами, количество опасных частиц холестерина, мелких плотных ЛПНП, увеличится[55].

Эта нелепая ошибка могла бы остаться забавным курьезом из истории медицины. Однако вместо этого она вызвала панику во всем западном мире и, вслед за ней, катастрофу.

Статины, снижающие ЛПНП, предотвращают инфаркт у людей, страдающих сердечно-сосудистыми заболеваниями. Это лишь укрепило людей в их страхе. Если снижение ЛПНП посредством статинов оказывает благотворный эффект, значит, и безжировая диета действует точно так же. Только это не так.

И теперь мы понимаем, почему это не так. Положительное воздействие статинов, судя по всему, заключается в уменьшении количества вредных мелких плотных ЛПНП. То, что они одновременно снижают вообще весь холестерин, — просто побочный эффект.

Устаревшая теория о вреде холестерина рассыпалась, как карточный домик.

---

[55] Как диета с большим содержанием насыщенных жиров может понизить холестерин? Достоверный ответ найти трудно. По мнению Ральфа Сундберга, врача, доцента, уделяющего много внимания этой теме, причина может быть следующей.

Клеточная мембрана должна иметь определенную консистенцию — не слишком плотную и не слишком мягкую. Чем больше ненасыщенных жиров вы едите, тем больше ненасыщенных жиров попадает в мембрану клеток, делая ее тем самым слишком мягкой. Тогда клетка повышает содержание холестерина в мембране, чтобы сохранить нужную консистенцию. Необходимое для этого количество холестерина берется из крови, пока не достигается состояние равновесия.

Смерть дракона

Не всякий холестерин опасен. Холестерин — жизненно необходимое вещество для всех животных организмов, включая человеческий. Опасны и не все ЛПНП — строительный материал, который доставляется в клетки нашего тела. Это естественная функция организма, такая, же, как доставка кислорода красными кровяными тельцами.

Все это время мы были очень близки к истине, но только теперь увидели ее воочию. Опасность представляет не строительный материал холестерин или же его естественная транспортировка в крови. Опасно нарушение соотношения разных видов холестерина, которое является частью метаболического синдрома, западной болезни. Нарушение, которое влечет за собой ожирение брюшного типа, высокое артериальное давление и высокую глюкозу. Нарушением следует считать низкий уровень ЛПВП, высокие триглицериды и большое количество вредоносных мелких плотных ЛПНП.

Безжировая диета связана с переизбытком повышающих инсулин углеводов и приводит к нарушению баланса холестерина. Слишком много рафинированного сахара — это не только кариес, ожирение и диабет. Это также нарушение баланса холестерина и вытекающие отсюда сердечно-сосудистые заболевания. Натуральные жиры, включая насыщенные, напротив, никакой опасности даже для холестеринового обмена не представляют.

Ошибка раскрыта. Холестерин был последним козырем теории о вреде жиров. Больше аргументов в ее защиту нет. В отличие от обезжиренных «легких» продуктов, натуральная низкоуглеводная пища положительно воздействует на все важные факторы риска западных болезней. Даже на показатели холестерина.

Дракон мертв.

Что это означает для вас?

Теперь можно спокойно есть вкусную пищу и принимать меньше лекарств. Ешьте любые натуральные жиры, в том числе насыщенные. Если хотите, готовьте на сливочном масле. Это не просто вкусно, но и полезно.

Кроме того, что низкоуглеводная пища приведет в норму ваш холестерин, вы испытаете и другие преимущества, о которых мы говорили ранее. Факторы риска западных болезней снизятся. У вас появятся все шансы зажить здоровой жизнью.

И, наконец, вам не придется напрасно принимать лекарства, снижающие холестерин, и пробовать особенный, экспериментальный маргарин. В Швеции у большинства пожилых людей «высокий» холестерин, но это никак не сказывается ни на состоянии их здоровья, ни на риске заболеваемости. Однако часто без всякой необходимости их до конца жизни сажают на статины — препараты, которые вызывают мышечную боль и слабость и повышают риск заболевания диабетом, препараты, от которых самочувствие многих только ухудшается.

Новый анализ всех проделанных исследований на эту тему был опубликован в 2010 году в толстом журнале *Archives of Internal Medicine*. Его целью было выяснить, доказана ли польза от приема статинов для людей без очевидных нарушений сердечно-сосудистой системы. Ответ, к удивлению многих, был отрицательный. Итак, никаких оснований для столь широкого применения статинов нет. А значит, незачем их бесплатно раздавать в «Макдоналдсах».

Статиновая терапия нужна людям, страдающим сердечно-сосудистыми заболеваниями. Положительное воздействие на симптомы таких заболеваний перевешивает возможный риск побочных эффектов, по крайней мере, если регуляция холестерина в организме все равно нарушена.

Важнейший итог этой главы: «высокий холестерин» и риск сердечно-сосудистых заболеваний не синонимичные понятия. Высокое содержание полезных ЛПВП — это хорошо. Чтобы понапрасну не просидеть на статинах всю оставшуюся жизнь, следует обратить внимание на соотношение показателей холестерина.

К сожалению, пока еще не все врачи об этом знают. Трудно поспеть за всеми современными исследованиями. Так что расскажите об этом вашему доктору, если он беспокоится о вашем высоком холестерине только потому, что его показатель выше 5 ммоль/л[56]. Или дайте почитать ему эту книгу. Тем самым вы поможете не только себе, но и другим пациентам, которые придут после вас.

---

[56] Вы спросите, как выглядит мой холестерин после многих лет низкоуглеводной диеты, после всего съеденного сливочного масла и выпитых сливок? Спасибо, превосходно.

Последний раз, когда я сдавал кровь, мой холестерин был 5,4 ммоль/л — это нормальный средний показатель для 38-летнего мужчины. ЛПВП составлял 2,0, что тоже очень хорошо. Спасибо насыщенным жирам. Соотношение холестерин/ЛПВП — 2,7, что означает очень низкий риск сердечно-сосудистых заболеваний.

Более современный и надежный способ измерения холестерина — это соотношение Апо1/АпоВ. Вместо того чтобы измерять уровень общего холестерина, измеряется соотношение ЛПНП и ЛПВП. Чем ниже показатель Апо1/АпоВ, тем ниже риск сердечно-сосудистых заболеваний. У большинства Апо1/АпоВ составляет 1,5. Средний показатель для мужчин в Швеции — приблизительно 0,9. Все, что ниже 0,7, — очень хорошо. У меня был 0,37 — один из лучших показателей, которые мне доводилось видеть. Исследования также доказывают лучшие результаты Апо1/АпоВ при низкоуглеводной диете. И снова — спасибо сливочному маслу.

Новая картина мира

Теперь мы видим, в чем ошибочность основных постулатов теории о вреде жиров: *«насыщенные жиры повышают холестерин»* и *«высокий холестерин приводит к сердечно-сосудистым заболеваниям»*. В 1950-е годы ученые многого не знали. Жиры и насыщенные жиры повышают «хороший» холестерин. Статистически доказано, что это предотвращает сердечно-сосудистые заболевания. Вовсе не жир, а сахар и крахмал повышают «плохой» холестерин — уровень мелких плотных частиц ЛПНП.

Эволюция была права. Были правы Томас Латимер Клив и Джон Юдкин. Неправы оказались только мы, потому что начиная с 1980-х годов стали делать все наоборот. Страх перед натуральными жирами заставил многих есть больше сахара и других быстрых углеводов. Это привело к эпидемии ожирения и диабета. Безжировая диета, как выяснилось теперь, не помогает от сердечно-сосудистых заболеваний, а напротив, может повышать риск их возникновения. Безжировая диета не улучшает даже холестерин. Сейчас, когда мы осознали свою ошибку, настало время действовать.

Пора отбросить в сторону пустой страх перед жирной пищей. Отказаться от промышленных «легких» продуктов. Избавиться от истеричной холестериновой фобии, сыгравшей на руку фармацевтической и маргариновой промышленностям.

Пора вернуться к настоящей пище, приготовленной из качественных натуральных продуктов с любовью и неограниченным количеством сливочного масла. Из руин несостоявшейся теории может вырасти что-то новое. Новая картина мира и более здоровое будущее.

ГЛАВА ДЕВЯТАЯ
Здоровое будущее

*Ни одна армия мира не сможет противостоять идее,
время которой пришло.*

ВИКТОР ГЮГО

Пришло время революционных перемен в нашем образе жизни. В заключительной главе речь пойдет о том, как эту революцию совершить. Как изменить мир вокруг себя, изменив свой образ жизни и став более здоровым человеком. Как поделиться знаниями с теми, кто готов, хочет и, разумеется, заслуживает того, чтобы узнать верный путь.

У нас в Швеции есть все предпосылки для потрясающе высокого уровня национального здоровья. Мы не бедствуем, у нас есть хлеб на столе и крыша над головой, чистая вода и подушки безопасности в автомобилях, здравоохранение для тех, кто в нем нуждается, и антибиотики против инфекций. Благодаря всему этому у нас в стране высокая продолжительность жизни. Хорошо бы еще до конца жизни оставаться здоровыми.

Как врачу мне приходится наблюдать много больных людей. Огромный процент составляют западные болезни — хронические заболевания, которые теперь все чаще встречаются у людей среднего возраста. Мы к ним уже привыкли. А что если это не является нормой?

Представьте себе страну, где почти никто не страдает сердечно-сосудистыми заболеваниями, а рак бывает только в самом преклонном возрасте. Страну, где люди стройны, полны энергии и хорошо себя чувствуют, так как могут досыта и без всяких угрызений совести питаться настоящей здоровой пищей. Где люди занимаются спортом не для того, чтобы сбросить лишний вес, а ради удовольствия, просто потому, что это приятно. Где люди легко заводят детей, не мучаются животом, зубной болью или бессонницей. Где люди до глубокой старости остаются здоровыми без всяких лекарств. Нация, чье здоровье достигнуто естественным путем.

Быть может, это Швеция будущего, образец для других. Возможно, это будущее и вашей страны. Это точно непросто, но почему бы не попробовать? Пригодится и ваша помощь. Надо всего лишь донести до людей истину. В этом нет ничего невозможного. Сегодня идеи распространяются быстрее, чем когда-либо, а идее, чье время пришло, противостоять не сможет ничто.

Итак, революция в еде. Как ее совершить, и что можете сделать лично вы?

1. Ешьте настоящую здоровую пищу

Революция начнется тогда, когда вы станете есть настоящую здоровую пищу. Первый шаг на этом пути — избавьтесь от застарелого страха перед жирной пищей и холестерином. Иногда этого бывает достаточно. Нет причин избегать мяса, рыбы, сливочного масла и яиц. Это прекрасная пища, питательная и полезная. К тому же вкусная. Чем больше такой пищи, тем сытнее трапеза. Тогда другая, неполезная пища вам и не понадобится. Ради разнообразия и вкуса можно добавлять овощи-некорнеплоды — в любом количестве[57].

Шаг второй — исключите лишний сахар. Почти весь сахар — лишний, на самом деле вам не нужно и грамма. Если вы и так стройны и здоровы, то ваше самочувствие будет еще лучше и вам будет легче поддерживать хорошую форму. Лишний вес, если он есть, вероятнее всего, исчезнет. И зубы дольше сохранятся здоровыми.

Последний шаг — для тех, кто испытывает проблемы с весом, сахаром, животом или же готов попробовать просто так, — это сократить количество крахмала. Как только вы начнете есть больше настоящей пищи (см. шаг первый), вы сможете автоматически сократить картошку, макароны, рис и хлеб, поскольку и так будете сыты. Во многом это произойдет само собой. Но вы можете ускорить процесс, стараясь сознательно ограничить пищу, содержащую крахмал; попробуйте найти

---

[57] Овощи-некорнеплоды — это те овощи, которые, как можно догадаться, растут не в земле, а на поверхности. Например, капуста, кабачки, цветная капуста, брокколи, болгарский перец, огурцы, шпинат, грибы, маслины и авокадо. В них содержится крайне мало углеводов, они усваиваются медленно и не представляют опасности для организма.

Корнеплоды и клубнеплоды, такие как картошка (растет под землей), содержат больше крахмала. С ними следует быть осторожнее.

приемлемый для вас уровень. Особенная же польза будет для тех, кто страдает диабетом, избыточным весом или не может избавиться от неприятной тяги к сладкому. В первую очередь стоит избегать мучного, хлеба и макаронных изделий. После этой главы следует руководство для начинающих и более подробные советы по питанию. Там рассказывается, что, например, можно есть на завтрак, предлагаются разные варианты меню, рецепты, список продуктов для похода в магазин и прочее. Все это очень просто — не сложнее того, о чем мы уже говорили.

Почему бы вам не попробовать? Если сомневаетесь, начните с двух недель. Сможете продержаться без сахара хотя бы две недели? Вас мучает тяга к сладкому — поздравляю, это одно из первых показаний для низкоуглеводной диеты. Тяга к сладкому исчезнет через день-другой, как только стабилизируются глюкоза и инсулин. Вы наконец избавитесь от этого неприятного ощущения, испытав настоящую сытость.

Убедитесь на собственном опыте. От натурального жира вы не поправитесь, зато будете сыты. Наслаждаясь вкусной сытной пищей, вы сможете — звучит невероятно, но это факт — избавиться от лишних килограммов. Эффективность низкоуглеводной диеты для похудения доказана как минимум десятью доказательными исследованиями. Не верите — попробуйте сами.

Если вы диабетик или просто почему-то держите дома глюкометр, вы можете легко удостовериться, как быстро стабилизируется уровень глюкозы в крови (см. главу шестую). Стабильная глюкоза способствует более ровному эмоциональному состоянию. Существует как минимум пять рандомизированных исследований, доказывающих пользу этой диеты для диабетиков (на случай, если вы все еще ищете доказательств того, что Земля круглая). Проверьте сами, и убедитесь.

Вас беспокоят боли в животе, колики, газы, диарея? Низкоуглеводная диета быстро успокоит пищеварение, особенно если не злоупотреблять богатыми клетчаткой овощами (клетчатка в кишечнике бродит, образуя газы). Повторяю, попробуйте сами.

Какие есть минусы? Конечно, в связи с перестройкой на новый тип питания могут возникнуть неприятные ощущения, своего рода абстиненция во время сахарной детоксикации. Первую неделю многие испытывают усталость, головокружение или тошноту. Обычно это быстро проходит, к тому же есть хитрые способы свести подобные побочные эффекты к минимуму.

Как только вы преодолеете возможные трудности, связанные с перестройкой организма, дорога пойдет под гору. Наслаждайтесь вкусной едой, худейте и избавляйтесь от болезней. Со временем у вас появится (или возрастет) желание двигаться. Судите сами.

Многие, испытав диету на себе, остаются так довольны, что хотят уговорить всех своих знакомых тоже попробовать. Но как это сделать?

2. Личный пример

Как убедить других испробовать средство, которое помогло вам? Это проще и безболезненнее, чем вы думаете.

Одно я знаю точно. Ничто не вызывает такого любопытства, как положительный пример кого-то из близких. Ваше здоровье, стройность и хорошее настроение непременно заинтересует ваших друзей, и они станут расспрашивать, как вы этого добились. Расспрашивать будут и знакомые (а те, кто постесняется спросить вас, спросят у ваших друзей).

Попытки убедить того, кто еще не готов менять свой образ жизни, могут вызвать только раздражение. Это ни к чему. Когда человек заинтересуется, он спросит у вас сам.

Постарайтесь раздобыть побольше информации, чтобы легко ответить на все вопросы. Эта книга — хорошее начало. Если вас интересует что-то особенное, то наиболее частые вопросы и ответы вы найдете в специальном разделе в конце книги.

Самый распространенный вопрос: не опасна ли эта диета, несмотря на все преимущества? Нам так долго промывали мозги, что трудно до конца избавиться от страха перед холестерином и натуральными жирами. Нас столько раз предупреждали, что жир вреден, — не может быть, чтобы все это вдруг оказалось неправдой.

Ответ: нет, это совершенно безвредно. Есть жирную пищу, содержащую холестерин, так же безопасно, как пить воду. Люди делали это всегда, миллионы лет. А мы отказались от нее только в 1980-е, и тут же началась эпидемия ожирения.

Крупные современные исследования доказывают то же самое. Обезжиренная пища не делает человека здоровее, скорее, наоборот. Если свести воедино все исследования в этой области, станет ясно, что состояние здоровья тех, кто потребляет больше насыщенных жиров, не хуже, чем у остальных. Другими словами, насыщенные жиры не опасны, и это доказано. Трудно найти другое вещество, которое исследовалось бы так же тщательно на протяжении целых пятидесяти лет. Насыщенные жирные кислоты (например, в масле, яйцах, жирном мясе) — одно из наименее опасных доступных вам питательных веществ.

А что же холестерин? Насыщенные жиры повышают «хороший» холестерин, ЛПВП. Высокий уровень ЛПВП обеспечивает мощную защиту от сердечно-сосудистых заболеваний. То есть низкоуглеводная диета дает хорошие показатели холестерина. А потребление сахара и крахмала приводит к повышению «плохого» холестерина, мелких плотных ЛПНП.

И, наконец, вы можете столкнуться с таким возражением: откуда известно, что эта диета дает хорошие отдаленные результаты? Даже если самочувствие и все показатели быстро улучшаются, даже если атеросклероз регрессирует, не может ли состояние резко ухудшиться через пять, десять или двадцать лет? Не лучше ли подождать несколько десятилетий и посмотреть на результаты более длительных исследований, которые наверняка появятся в скором будущем? Другими словами, может, не спешить исправлять ошибку?

Нет. Конечно, было бы замечательно, если бы мы располагали результатами доказательных, масштабных и продолжительных исследований стоимостью в десятки миллиардов. Будем надеяться, что такие исследования скоро появятся. Но мы не можем ждать несколько поколений, пассивно созерцая последствия своей ошибки. Слепо двигаться в тупик, в который загоняет нас эпидемия.

Подумайте сами, чем вы рискуете, отказываясь от новой пищи — сахара и муки? Или пойдем от обратного. Поскольку у нас нет длительных исследований, доказывающих, что новая пища безопасна, а все обстоятельства, напротив, говорят о том, что она вредна, то лучше ею не злоупотреблять. Это касается детей, стариков, беременных и кормящих женщин, больных и здоровых — по большому счету всех. Полезнее всего это будет людям, страдающим избыточным весом, диабетом и другими западными болезнями.

В натуральной низкоуглеводной пище нет ничего экзотического. Это настоящая, естественная для человека пища. Мы настолько привыкли к подслащенным промышленным продуктам, что такая диета кажется нам странной. Как можно считать нормой сладкие газированные напитки и конфеты[58], а мясо, рыбу, яйца и овощи — «экстремальной диетой»? Ведь это говорит о полной потере связи с действительностью. Называть настоящую пищу, которой питались наши предки,

---

[58] Результаты недавнего исследования, проведенного Государственным продовольственным управлением, показали, что по энергетической ценности рацион современных подростков на 25% состоит из сладких вод, конфет, мороженого, чипсов, сдобы и десертов.

«жировой диетой» может лишь тот, кто привык считать жир вредным и уверен в своей правоте. Но это не так, это всего лишь печальный эпизод, растянувшийся на несколько десятилетий, опасная медицинская ошибка, современный аналог кровопускания. К счастью, этот эпизод подошел к концу.

Попробуйте взять на работу контейнер с аппетитным ланчем — коллеги наверняка обзавидуются. Особенно если в их собственных контейнерах скучные полуфабрикаты или, в худшем случае, низкокалорийные коктейли для похудения. Подождите, скоро они начнут вас расспрашивать.

Если у вас есть время и желание, покупайте продукты от местных производителей или фермеров — мясо животных, которые паслись на воле, яйца кур, которых держат в свободных вольерах на открытом воздухе, свежую рыбу, овощи, грибы, которые так вкусно обжарить в масле. Нет ничего вкуснее и полезнее.

Возможно, переварить всю информацию сходу непросто. Обсудите это с единомышленниками, читайте и узнавайте больше. Чем больше вы будете знать, тем проще будет ответить на вопросы окружающих.

Так начинается революция. Никто не заставит вас или ваших друзей есть продукты, которые вам не нравятся. Никто не заставит вас их покупать. Когда люди начнут отказываться от промышленного джанкфуда с подозрительным составом, эта псевдоеда будет простаивать на полках магазинов, напрасно зазывая покупателей своими красными ценниками. Уже сейчас заметны симптомы этих изменений.

В будущем нам нужна настоящая пища. Продукты от местных производителей и фермеров, к их радости, будут пользоваться все большим спросом[59]. Это приведет к созданию огромного количества новых рабочих мест. По сравнению с прошлым, сегодня в Швеции очень мало фермерских хозяйств. Может, пора изменить эту тенденцию? Производство качественных продуктов питания могло бы стать промышлен-

---

[59] Разумеется, производство должно быть экологически чистым. Надеюсь, мы когда-нибудь откажемся от черно-белого упрощенного представления о том, будто бы животноводство для окружающей среды всегда плохо, а аграрная промышленность — хорошо. Культивирование апельсинов и бананов, которые к нам круглый год привозят с другого конца Земли, — это серьезная экологическая проблема. Не меньший вред окружающей среде наносит производство злаковых культур при помощи удобрений из ископаемых видов топлива. Зато животные, пасущиеся на воле, обогащают почву и способствуют связыванию углерода.

С окружающей средой не все так просто. Требуется более продуманный, тщательный подход.

ной отраслью будущего. Мы бы могли вернуть национальную гастрономическую культуру.

Спрос меняет предложение. Сторонники статуса кво говорят, что это невозможно. Но у нас были проблемы и посерьезней. Всякий раз, заходя в магазин, вы делаете выбор, какого производителя поддержать: *Coca-cola*, *Unilever* или местного? Выбор за вами.

Скоро производителям болезнетворных псевдопродуктов, напичканных сахаром и вкусовыми добавками, придется переоборудовать свои заводы под что-то другое. А мы будем есть натуральную пищу и наслаждаться хорошим самочувствием. Именно так происходит революция, снизу вверх. А потом останется только одно.

3. Показать им действительность

Что если о низкоуглеводной диете узнает еще больше врачей, медсестер, диетологов и экспертов, разрабатывающих диетологические рекомендации на местном и областном уровне? Процесс начался, но пока что он идет очень медленно. А если бы он растянулся не на века (как кровопускание) и не на десятилетия (как переход к машинной стирке белья), а всего лишь на несколько лет? Или максимум лет на десять? Это было бы замечательно.

Эти специалисты внесли бы огромный вклад в здоровье нации. Они бы увидели, как больные стройнеют и их самочувствие улучшается. Вместо того чтобы принимать все новые препараты, многие пациенты хотя бы частично отказались бы от своих лекарств. Поверьте мне, это радостное зрелище для любого врача.

Есть один эффективный способ повлиять на медработников — показать им действительность. Врачи обычно верят тому, что видят своим собственными глазами. И диетологи в конце концов тоже поверят.

Врачам легче перестроиться и взглянуть на вещи по-новому, нежели диетологам и нутрициологам. Будущие врачи годами изучают разные болезни, лекарства и методы оперативного вмешательства, в то время как на диетологию в их курсе отводится какая-нибудь неделя. В отличие от диетологов, они не зациклены на устаревшей теории о вреде жиров.

К тому же они привыкли, что медицина постоянно идет вперед и даже общепринятые методы быстро устаревают. Есть такая поговорка: половина врачебных знаний ошибочна, только неизвестно, какая именно половина. Теория о вреде жиров устарела, и врачи, как правило, с легкостью с этим соглашаются.

Убедить врача нетрудно. Достаточно, чтобы пациент опробовал метод на себе и продемонстрировал наглядные результаты. Врача можно легко заинтересовать. Если рассказать ему о том, как больной добился таких результатов, врач начнет читать актуальные исследования и сделает простой вывод. Так что если вам удалось чего-то добиться благодаря низкоуглеводной диете, поделитесь этим с вашим врачом или другими медработниками. Вы можете ускорить перемены и помочь сотням пациентов, которые придут после вас.

Помните Эрика Вестмана — врача, который играет на фортепиано для своих больных, когда им удается сбросить лишний вес? В 1990-е он был настроен не менее скептически, чем остальные. Но увидев результаты диеты Аткинса, он стал изучать соответствующую литературу. Сейчас его профессиональные интересы почти исключительно ограничиваются низкоуглеводной диетой.

Не устоял даже один из самых упорных отрицателей, врач, который еще недавно предостерегал от этой диеты в медицинском журнале *Läkartidingen*, а также в разделе «Дебаты» газеты *Dagens Nyheter*. Недавно в одном интервью он признал, что низкоуглеводное питание все же может быть полезным для людей с избыточным весом. «Некоторым пациентам, — сказал он, — этот метод действительно помог». Нельзя не восхититься готовностью этого человека признать свою неправоту.

Большинство людей в конце концов начинают верить собственным глазам. Рассказывайте медикам о том, что вы едите[60].

Вы готовы сделать что-то еще? Дочитав эту книгу, дайте ее своему врачу. Возможно, особенно полезной окажется глава, посвященная холестерину. Врачи обычно боятся холестерина. Следует понимать разницу между упрощенным понятием «высокий холестерин» и действительно опасным нарушением холестеринового обмена, связанным с чрезмерным потреблением сахара и крахмала. Разобравшись с этим, врачи смогут по-настоящему помочь своим пациентам.

---

[60] Последний пример в этом ряду — доктор Томас Болт. В 1990-е годы он работал в клинике Роберта Аткинса. Прежде чем поступить туда на службу, он долго колебался. Во время собеседования он сказал: «Но ведь я не верю в низкоуглеводную диету». Аткинс рассмеялся и ответил: «Не волнуйтесь. Поверите».

За время своей работы в клинике Болт наблюдал много случаев чудесного выздоровления. И когда сейчас, десять лет спустя, другие врачи спрашивают его, верит ли он в низкоуглеводную диету, он обычно отвечает: «Так же, как верю в кислород».

Выполнив все приведенные ранее рекомендации, мы сможем совершить революцию — медленную, но верную, шаг за шагом. Но, похоже, вы не согласны ждать?

Бонус для бунтарей

Вам этого мало? Вы не хотите просто быть хорошим примером для других и, сложа руки, ждать перемен? Или рассержены, потому что лично вы или кто-то из ваших близких вовремя не получили нужного совета? А может, как отец Чарли Абрахамса, человек, основавший «Фонд Чарли», чувствуете, что надо сделать нечто большее, и прямо сейчас, а лучше — вчера? Хотите, как и он, ускорить процесс?

Может, у вас тоже припрятан в рукаве козырной туз. Или у вас свое представление о том, как изменить положение вещей? Испробуйте свой метод и поделитесь им с другими.

Можно поступить, как Джим Абрахамс. Распространение информации об эффективности низкоуглеводной диеты при детской эпилепсии сделало этот альтернативный метод очень востребованным, и теперь он применяется во многих других клиниках.

Подобное может произойти где угодно. Многие качественные исследования доказали высокую эффективность низкоуглеводной диеты по сравнению с другими диетами при избыточном весе и диабете. В Швеции новый закон о страховании пациентов от врачебной ошибки дает больным право избрать в качестве метода лечения низкоуглеводную диету. То есть право не только моральное, но и законное. Вы готовы к борьбе? Помогите другим, требуя соблюдения ваших прав. Когда нас будет много, здравоохранение не сможет нас больше игнорировать[61].

Если вы работаете в системе здравоохранения, не ждите, пока пациенты потребуют, чтобы им предложили наиболее эффективный метод. Вы можете сделать это уже сегодня. Поскольку Управление соцзащиты еще в 2008 году заявило, что низкоуглеводная диета — доказанный

---

[61] В законе о страховании пациентов от врачебной ошибки, в разделе об обязанностях врачей, среднего и младшего медперсонала, в частности, говорится, что в случаях, когда существует несколько доказанных наукой и апробированных методов лечения заболевания, медицинский работник, ответственный за здоровье пациента, обязан информировать об этом пациента и предоставить ему возможность выбора. Закон о здравоохранении предъявляет такие же требования к медицинским организациям областного и муниципального уровней.

наукой и апробированный метод, вам не о чем беспокоиться. Информацию для себя и своих пациентов вы можете найти на www.kostdoktorn.se/om/informationsblad [62].

Эта информация может быть особенно полезной для диетологов и патронажных сестер-диабетологов. Если вы все равно даете диетологические рекомендации, почему бы не постараться добиться максимального эффекта? Ваша работа принесет вам больше отдачи, если пациенты будут здоровыми и довольными. И дело, которым вы занимаетесь, станет важным составным элементом в здравоохранении.

Выкиньте или сожгите бесплатные брошюры от производителей препаратов, понижающих глюкозу, которые советуют в своей рекламе включить в диету повышающие глюкозу углеводы. Если вам принесли такую рекламу, почему бы открыто не заявить о своем протесте?

Но брошюры — не самое страшное. Хуже, когда государство делает то же самое на деньги налогоплательщиков.

Последнее препятствие

В Швеции главный тормоз, препятствующий развитию, — это Государственное продовольственное управление, организация, которая все еще придерживается старых рекомендаций по питанию, ограничивающих жирную пищу. Современная наука доказала: вопреки всему, что нам говорили на протяжении многих лет, натуральные жиры неопасны. Тем не менее последний довод Управления звучит так: даже несмотря на то, что жиры неопасны, *все-таки* важно «заменять» их искусственным «легким» маргарином. Логика этого ведомства непостижима. Может, это просто упрямство и страх испортить репутацию[63]?

Взрослые люди, не страдающие никакими заболеваниями, могут не обращать внимания на подобные рекомендации и маркировку продуктов. Многие так и делают. Но ведь Управление разрабатывает меню

---

[62] Русский аналог этого сайта: http://lchf.ru/988. — *Примеч. ред.*

[63] Несмотря на отсутствие научных доказательств нам продолжают советовать есть обезжиренную пищу с большим содержанием сахара и крахмала, точно так же, как это делали в 1980-е, когда началась эпидемия ожирения. На практике же представители Управления просто скопировали рекомендации по питанию США (страны, где ожирение сегодня достигло высочайшего уровня в мире). Неплохо, правда?

Подробнее о замене одних жиров другими и странной политике Государственного продовольственного управления — в разделе распространенных вопросов и ответов.

для школ, больниц, домов престарелых и отдельных ресторанов. У людей, которые питаются в этих заведениях, нет выбора. Многие диетологи и специалисты, ответственные за питание в госучреждениях, до сих пор очень серьезно относятся к рекомендациям государственных органов.

Вам кажется, что это не имеет отношения к сути проблемы? Подумайте сами. Диабетики в больницах и домах престарелых на завтрак или полдник часто получают только сладкий сок, обезжиренное молоко и бутерброды — пищу, которая резко повышает глюкозу в крови и только усугубляет их состояние. Обезжиренные продукты повсюду. Обед и ужин, как правило, не лучше завтрака.

Во многих больницах пациенты жалуются на питание: разогретые полуфабрикаты, напичканные искусственными добавками. Крахмал — дешевый продукт, поэтому главный поставщик питания, компания *Sodexo*, вряд ли имеет что-то против официальных рекомендаций по питанию. Только еда от этого не становится лучше. По результатам опроса, 54% пациентов недовольны больничной едой.

Другая проблема — рекомендации по детскому питанию. В соответствии с директивами Управления, все дети должны питаться продуктами с низким содержанием жира, помеченными зеленым значком замочной скважины. К примеру, родителям советуют, чтобы все дети, независимо от возраста и массы тела, с окончанием грудного вскармливания получали только нежирное молоко. Потому что, по мнению Управления, жирность молока свыше 0,5% угрожает здоровому развитию детей и может отрицательно сказаться на показателях холестерина. Как ни странно, материнское молоко содержит 4,5% жира, большая часть из которого — насыщенные жирные кислоты. Возможно, об этом просто никто не задумывался. Ведь едва ли кормящие матери хотят отравить своих детей.

Школьники, которым в столовой предлагают только обезжиренные продукты, остаются голодными. Они быстрее устают на уроках и охотно бегают в соседний киоск за сладкими энергетическими напитками, такими как *Burn*, *Monster* или *Red Bull*, чтобы быстро восстановить энергию. Государственное продовольственное управление должно защищать детей от чрезмерного потребления сладких вод, сладостей и чипсов, а вместо этого оно без всяких на то оснований лишает их нормальной пищи.

Как лично вы можете повлиять на ситуацию? Протестуйте. Попытайтесь добиться того, чтобы желающим была предложена альтернативная жирная и питательная пища. Подобные рекомендации по питанию могут пагубно сказаться на здоровье людей — детей, стариков, пациентов клиник. Повторю — революция совершается снизу вверх.

Верхушка реагирует очень медленно. Как написал о нынешних рекомендациях по питанию профессор Мартин Ингвар в своей книге «Контроль мозга над весом», «Создается впечатление, будто мы неохотно, против своей воли пятимся в будущее». Основополагающие рекомендации по питанию, разработанные Государственным продовольственным управлением, обновляются примерно раз в десять лет. Последнее обновление было в 2004 году. Глупо ждать столько лет, чтобы исправить допущенные ошибки или хотя бы просто признать их. Если Управление хочет сохранить доверие общественности, пора действовать прямо сейчас. Было бы прекрасно, если бы обошлось без предварительного скандала в СМИ.

Признавать старые ошибки непросто. Это очень трудно. Но тот, кто это сделал, достоин чести и уважения. Хорошо бы нам всем иметь это в виду.

Потому что скоро наступят удивительные времена. Неважно, когда мы преодолеем последние препятствия, но развитие уже идет полным ходом. Современная наука и опыт простых людей говорят об одном и том же. Этот раздел в книге был бонусом для тех, кто хочет сделать больше. Быть может, вы рассуждаете иначе. Быть может, вы просто хотите вкусно питаться, хорошо себя чувствовать и оставаться здоровыми людьми. В этом нет ничего зазорного. Наоборот. Этого тоже вполне достаточно.

Вперед

Начните с себя. Вы можете изменить свое окружение. Попробовать узнать больше — этого достаточно, чтобы начать революцию. Книга завершается советами для начинающих и списком литературы для тех, кому интересно знать больше. Испытайте метод на себе, и пусть результаты — хорошее самочувствие и нормальный вес — порадуют и окончательно убедят вас. Откажитесь от старых несостоятельных теорий и взгляните по-новому на еду и здоровье. Расскажите своим друзьям, если это их может заинтересовать, — особенно тем, кто страдает диабетом или избыточным весом. Дайте почитать эту книгу знакомым.

Когда другие пройдут тот же путь, что и вы, и распространят эти знания дальше, остановить революцию будет уже невозможно. Узнавать об этом — причем быстрее и быстрее — будет все больше людей. Один человек не может изменить мир. Миллион — может.

III

Руководство к действию

ГЛАВА ДЕСЯТАЯ
Приятный метод, или LCHF для начинающих

> **ЕШЬТЕ, СКОЛЬКО ХОТИТЕ:**
> мясо, рыбу, яйца, овощи-некорнеплоды и натуральные жиры (например сливочное масло)
>
> **СТАРАЙТЕСЬ ИЗБЕГАТЬ:**
> сахар и продукты, богатые крахмалом
> (хлеб, макароны, рис, картошку)

Если вы голодны, ешьте настоящую пищу, пока не поймете, что сыты. Вот и все. Давайте посмотрим, что это значит на деле.

Настоящая пища

Настоящая пища — это то, чем питались люди миллионы лет, это «топливо», совместимое с нашим организмом. К сожалению, в магазинах можно найти много дешевых подделок — эти продукты настолько ненатуральны, что даже не портятся, в них не могут жить даже микроорганизмы. Вот три главных совета, как избежать такой еды:

1. Старайтесь не покупать продукты, содержащие непонятные ингредиенты с труднопроизносимыми названиями. Не потому, что эти ингредиенты непременно опасны, а потому, что их кладут только в «подделки».

2. Избегайте чрезмерного потребления сахара или крахмала (зачастую они содержатся в тех же продуктах, о которых говорится в пункте 1).

3. Избегайте обезжиренных продуктов (зачастую это те же продукты, речь о которых в пунктах 1 и 2).

Западный джанкфуд часто подпадает как минимум под два пункта, приведенных выше. Откажитесь от неполезной пищи — и вы сделаете огромный шаг вперед по направлению к здоровому образу жизни. Подробные советы ниже.

ЧТО МОЖНО И ЧЕГО НЕЛЬЗЯ

Продукты, которые можно есть без вреда для здоровья

МЯСО: любое. Говядину, свинину, дичь, птицу. Жировая прослойка так же полезна, как кожица на курице. Если возможно, покупайте продукты с экологических производств, где животных выращивают на натуральных кормах.

РЫБА И МОРЕПРОДУКТЫ: любые. Рыбу лучше выбирать жирную — лосось, макрель, салаку. Желательно без панировки.

ЯЙЦА: в любом виде. Вареные, яичница, омлет. Лучше с экологических птицефабрик.

НАТУРАЛЬНЫЕ ЖИРЫ, ЖИРНЫЕ СОУСЫ: для приготовления пищи используйте сливочное масло и сливки — так и вкуснее, и сытнее. Беарнский или голландский соус можно купить в готовом виде (не забудьте изучить упаковку) или сделать самим. Кокосовое, оливковое, рапсовое масло — тоже хорошая альтернатива.

ОВОЩИ, КРОМЕ КОРНЕ- И КЛУБНЕПЛОДОВ: любые виды капусты — цветная, белокочанная, брюссельская. Спаржа, брокколи, кабачки, баклажаны, маслины, шпинат, грибы, огурцы, салат, авокадо, лук, болгарский перец, помидоры и прочее.

МОЛОЧНЫЕ ПРОДУКТЫ: выбирайте всегда самые жирные сорта. Настоящее сливочное масло, сливки (40% жирности), сметана, жирные сыры. Жирный греческий или турецкий йогурт. Будьте осторожны с молоком и кефиром — в них содержится много молочного сахара, лактозы. Избегайте молочных продуктов с разными вкусовыми добавками, сахаром или же обезжиренных вариантов.

ОРЕХИ: в разумных пределах их можно употреблять, особенно как альтернативу сладостям и чипсам перед телевизором.

ЯГОДЫ: в разумных пределах они полезны, если вы не очень строго ограничиваете количество углеводов и не склонны к аллергии. Особенно вкусно есть ягоды со взбитыми сливками.

Продукты, которые нужно исключить

САХАР: худшее зло. Сладкие газированные воды, конфеты, соки, спортивные напитки, шоколад, печенье, булочки, мороженое, хлопья.

КРАХМАЛ: хлеб, макароны, рис, картошка, картошка-фри, чипсы, каши, мюсли и так далее. Продукты из цельнозерновой муки — просто меньшее из двух зол. Если вы не соблюдаете строгую безуглеводную диету, то можно позволить себе умеренное количество корнеплодов.

МАРГАРИН: промышленная имитация масла с неестественно высоким содержанием омега-6 жирных кислот. Не только неполезно, но и невкусно. По статистике повышает риск возникновения и обострения бронхиальной астмы, аллергических и других воспалительных заболеваний.

ПИВО: жидкий хлеб. К сожалению, в нем много солодового сахара.

ФРУКТЫ: содержат много сахара. Можно позволить себе в виде исключения, как натуральные сладости, заменяющие конфеты.

Продукты, которые можно позволить себе по праздникам

Когда устроить себе праздник, решаете вы сами. Но учтите, что снижение веса может немного приостановиться.

АЛКОГОЛЬ: сухое вино (красное, белое), виски, коньяк, коктейли без сахара.

ТЕМНЫЙ ШОКОЛАД: содержание какао — минимум 70%. Лучше не увлекаться.

Напитки, которые можно пить каждый день

ВОДА: если хотите, с ароматическими добавками или же газированная.

КОФЕ: лучше всего с жирными сливками, попробуйте — вкусно!

ЧАЙ: черный, зеленый, какой хотите.

НЕМНОГО ТЕОРИИ

Вниманию диабетиков!

Вы страдаете диабетом? Соблюдая строгую безуглеводную диету, вы можете не заметить, как станете слишком здоровыми для своих лекарств. Будьте особенно осторожны с инсулиновыми инъекциями — чересчур высокая доза грозит риском резкого падения глюкозы. Многим диабетикам, которые отказываются от углеводов, приходится сразу снижать дозу инсулина примерно на 30%. Если вы принимаете только метформин в таблетках, то резкое падение глюкозы вам не грозит.

Тщательно следите за уровнем глюкозы и в соответствии с ним подбирайте дозировку препаратов, лучше вместе с врачом или патронажной сестрой. Если вы не уверены, как правильно подобрать дозировку, обратитесь к врачу.

Гормональная регуляция веса

Углеводы, как быстрые, так и медленные, в желудке расщепляются до простейших видов сахара. Сахар поступает в кровь и повышает уровень глюкозы, активируя выработку инсулина. Это гормон, отвечающий за отложение жира.

В больших количествах инсулин препятствует сжиганию жира и откладывает в жировых клетках излишки питательных веществ. Через час после еды уровень глюкозы в крови падает, вызывая чувство голода и желание съесть что-то сладкое. Человек снова ест, чаще всего — снова углеводы, что порождает порочный круг, приводящий к прибавлению в весе.

Ограниченное потребление углеводов, напротив, обеспечивает более низкий и стабильный уровень глюкозы в крови и более низкие показатели инсулина. Это способствует высвобождению жира из жировых тканей и его сжиганию. Благодаря этому жировые отложения постепенно уменьшаются, особенно вокруг талии у людей, страдающих ожирением брюшного типа.

Исследования показывают, что при переходе на низкоуглеводную диету потребление калорий, как правило, автоматически уменьшается. То есть ничего взвешивать или подсчитывать не нужно. Забудьте о калориях и положитесь на свое чувство голода (или же сытости). Взвешивать еду на тарелке или подсчитывать калории — все равно что подсчитывать число вдохов. Если не верите — попробуйте несколько недель и сами убедитесь.

Животные прекрасно обходятся без таблиц для подсчета калорий и помощи нутрициологов. Они просто едят ту еду, для которой созданы, и остаются худыми, не страдают кариесом, диабетом и сердечно-сосудистыми заболеваниями. Человек — не исключение. Вы — не исключение. Избегайте новой пищи. Немного везения, и вы сохраните здоровье и стройность.

Многочисленные исследования доказали, что низкоуглеводная диета улучшает не только артериальное давление, глюкозу и холестерин — она также нормализует пищеварение, и вам перестает хотеться сладкого.

Трудности, связанные с перестройкой организма

Резко отказавшись от сахара и крахмала, в первую неделю вы можете испытывать дискомфорт, связанный с перестройкой организма. Можно назвать это «сахарной детоксикацией». Большинство воспринимают переход не очень болезненно, и длится он недолго. Но существуют способы ослабить неприятные ощущения.

Головные боли, усталость, головокружение, легкое сердцебиение и раздражительность — обычные симптомы в первые дни диеты. Они быстро пройдут сами собой, как только организм привыкнет к новой пище. Неприятные ощущения можно смягчить, если в первую неделю увеличить объем выпиваемой жидкости и потребляемой соли. Неплохо несколько раз в день (скажем, каждые три часа) пить бульон, приготовленный из бульонного кубика (без сахара). Или же пить побольше воды и добавлять в пищу больше соли.

Дискомфорт скорее всего будет связан с тем, что углеводная пища задерживает жидкость в организме и вызывает ощущение отечности. Отказавшись от этой пищи, вы начнете терять лишнюю жидкость через почки. Поэтому иногда, особенно в первую неделю, пока организм еще не привык, это может вызывать легкое обезвоживание и дефицит соли — отсюда головные боли, головокружение и тому подобное.

Некоторые предпочитают снижать углеводы постепенно, в течение недели, чтобы максимально облегчить перестройку организма. Но для большинства проще соблюдать жесткую диету с самого начала. Лишние сброшенные килограммы, благодаря потере лишней жидкости в самые первые дни, только способствуют дальнейшей мотивации.

Минимум углеводов

Чем меньше углеводов содержится в вашей пище, тем заметнее это скажется на весе и показателях глюкозы. Советую вам по возможности максимально строго следовать приведенным выше рекомендациям. А когда вы будете довольны своим весом и самочувствием, можете постепенно перейти к более либеральной схеме.

Актуальные вопросы

Если вы еще не нашли интересующую вас информацию, то в следующей главе вы получите ответы на самые распространенные вопросы, связанные с низкоуглеводным питанием. Но прежде хочу поделиться некоторыми практическими советами и рецептами.

СОВЕТЫ И РЕЦЕПТЫ

Варианты меню на завтрак

Яичница с беконом
Жирный кефир или простокваша (10%) с семенами льна или подсолнуха
Омлет

Остатки вчерашнего ужина
Кофе со сливками
Баночка макрели и вареное яйцо
Вареное яйцо с майонезом или сливочным маслом
Авокадо, красная рыба и сметана
Бутерброд с лепешкой упси (рецепт приготовления такой лепешки см. на с. 191)
Тонкий хлебец с толстым слоем сыра или ветчины
Кусочек сыра с маслом
Вареные яйца, растертые с маслом, мелко нарезанным зеленым луком, солью и черным перцем
Кусочек сыра бри, немного ветчины или салями

Ланч и обед

Отдавайте предпочтение блюдам из мяса, рыбы или курицы с овощами и жирным соусом. Есть много альтернатив картошке — например, пюре из цветной капусты. Запивайте пищу водой или же, по случаю праздника, бокалом вина. Другие советы вы найдете далее, в разделе «Рецепты».

Перекус или полдник (если очень хочется)

Низкоуглеводная пища с более высоким содержанием жира и белка позволяет нам дольше оставаться сытыми. Не удивляйтесь, если вы вскоре сможете обходиться без перекусов. Многие отлично обходятся двумя или тремя трапезами в день. Если вам все же хочется что-то перекусить, то вот несколько советов:

Рулеты из сыра или ветчины с овощами (можете намазать все это маслом)
Маслины или оливки
Орехи
Кусочек сыра
Вареное яйцо из холодильника
Банка макрели в томатном соусе

Маслины и орехи — это лучше, чем чипсы перед телевизором. Если между приемами пищи вам все время хочется есть, то, возможно, вы едите слишком мало жиров. Не бойтесь. Ешьте жирную пищу, пока не будете сыты.

Еда в ресторане (кафе) и гостях

Еда в ресторане, как правило, никаких проблем не вызывает. Вы можете попросить официанта заменить картошку на салат. Чтобы наесться, попросите к мясным блюдам побольше масла.

Из фастфуда годится кебаб (постарайтесь, однако, не есть лепешку). В сетевых закусочных наименее вреды гамбургеры — избегайте, само собой, газированных напитков и картошки фри, пейте воду. В некоторых кафе подают низкоуглеводные бургеры, завернутые вместо хлеба в листья салата. Начинку пиццы в принципе есть можно, а тесто — в зависимости от строгости диеты.

Чем строже вы соблюдаете повседневную диету, тем легче позволить себе некоторые исключения в гостях. Если вы не знаете, что подадут к столу, можно перед выходом легко поужинать дома.

Некоторые берут с собой в гости немного сыра или пакетик орехов.

Список продуктов для похода в магазин

Сливочное масло

Сливки для взбивания 40%

Сметана 34%

Яйца

Бекон

Мясо (фарш, стейки, гуляш и бефстроганоф, отбивные, филе и т. п.)

Рыба (предпочтительнее жирные сорта, такие как лосось и макрель)

Сыр (предпочтительнее жирные сорта)

Турецкий йогурт 10%

Капуста (белокочанная, цветная, брюссельская и др.)

Другие овощи, кроме корне- и клубнеплодов

Замороженные овощи (брокколи, овощи «вок» и др.)

Авокадо

Маслины и оливки

Оливковое масло

Орехи

Выкинуть вредное

Хотите повысить свои шансы? Если вы страдаете тягой к сладкому — так называемой сахарной зависимостью, то вам будет особенно полезно разобрать кухонный шкафчик и выкинуть (или раздать) продукты, содержащие сахар и крахмал, обезжиренные продукты и снэки.

Вот продукты, которые не нужно держать на кухне:

Конфеты
Чипсы
Напитки и соки
Маргарин
Сахар в любом виде
Мука
Макаронные изделия
Рис
Картошка
Все продукты, на упаковке которых значится слово «легкий»
Мороженое
Печенье и пирожные

Почему бы не избавиться от них прямо сейчас?

Змей в раю: псевдонизкоуглеводные продукты

Будьте крайне осторожны с так называемыми «низкоуглеводными» продуктами, например, с цельнозерновыми макаронами или «полезным» шоколадом на сахарозаменителях. К сожалению, их эффект не соответствует заявленному и препятствует снижению веса. Изобретательный маркетинг скрывает тот факт, что на самом деле в этих продуктах полно углеводов.

«Низкоуглеводные» макароны — это почти сплошные углеводы, которые точно так же усваиваются организмом, разве что немного медленнее. «Низкоуглеводный» шоколад обычно содержит массу сахарозаменителей и подсластителей, которые производители за углеводы не считают. Усваивается из них примерно половина, повышая глюкозу в крови. Остальное попадает в толстый кишечник и может вызвать легкий метеоризм и диарею. Кроме того, это мешает избавиться от тяги к сладкому.

Если хотите хорошо себя чувствовать и быть стройными, лучше ешьте настоящую пищу.

Еще рецепты и советы

Бесплатные рецепты и меню, а также рекомендации по питанию, которые можно распечатать и на первое время повесить на дверце холодильника, вы найдете на сайте (см. сноску на с. 176).

Можно также поискать в Интернете рецепты LCHF, завтраки LCHF или хлеб LCHF.

К сожалению, поваренные книги, где бы преобладали рецепты низкоуглеводной диеты, пока редкость. Быть может, вы, постепенно собрав рецепты, могли бы сами составить такую книгу. Для начала можно использовать обычные поваренные книги, достаточно лишь правильно подходить к приведенным в них рецептам, то есть сократить количество углеводных ингредиентов и повысить содержание жира.

РЕЦЕПТЫ

Простые блюда из яиц

1. Поместите яйца в холодную воду. Варите 4 минуты (всмятку) или 8 минут (вкрутую). Положите на готовое яйцо немного майонеза или масла.

2. Поджарьте яйца в двух столовых ложках сливочного масла, с одной или с обеих сторон. Добавьте соль и перец.

3. Растопите немного масла на сковородке и вылейте туда 2 яйца, взбитых с 2–3 столовыми ложками сливок (на одну порцию). Добавьте соль и перец. Все время помешивайте, пока омлет не примет нужную вам консистенцию. По желанию добавьте несколько столовых ложек зеленого лука и украсьте блюдо натертым сыром. Подавайте на стол с жареным беконом.

4. Смешайте 3 яйца и 3 столовые ложки сливок, соль и специи (белый, черный перец и т. п.). Растопите масло на сковородке и вылейте полученную смесь. Не делайте температуру слишком высокой. Как только омлет примет форму, добавьте в него что-нибудь вкусное, например один или несколько разных сортов сыра, жареный бекон, жареные шампиньоны, сосиски, колбасу (не забудьте прочитать состав на упаковке) или остатки вчерашнего ужина. Сложите омлет пополам и подайте к столу с зеленым салатом.

Вместо хлеба

Вы не можете жить без хлеба? Вот выход! Отличная безуглеводная альтернатива хлебу — упси, лепешки, которые можно есть повсякому.

УПСИ

Рецепт рассчитан на 6–8 лепешек, в зависимости от их размера.

3 яйца
100 г сыра «Филадельфия»
Щепотка соли
½ столовой ложки псиллиума — шелухи семян подорожника (по желанию)
½ чайной ложки разрыхлителя теста (по желанию)

Отделите белки от желтков. Взбейте белки с солью в крутую пену. Проверьте, достаточно ли они взбиты, перевернув миску кверху дном, — пена должна остаться в миске. Отдельно взбейте желтки с сыром до однородного состояния; если хотите, добавьте псиллуим и разрыхлитель — благодаря им упси будут больше напоминать хлеб. Осторожно вмешайте белки в желтки, чтобы сохранить воздушность. Разложите ложкой 6 больших порций или 8 порций поменьше на противень, покрытый бумагой для выпечки, и выпекайте в средней части духовки при 150°С приблизительно 25 минут, пока упси не станут золотистыми.

Упси могут заменить хлеб в будербродах, булочки в гамбургерах и хот-догах. Для разнообразия перед выпечкой посыпьте лепешки разными семенами — мака, кунжута или подсолнечника.

Можете также испечь одну большую лепешку и использовать ее в качестве основы для сладкого рулета. Добавьте побольше сливок (например, с ванилью) и любые ягоды.

Вместо картошки

ПЮРЕ ИЗ ЦВЕТНОЙ КАПУСТЫ: разделите цветную капусту на небольшие соцветия и сварите в слегка подсоленной воде. Слейте воду, добавьте по вкусу сливки и сливочное масло (до желаемой консистенции) и взбейте миксером или пестиком.

САЛАТ ИЗ ЛЮБЫХ ЗЕЛЕНЫХ ОВОЩЕЙ: добавляйте в него любые сорта сыра, пробуйте разные варианты.

ВАРЕНАЯ БРОККОЛИ, ЦВЕТНАЯ ИЛИ БРЮССЕЛЬСКАЯ КАПУСТА.

ОВОЩИ, ЗАПЕЧЕННЫЕ ПОД СЫРОМ: поджарьте на масле кабачок, баклажаны, корень фенхеля или другие овощи, которые вы любите, добавьте соль и перец. Положите все это в форму для выпечки, посыпьте тертым сыром и запекайте при 225°C, пока сыр не расплавится и не покроется золотистой корочкой.

ОВОЩИ, ЗАПЕЧЕННЫЕ В СЛИВКАХ: приготовьте таким образом белокочанную капусту или шпинат.

РИС ИЗ ЦВЕТНОЙ КАПУСТЫ: возьмите тертую цветную капусту, на минуту бросьте ее в подсоленную кипящую воду, и она прекрасно заменит рис.

АВОКАДО

ВКУСНЫЕ ПАСТЫ ИЗ ЯИЦ И КРЕВЕТОК: сварите 2 яйца вкрутую, очистите 1–2 горсти креветок, мелко нарежьте красный репчатый лук. Смешайте равные части сметаны и майонеза, добавьте яйца, креветки, лук, укроп и немного икры пинагора.

Предложенные выше блюда в качестве гарнира к мясу, рыбе и цыпленку прекрасно заменят картошку, пасту, рис, булгур и т. п.

Снэки и десерты

ОРЕХИ РАЗНЫХ ВИДОВ: ешьте по одной горстке или небольшому пакетику в день — этого достаточно.

СОСИСКИ С ВЫСОКИМ СОДЕРЖАНИЕМ МЯСА И ЖИРА: нарежьте их мелкими кусочками и насадите на зубочистки вместе с кусочками сыра.

ОВОЩИ И СОУСЫ К НИМ: нарежьте тонкими ломтиками огурцы, болгарский перец, цветную капусту.

РУЛЕТЫ С МЯГКИМ СЫРОМ: заверните немного мягкого сыра любого сорта в кусочек салями, вяленого мяса или огурца, разрезанного вдоль.

ОЛИВКИ: можете мариновать их сами. Залейте их хорошим оливковым маслом, добавьте измельченный базилик, ореган и зубчик чеснока. Используйте также сухие специи.

ЧИПСЫ LCHF: натрите пармезан (или любой другой твердый сыр) и разложите небольшими кучками на противень, покрытый бумагой для выпечки. Поставьте в духовку, разогретую до 225°C, подождите, пока сыр растает и приобретет красивый золотистый оттенок, выньте из духовки и подавайте как чипсы, например, с каким-нибудь вкусным соусом. Только не оставляйте «чипсы» в духовке надолго — они легко подгорают и требуют постоянного присмотра.

БЛИНЫ ИЗ МИНДАЛЬНОЙ МУКИ: купите такую муку в интернет-магазине или специализированном отделе продовольственного магазина. Она представляет собой мелко смолотый миндаль, в котором содержится совсем мало углеводов. Миндаль можете помолоть сами в кухонном комбайне.

4 яйца
300 мл жирных сливок (40%)
200 мл миндальной муки
1 столовая ложка псиллиума — шелухи семян подорожника
½ чайной ложки разрыхлителя теста
Сливочное масло для жарки

Смешайте все ингредиенты и оставьте тесто на несколько минут, чтобы псиллиум успел немного разбухнуть. Из этого количества получится примерно 6 небольших блинов, но они очень сытные. Жарьте их на сливочном масле на маленьком или среднем огне. Не делайте огонь слишком сильным — блины будут подгорать.

Подавайте с малиной и взбитыми сливками, добавив для вкуса ваниль.

Три обеда

БРОККОЛИ С МЯСНЫМ ФАРШЕМ И ГОРГОНЗОЛОЙ (ПРИМЕРНО 4 ПОРЦИИ)

500 г говяжьего фарша
1 луковица
1 упаковка бекона
10 свежих шампиньонов
150 г сыра горгонзола
1 баночка сметаны 34%
500 г брокколи

Черный перец
Сливочное масло для жарки
Тертый сыр

Поджарьте лук в масле, добавьте нарезанные бекон и шампиньоны. Затем обжарьте фарш. Когда фарш прожарится, добавьте горгонзолу и сметану. Перец кладите по вкусу, соль почти не нужна — достаточно сыра и бекона.

Положите брокколи на дно смазанной маслом формы для выпечки, а сверху — фарш. Посыпьте все это тертым сыром. Запекайте в духовке 20–25 минут при температуре 175–200°C, пока сыр не покроется золотистой корочкой, а брокколи не станет мягкой.

Подавайте с зеленым салатом.

**ПРОСТОЙ РЕЦЕПТ РЫБЫ, ЗАПЕЧЕННОЙ В ДУХОВКЕ
(ПРИМЕРНО 4 ПОРЦИИ)**

2 упаковки замороженной макрели, либо 500 г замороженного лосося
400 мл жирных сливок для взбивания
3–4 столовые ложки укропа
Соль и перец

Разморозьте рыбу настолько, чтобы ее можно было нарезать на кусочки толщиной в 2 см. Разложите рыбу на смазанную маслом форму для выпечки, добавьте соль и перец. Смешайте сливки и укроп и залейте рыбу. Поставьте в разогретую до 175°C духовку примерно на 25 минут.

Подавайте к столу с вареной брокколи или другим гарниром.

**МАКДОКТОР
(5–6 ПОРЦИЙ)**

500 г говяжьего фарша
2–3 яйца в зависимости от размера
Соль, черный и белый перец
Сливочное масло для жарки

Дополнительно: майонез, салат, соленый огурец, жареный бекон, лук, сыр, упси

Смешайте фарш и яйца. Добавьте соль и перец. Слепите бифштексы и поджарьте их в масле. Вместо булочки используйте упси — положите на лепёшку немного майонеза, салат, колечки помидора и соленого огурца. Затем — бифштекс, немного лука, бекона и ломтики сыра. Прежде чем прикрыть все это второй лепёшкой упси, положите еще немного майонеза.

Для разнообразия делайте котлеты из телячьего фарша, вместо майонеза используйте соус цацики, а вместо обычного сыра — жареный халуми.

ГЛАВА ОДИННАДЦАТАЯ
Вопросы, ответы и мифы

Сколько углеводов в день можно есть?

Чем меньше углеводов, тем заметнее эффект LCHF-диеты, оказываемый на вес, глюкозу и прочие показатели. Пробуйте. Это очень индивидуально — количество потребляемых углеводов, при которых человек чувствует себя хорошо, для всех разное.

Кто-то сокращает углеводы до минимума, что, конечно, лучше сказывается и на весе, и на состоянии здоровья. Это касается в первую очередь людей среднего или старшего возраста, страдающих избыточным весом или западными болезнями, например диабетом II типа.

Здоровые, молодые, стройные люди, которые регулярно занимаются спортом, обычно позволяют себе умеренное количество углеводов. Особенно если едят качественные продукты и избегают самых вредных углеводов — сахара и муки. Но даже среди них есть те, кто предпочитает ограничивать углеводы, что очень полезно как для пищеварения, так и для кожи.

Кто-то без конца рассуждает, сколько процентов энергии, получаемой из пищи, должны составлять углеводы при низкоуглеводной диете — 5, 10, 20 или 30. Такие расчеты субъективны, они никак научно не обоснованы. Как мы уже говорили, это очень индивидуально. Если вы потребляете больше минимальной нормы, то важно, *какие* это углеводы. И, наконец, подобное процентное ограничение бессмысленно, так как, готовя обед или ужин, мы обычно руководствуемся не процентным соотношением в нем питательных веществ, а тем, что мы хотим съесть. Я против строгих ограничений. Но для желающих могу предложить некие общие ориентиры.

Если вы страдаете избыточным весом или какой-то из западных болезней, предлагаю максимально ограничить углеводы (особенно сахар и крахмал), так чтобы это было комфортно для вас и в дальнейшем. Если вы привыкли точно рассчитывать содержание разных питательных веществ в своих трапезах, то в ортодоксальном варианте LCHF верхним допустимым пределом считается 10% калорий (50 г углеводов в день). Это ориентировочная верхняя планка для людей, чувствительных к углеводам.

Если вы хотите соблюдать диету по-настоящему строго, то допустимый верхний предел — 20 г углеводов в день. На деле это означает любое количество мяса, рыбы, яиц и масла, умеренное количество зеленых овощей, сливок и сыра, но практически никаких исключений.

При ограничении 50 г углеводов в день кроме всего вышеназванного вы можете позволить себе сколько угодно овощей, немного корнеплодов, орехов и ягод, больше сливок и сыра, иногда фрукты и, в виде исключения, что-то совсем запретное, но немного.

Правда ли, что мозгу нужно как минимум 100 г углеводов в день?

Нет. Это смешное недоразумение. Однако некоторые диетологи до сих пор в этом упорствуют. И это несмотря на всю существующую литературу, на возражения ученых и многолетний опыт применения низкоуглеводной диеты. Все эти доводы для них неубедительны. Они руководствуются своей схемой, и действительность им только мешает.

В чем же кроется причина этого недоразумения? Мозг использует приблизительно 100 г глюкозы в день *в том случае, если* вы едите пищу, богатую углеводами. Если процент углеводов ниже, то мозг быстро приспосабливается и начинает вместо этого питаться жирами — посредством кетоновых тел. Иначе говоря, организм сжигает повышенное количество жиров, даже когда вы сидите на диване перед телевизором!

Если вы съедаете примерно 20 г сахара в день, то есть еще меньше, чем сжигает организм, то печень начинает синтезировать глюкозы из белка и частично из жира, который вы получаете с пищей. И это никак не скажется на работе вашего мозга.

Однако не забудьте о возможных неприятных ощущениях, связанных с перестройкой организма. Первую неделю, пока вы еще не привыкли, может возникать чувство усталости и рассеянности. Но, как правило, это быстро проходит.

Сто шесть человек, страдающих избыточным весом, участвовали в одном рандомизированном исследовании — в течение года половина из них соблюдала строгую низкоуглеводную диету (20 г углеводов в день), другая половина — безжировую. Изучалось самочувствие участников, их сообразительность и память. У группы, соблюдавшей низкоуглеводную диету, первые два показателя остались на прежнем уровне, зато память существенно улучшилась.

В другом рандомизированном исследовании участвовали девяносто три человека, также страдающих избыточным весом. Их тоже разделили на две группы — низкоуглеводную и безжировую. Исследование длилось восемь недель. Низкоуглеводная группа показала лучшие результаты по снижению веса. В конце исследования настроение участников заметно повысилось, кроме того, они показали лучшие результаты тестов на память и сообразительность.

Эти два исследования демонстрируют, что строгая низкоуглеводная диета не оказывает отрицательного влияния на деятельность мозга, а в некоторых случаях эффект даже положительный.

Услышав от кого-то аргумент о том, что мозг нуждается в углеводах, вы сразу поймете, что человек ничего не знает о низкоуглеводном питании, а значит, все остальные его высказывания на эту тему скорее всего доверия не заслуживают.

Не слишком ли дорого обходится эта диета?

Низкоуглеводная диета может обходиться дорого, не очень дорого и дешево. Если вы собираетесь питаться исключительно говяжьей вырезкой и раковыми шейками, запивая все это изысканными винами, то это, конечно, недешево. Но можно покупать и более дешевое мясо, фарш и рыбу. Можно купить продукты впрок на распродаже и положить в морозилку — тогда выйдет еще дешевле. Яйца стоят недорого, но я бы посоветовал вам не скупиться и покупать экологические. Сливочное масло и сливки, которые используются при приготовлении пищи, делают блюда более сытными, так что порции постепенно будут уменьшаться. Многие удивляются тому, как мало они стали есть.

Подумайте также о том, на чем вы теперь сможете сэкономить. Готовая пища и фастфуд обходятся дорого, особенно если учесть, насколько они непитательны. Газированные напитки, шоколад и чипсы — тоже лишние расходы. Вы можете приготовить прекрасный низкоуглеводный обед для всей семьи из качественных продуктов за половину суммы, в которую вам обошелся бы обед в «Макдоналдсе». И это еще не считая будущих расходов на визиты к врачам, лекарства и стоматологию. Не говоря о том, что это гораздо приятнее. Если готовить большие порции, остатки можно взять на следующий день с собой на работу, сэкономив еще больше денег и времени.

Опасны ли кетоны (кетоз)?

Кетоз — естественное состояние для человека. Когда вы какое-то время воздерживаетесь от углеводов и уровень инсулина снижается, образуются кетоны. Это энергетическая молекула в крови — такая же, как глюкоза. Они образуются в печени из жира и питают мозг. Кетоз ускоряет процесс сжигания жира.

Кетоз — естественное состояние, ведь раньше люди не всегда могли рассчитывать, что раздобудут пищу к определенному времени. Попробуйте один день поголодать, и состояние кетоза вам обеспечено. Чтобы войти в кетоз, достаточно и ночного сна — к завтраку у вас в крови скорее всего появится немного кетонов, чем бы вы ни питались. Это нормально. Ненормально — это питаться в каждой встречной закусочной, не допуская образования кетонов.

Северные народности, такие как эскимосы или саамы, у которых земледелия не существовало, постоянно питались низкоуглеводной пищей. Вероятно, состояние кетоза у них сохранялось всю жизнь. Наши болезни их тоже практически не коснулись. Кетоз, таким образом, не представляет никакой опасности.

Но некоторые все-таки считают, что кетоз может быть опасен. Почему? Видимо, они путают естественное состояние кетоза с кетоацидозом — патологическим явлением. Кетоацидоз встречается главным образом у диабетиков I типа, в том случае, если они не получают инъекцию инсулина, который их организм самостоятельно не вырабатывает. Глюкоза в крови резко повышается, но без инсулина организм не может ее использовать, и, чтобы выйти из этого состояния, требуется немедленная инъекция инсулина.

КЕТОЗ	КЕТОАЦИДОЗ
Естественное здоровое состояние	*Болезненное, опасное состояние*
У здоровых людей	*Главным образом, у диабетиков I типа*
Нормальный уровень глюкозы в крови (са 4–7)	**Повышенный уровень глюкозы в крови (выше са 15)**
Нормальный pH в крови	*Низкий pH в крови («кислая» кровь)*
Нормальное содержание кетонов в крови	*Повышенное содержание кетонов в крови*
Отсутствие сахара в моче	*Наличие сахара в моче*
Кетоны в моче (иногда)	*Кетоны в моче (постоянно)*
Нормальный низкий уровень инсулина	*Патологический недостаток инсулина*

Низкоуглеводное питание никак не может стать причиной кетоацидоза. Скорее, наоборот — низкоуглеводное питание *снижает потреб-*

ность в инсулине, тогда как кетоацидоз возникает при патологическом недостатке инсулина.

Если речь зашла о кетонах и вы заметили панику в глазах собеседника, помогите ему разобраться. Объясните, что нормальный, совершенно безопасный кетоз — это не то же самое, что патологический кетоацидоз. Как ни странно, многие грамотные люди, даже врачи, путают эти понятия.

Нужно ли обязательно быть в состоянии кетоза, чтобы начался процесс сжигания жира?

Нет. Просто в состоянии кетоза жиры сжигаются быстрее.

Как определить факт нахождения в состоянии кетоза?

Особенно в начале диеты небольшое количество кетонов может выделяться через легкие, вызывая специфический запах изо рта. Со временем это обычно проходит.

Кетоны могут также выделяться с мочой, их можно измерить с помощью специального индикатора. Для некоторых людей это способ убедиться, что углеводов достаточно мало и они действительно находятся в состоянии кетоза. Все это верно, только учтите, что спустя некоторое время кетоны перестают поступать в мочу, хотя по-прежнему присутствуют в крови. Даже если вы будете находиться в кетозе, по моче вы этого не определите.

Нужно ли есть много углеводов, чтобы заниматься спортом?

Нет. Но если вы участвуете в соревнованиях и хотите выиграть, то некоторое количество углеводов вам все же понадобится. Углеводы — это ракетное топливо. Проблема лишь в том, что если потреблять слишком много углеводов, то тело становится дряблым. Лишний подкожный жир — сомнительное преимущество для спортсменов.

Тренировки в сочетании с низкоуглеводной диетой дают рельефную мускулатуру. Диета способствует процессу сжигания жира, что хорошо в тех видах спорта, где нужна выносливость. Перед соревнованиями и во время них неплохо немного увеличить потребление углеводов. Но и в этом случае не стоит переусердствовать. Если объедаться перед соревнованиями макаронами, имеется риск, что на старте вы будете чувствовать себя тяжелым и распухшим.

Многие спортсмены придерживаются умеренной низкоуглеводной диеты, понимая ее преимущества. Один из примеров — Бьорн Ферри, олимпийский чемпион 2010 года по биатлону. За год до олимпиады он сократил потребление углеводов с 60% до примерно 15%, отказавшись от макарон, каш, картошки, мюслей и почти полностью от хлеба. Результат? Меньше подкожного жира, больше мышечной массы и... золотая медаль.

За здоровое и натуральное спортивное питание с меньшим содержанием сахара и крахмала давно выступает известный триатлонист и обладатель самого рельефного пресса Юнас Кольтинг.

Йимми Лидберг, недавний бронзовый призер чемпионата мира по борьбе, в одном интервью рассказал, что в последнее время стал более ловким и гибким, сохранив при этом прежний вес. Все благодаря новому питанию: «Меньше углеводов, больше жиров, больше сил, отличное самочувствие». Кроме того, он избавился от проблем с пищеварением.

На примере элитных спортсменов Ферри, Кольтинга и Лидберга мы видим, что низкоуглеводная диета не мешает тренировкам. А значит, это не противопоказано и любителям. Сам я придерживаюсь низкоуглеводной диеты вот уже пять лет. Я хожу в тренажерный зал и бегаю 2–3 раза в неделю и могу лично подтвердить классический эффект: меньше подкожного жира, более крепкие мышцы.

Если вы занимаетесь спортом, чтобы сбросить лишний вес, то отказаться от сахара и крахмала особенно важно. Однако будьте готовы, что поначалу, пока мышцы не привыкнут к новому темпу сжигания жиров, сил будет меньше. Сколько это займет времени? Наиболее интенсивно процесс адаптации происходит в первые недели, но бывает, что на восстановление прежней энергии и выносливости уходит несколько месяцев, особенно при суперстрогой диете.

Количество углеводов, достаточное для тренировок, поддержания нормального веса и хорошего самочувствия, подбирается индивидуально. Пробуйте, но не удивляйтесь, если углеводов вам потребуется меньше, чем вы думали.

Нужно ли есть много клетчатки?

Нет. Подробно мы говорили об этом во второй главе, где приводится история про врача Дениса Бёркитта, который в 1970-е годы выдвинул теорию о пользе клетчатки.

Клетчатка может быть полезна при больших количествах углеводов, так как она замедляет их усвоение. Но чем меньше углеводов, тем меньше требуется клетчатки. Белки и жиры также замедляют усвоение сахара.

Всеобщая убежденность в пользе клетчатки основана на недоказательных обсервационных исследованиях. Более достоверные исследования не подтвердили ее лечебных свойств, разве что она помогает от запоров. У людей с повышенной чувствительностью клетчатка в больших количествах может вызывать метеоризм и колики.

В последние годы маркетинг джанкфуда окончательно превратил теорию о пользе клетчатки в фарс. Приторные детские хлопья к завтраку не станут полезнее от того, что в них добавили немного клетчатки, а на упаковке написали слово «цельнозерновые». Иногда производители даже добавляют клетчатку в некоторые газированные напитки, утверждая, что это «полезно для здоровья». Это как фильтр на сигарете — курение от этого не становится полезным.

Если вам нужна натуральная клетчатка для пищеварения и вас при этом не мучают газы, советую просто есть побольше овощей.

Нужно ли есть много антиоксидантов?

Нет. Теория об универсальной пользе антиоксидантов наполовину маркетинг и реклама, наполовину — попытка выдать желаемое за действительное.

Эта теория основана на обсервационных экспериментах, которые не доказывают причинно-следственных связей. Люди, которые едят много овощей, получают больше антиоксидантов, чем те, кто питается джанкфудом, и первая группа, разумеется, в среднем здоровее. Но именно ли антиоксиданты делают их здоровее? Есть же тысячи других факторов! Узнать это таким образом, разумеется, невозможно.

Более доказательные интервенционные исследования не подтвердили пользы антиоксидантов для здоровья.

В одной недавней работе было проанализировано 67 подобных рандомизированных исследований, участники которых получили антиоксиданты или плацебо. Никаких доказательств пользы антиоксидантов обнаружено не было. Напротив, выяснилось, что дополнительные дозы антиоксидантов витамина А, бетакаротина и витамина Е повышают риск преждевременной смерти.

Теория о пользе антиоксидантов оказалась несостоятельной. Однако все наперебой говорят о том, что антиоксиданты крайне необходимы. Почему? Причин может быть две. Во-первых, это удобный аргумент в пользу существующих рекомендаций по питанию, основанных на теории о вреде жиров. Хотя никаких антиоксидантов в пище, насыщенной сахаром и крахмалом, конечно, нет.

Вторая причина лежит на поверхности. Компании пользуются тем, что слово «антиоксиданты» для многих ассоциируется со здоровой пищей. Антиоксиданты можно добавлять в любые продукты, в любой джанкфуд. Полезны ли газированные напитки с антиоксидантами? Нет и еще раз нет. Вас просто хотят убедить купить дорогую сладкую воду.

Компании-пирамиды распространяют сведения о чудодейственных оздоравливающих напитках, об экзотических ягодах гойи и акаи, о фруктах нони и мангостан, добавляемых в разные продукты. Продавцы козыряют такими названиями антиоксидантов, как антоцианы и полифенолы. Покупателям дорогой продукции сулят бесконечные преимущества: и защиту иммунной системы, и профилактику раковых опухолей, и очищение всего организма от токсинов. Если вы и так здоровы, вы, конечно же, ощутите небывалый прилив сил и бодрости, а также «ясность ума». Не говоря уже о том, что вы непременно похудеете и ваша кожа омолодится.

Все это пустые слова. Волшебные свойства антиоксидантов никак не доказаны. И не стоит рассматривать их как панацею от всех бед.

Интересно, что наш организм вырабатывает собственные антиоксиданты в клетках (куда антиоксиданты, получаемые дополнительно, редко добираются) для защиты от свободных радикалов. Судя по всему, для организма их вполне достаточно. Если вас эта проблема все же беспокоит, ешьте побольше овощей. Только не джанкфуд с подозрительными ингредиентами и не дорогие биологически активные добавки, которые могут привести к преждевременной смерти.

Достаточно ли в низкоуглеводной пище витаминов?

Основные продукты, которые входят в настоящую низкоуглеводную диету — мясо, рыба, яйца и овощи, — очень питательны, так что с этим проблем нет. С переходом на низкоуглеводную диету и качественные натуральные продукты многие получают столько витаминов (и овощей), сколько не ели за всю свою жизнь.

Взять, к примеру, яйцо. Растущий цыпленок не может выскочить из скорлупы, чтобы полакомиться фруктами. Все витамины, необходимые для роста эмбриона, содержатся в самом яйце. Съедая яйцо, вы получаете все эти витамины. В Государственном продовольственном управлении недавно проанализировали состав яйца. Удивительно, что такой простой продукт может быть настолько питателен. «Яйца — один из самых богатых витаминами и минералами продуктов питания», — сказала Ирен Маттиссон, нутрициолог, участвовавший в этом исследовании..

Считается, что надо есть много фруктов, так как в них содержится витамин С. Недостаток витамина С действительно приводит к цинге.

Однако, несмотря на растущую популярность низкоуглеводной диеты, я не слышал, чтобы где-то началась эпидемия цинги. Последний случай цинги был зафиксирован в Швеции в 1980-е годы.

Сегодня цинга — не самая большая проблема. Есть более серьезные поводы для беспокойства. Почему бы не задуматься о содержании акриламида в чипсах или о свином гриппе? А для того чтобы избежать недостатка в витамине С, достаточно есть овощи, например брокколи или болгарский перец.

Не опасны ли жиры и насыщенные жирные кислоты (сливочное масло)?

Нет. Подробнее об этом читайте в третьей главе книги. Метаанализ многочисленных исследований в данной области показывает, что сокращение в рационе жиров, в том числе насыщенных жирных кислот, не снижает риска сердечно-сосудистых заболеваний. А все обсервационные исследования говорят о том, что люди, потребляющие насыщенные жиры в большом количестве, страдают сердечно-сосудистыми заболеваниями не чаще, чем те, кто получает меньше жиров. Итак, еще раз нет: общее потребление жиров и в том числе насыщенных жирных кислот никак не отражается на риске сердечно-сосудистых заболеваний.

Не лучше ли есть больше полиненасыщенных жиров и поменьше насыщенных?

Нет. Свинья останется свиньей, даже если ей накрасить губы. Наука не смогла подтвердить теорию о вреде жиров, однако все еще можно услышать самые что ни на есть отчаянные аргументы в ее защиту.

Современная наука подтверждает, что натуральные насыщенные жиры безвредны. Это убедительно доказано в недавних обзорах всех обсервационных и интервенционных исследований (см. главу третью). И все же многие считают, что лучше «заменять» безвредные натуральные насыщенные жиры синтетическим маргарином, изготовленным из полиненасыщенных жиров, которые содержатся в растительных маслах, — совершенно новым продуктом в истории человечества.

Ради чего, какой в этом смысл? Кто-то, конечно, просто спасает свою репутацию — теперь, когда теория о вреде жиров оказалась ошибочной. Кем-то движет экономический интерес, поскольку многие отрасли пищевой промышленности находятся под угрозой исчезновения из-за того, что взгляды на питание изменились. Но есть ли хоть какое-то научное обоснование? Обычно в этой связи упоминают два метаисследования. И то, и другое вызывает массу вопросов.

Вот один чудной пример — коллективный труд *Jakobssen et al* (2009). Он призван доказать, что риск сердечно-сосудистых заболеваний немного снижается, если «заменить» насыщенные жиры полиненасыщенными. Однако рассматриваются только обсервационные исследования, а не интервенционные! Другими словами, на деле никто ничего не «заменял». То есть речь идет не о фактической «замене», а о сложной статистической обработке данных обсервационных исследований. Данных, которые нельзя считать полностью достоверными и которые не доказывают причинно-следственных связей. Доказательность исследований нельзя повысить статистическими манипуляциями. Но даже если взглянуть на цифры, то же исследование показывает, что «замена» насыщенных жиров на углеводы (в соответствии с сегодняшними рекомендациями по питанию), наоборот, *повышает* риск сердечно-сосудистых заболеваний. Впрочем, эта статья — всего лишь курьезная реплика в дискуссии.

Другая коллективная статья — *Mozzafarian et al* (2010) — якобы изучает рандомизированные исследования, участники которых сократили потребление насыщенных жиров за счет ненасыщенных. В результате было отмечено статистически значимое снижение риска сердечно-сосудистых заболеваний. Однако в обзор не вошло несколько важных современных работ, таких, например, как Women's Health Initiative (WHI). Давность всех некрупных исследований, включенных в обзор, составляла от восемнадцати до сорока лет. Из серьезных исследований, упомянутых в обзоре, последнее было опубликовано в 1992 году, что довольно странно для «нового» метаанализа. Единственное исследование, доказавшее преимущества ненасыщенных жирных кислот перед насыщенными, это так называемое Финское исследование психиатрических клиник, однако его дизайн и методы были по разным причинам раскритикованы. Коротко говоря, проект не соответствовал требованиям современной науки. Исследование не было рандомизированным и не отвечало даже формальным критериям для включения в данный анализ. Кроме этого нерандомизированного исследования, проведенного в финских психиатрических клиниках в 1960-е годы, ни одна другая работа ничего не доказала.

Такие сомнительные данные едва ли могут служить серьезным основанием для общенациональных рекомендаций по питанию. Это больше похоже на отчаянные попытки спасти репутацию. Настоящая пища не представляет угрозы для здоровья, и это доказано. Нет никаких веских причин «заменять» ее на растительное масло, подвергнутое промышленной переработке.

Продукты с более высоким содержанием ненасыщенных жиров — маслины и оливки, авокадо и жирная рыба — тоже очень полезны. Но их преимущество перед насыщенными жирами небезусловно. Ешьте любую настоящую пищу, которая вам по вкусу, с любым содержанием насыщенных жирных кислот.

В чем конкретно вред маргарина?

Маргарин — это искусственный заменитель масла, приготовленный из более дешевого сырья. Что бы ни утверждала реклама, его польза для здоровья не доказана. Не исключено, что самый серьезный недостаток маргарина по сравнению с маслом — это вкусовые качества. Но возможно, есть недостатки и похуже.

Маргарин состоит в основном из дешевых растительных масел с высоким содержанием полиненасыщенных жирных кислот омега-6. Такие жиры могут превращаться в вещества, провоцирующие воспаления. В небольших количествах жирные кислоты омега-6 жизненно необходимы. Но в последние десятилетия промышленное производство этих дешевых жиров возросло, а вместе с тем увеличилось и их потребление.

Сейчас мы наблюдаем также эпидемию таких воспалительных заболеваний, как бронхиальная астма, аллергии и экземы. В ряде обсервационных исследований было указано на связь между подобными заболеваниями и чрезмерным потреблением маргарина с высоким содержанием омега-6. В списке литературы в конце книги вы найдете ссылки на шесть таких исследований.

Приведу три небольших примера. Одно немецкое исследование показало, что у молодых людей, часто употребляющих в пищу маргарин, риск заболевания бронхиальной астмой увеличивается до 130%. У людей, которые регулярно едят «легкий» маргарин, риск вырастает до 350%. Другое исследование, в котором участвовали двухлетние дети, продемонстрировало, что у тех из них, кто ел маргарин, риск диагностируемой экземы увеличивался до 110%. Кроме того, у них наблюдался повышенный риск аллергических заболеваний.

И последнее. Недавнее исследование, охватившее двести тысяч жителей Северной Европы, включая шведов, показало, что чрезмерное потребление омега-6 на 150% повышает риск неспецифического язвенного колита — воспалительного заболевания кишечника. Для этого заболевания характерны мучительные боли в животе, кишечные кровотечения и диарея. В особо сложных случаях требуется оперативное вмешательство.

Упомянутые работы — всего лишь обсервационные исследования. Как мы знаем, они не доказывают причинно-следственных связей. Для получения достоверных данных нужны крупные дорогостоящие интервенционные исследования. К сожалению, маловероятно, что производители маргарина захотят оплатить исследование, которое докажет вред их продукции.

Лично я склонен думать, что связь есть. Многие пациенты рассказывали мне, что их состояние улучшилось, или же что симптомы вовсе исчезли, с тех пор как они стали соблюдать низкоуглеводную диету и исключили из пищи маргарин. В этой области очень не хватает качественного исследования — было бы интересно посмотреть на его результаты.

Маргарин вызывает у меня недоверие еще по одной причине — этического характера. К примеру, крупнейший шведский производитель *Unilever* не раскрывает всех процессов, связанных с производством. В одном видео, недавно выложенном в «Ютьюбе», производители демонстрируют ингредиенты: рапсовое и пальмовое масла, вода, лецитин, нежирный кефир, соль, бетакаротин (иначе маргарин был бы слишком белым) и лимонный сок. А потом просто-напросто смешивают их — в большой миске с ледяной водой, чтобы смесь застыла. Все происходит «так же, как если бы вы готовили это у себя на кухне дома», — утверждают они[64].

Однако они недоговаривают, что входящие в состав маргарина масла специально очищают. Иначе маргарин по вкусу сильно отдавал бы рапсовым или пальмовым маслом. В процессе очистки масла теряют все возможные витамины и другие полезные вещества. Затем, чтобы придать маргарину вкус масла, в него кладут особую синтетическую добавку.

В видео также ничего не говорится о том, что масла на самом деле подвергаются особой химической реакции, переэтерификации, чтобы жидкие жиры при комнатной температуре имели твердую консистенцию. Для этого используют катализатор метилат натрия, который расщепляет жирные кислоты и затем по-новому их синтезирует. Я позвонил в *Unilever* и задал им свой вопрос. Они с готовностью признали, что весь их маргарин содержит переэтерифицированные жиры.

Что-то я не слышал, чтобы хозяйки держали дома метилат натрия.

---

[64] Процесс можно сравнить с приготовлением натурального сливочного масла: сливки взбивают до тех пор, пока они не превратятся в масло. Никакой подозрительной миски с ледяной водой не требуется.

Чем отличается диета GI (ГИ) от LCHF?

GI и LCHF похожи, однако LCHF — более совершенный вариант. GI обычно связана с сокращением самых вредных углеводов — мучного и сладкого. При LCHF принято значительно сокращать все углеводы.

GI допускает медленные углеводы, например продукты из цельнозерновой муки. LCHF предполагает насыщение за счет мяса, рыбы, яиц и овощей.

Особенность GI в том, что необязательно отказываться от хлеба и макарон, к тому же в первые дни вы будете избавлены от неприятных ощущений, связанных с перестройкой организма, — утомляемости и головной боли.

Плюс LCHF в том, что она дает более эффективное снижение веса, еще более стабильный уровень глюкозы и отсутствие тяги к сладкому.

Разве недостаточно просто есть углеводы с низким гликемическим индексом?

Для здоровых, стройных молодых людей в хорошей физической форме — да, возможно, достаточно. Для тех, кто страдает избыточным весом и диабетом, — скорее всего, нет. Во всяком случае, это не столь эффективно.

Будьте внимательны, когда читаете тексты на упаковках: «цельнозерновой» не всегда означает, что продукт полностью изготовлен из цельного зерна. Основной ингредиент, как правило, обычная пшеничная мука.

Учтите также, что в основе диеты GI лежит одно существенное заблуждение: сахар (сахароза) имеет довольно низкий гликемический индекс, поскольку наполовину состоит из фруктозы, которая повышает глюкозу в крови постепенно. Однако в больших количествах фруктоза — это верный способ располнеть и приобрести метаболический синдром. Будьте осторожны с продуктами, в которых содержится много сахара / фруктозы, даже если у них невысокий гликемический индекс.

Могут ли углеводы, получаемые с пищей, превратиться в организме в жир?

Да, конечно. Фруктоза в печени, например, легко превращается в жиры. Кроме того, если вы едите слишком много углеводов, инсулин повышается, способствуя усиленному отложению жира, в том числе за счет тех жиров, которые вы одновременно получаете с пищей.

Неужели нельзя обойтись без жирной пищи? Разве не достаточно есть просто побольше фруктов, зелени и клетчатки?

Нет, не достаточно. Если вы хотите существенно сократить потребление сахара и крахмала и при этом быть сытыми, вы должны получать недостающую энергию из других источников. В зеленых овощах и в клетчатке содержится крайне мало калорий. Вы не будете ими сыты надолго. Ваш желудок наполнится, но это не сытость. Скоро вы снова проголодаетесь.

Фрукты более калорийны, но это сахар. Поэтому фрукты лучше есть не для насыщения, а для вкуса. Фрукты — это натуральные сладости.

Чтобы наесться досыта без сахара и крахмала, вам нужны жиры — питательные вещества, которые обеспечат вас максимальной энергией. Это, разумеется, не значит, что надо объедаться жирами. Жирная пища очень сытная, поэтому ее много не требуется. Просто перестаньте ее бояться.

Какое количество жиров можно считать достаточным? Достаточно — это когда человек чувствует себя сытым.

Чем отличается низкоуглеводная диета от палеодиеты?

Отличие главным образом в том, что палеодиета исключает употребление молочных продуктов. В каменном веке люди еще не держали скота и, отняв детей от груди, не давали им молока. У них не было ни сливок, ни сыра, ни масла.

Низкоуглеводная диета допускает молочные продукты в основном потому, что это вкусно и сильно упрощает жизнь. Главная проблема сегодня — это сахар и крахмал, которых и следует избегать. Жирные молочные продукты не представляют никакой опасности. Однако, если вы спокойно обходитесь без них, то строгая палеодиета — тоже неплохая альтернатива.

Почему японцы не толстеют, хотя едят столько риса?

Многие задают этот вопрос. Традиционная пища некоторых народов очень богата углеводами, при этом проблемы ожирения у них не существует. Эти народы объединяет три важных особенности.

Во-первых, в их рационе почти не было чистого сахара. Большое количество получаемой из сахара фруктозы может вызвать в организме то самое нарушение, для которого характерны постоянно высокие показатели инсулина. Во-вторых, крахмал, который они получали, был нерафинированный, с очень низким гликемическим индексом. И, наконец, исторически это были бедные народы — люди в этих странах часто недоедали и занимались тяжелым физическим трудом.

В этих условиях люди, как правило, хорошо переносят пищу с высоким содержанием трудноусвояемого крахмала и не толстеют. Однако традиционная японская поговорка все же предупреждает: «Хара хачи бу» — «Ешь, пока почти что не насытишься». Значит, даже бурый рис нельзя переедать?

Многие остаются худыми, питаясь грубой крахмалсодержащей пищей (без сахара), но не факт, что это излечит тех, кто страдает ожирением или диабетом II типа. В этом случае может потребоваться строгая низкоуглеводная диета.

Интересна традиционная диета японских борцов сумо. Ее долго оттачивали, чтобы добиться наилучших результатов — наибольшего веса. Сумоисты едят очень мало жиров. По данным исследования, опубликованного в *American Journal of Clinical Nutrition*, юные сумоисты в день получают в среднем 1003 граммов углеводов и всего 50 граммов жиров.

Если у меня нормальный вес, могу ли я питаться низкоуглеводной пищей?

Да. При низкоуглеводной диете у людей с нормальным весом отмечается уменьшение подкожного жира, однако вес снизится лишь настолько, насколько позволит сам организм. У людей с недостаточной массой тела мышечная масса, наоборот, прибавится.

Чтобы поддерживать нормальный вес, необязательно есть хлеб и сахар. Достаточно просто сытно питаться. Низкоуглеводное питание без ограничения объема пищи — это не обычная диета для похудения. Если вы страдаете избыточным весом, вы похудеете, если истощены — поправитесь. Низкоуглеводная диета — устойчивый долгосрочный метод контроля над собственным весом.

Можно ли придерживаться низкоуглеводной диеты во время беременности и лактации?

Насколько мне известно, никаких медицинских показаний к потреблению сахара и крахмала в какой бы то ни было момент жизни нет.

Натуральная и разнообразная низкоуглеводная пища — мясо, рыба, масло, яйца, овощи, ягоды и орехи — очень питательна. Это прекрасная еда для тех, кому приходится есть за двоих. Я рекомендую варьировать разные продукты и есть досыта. Во время беременности и кормления низкоуглеводная диета поможет матери, кроме всего прочего, поддерживать нормальный вес. Главное, разумеется, чтобы было хорошо ребенку, но хорошее самочувствие матери скорее всего будет свидетельствовать о правильном развитии плода.

Влияние строгой низкоуглеводной диеты на беременных и кормящих женщин пока еще пристально не изучалось. Недавний обзор научных работ показал, что нет также и данных, фиксирующих минимальное количество углеводов, обязательное для беременных женщин.

Итак, строгая низкоуглеводная диета для беременных наукой пока не исследована. Вы должны самостоятельно оценить риски, связанные с разными видами питания во время беременности и лактации.

Очевидно, что чрезмерное потребление углеводов будет пагубным для вашего здоровья, если у вас избыточный вес или высокий показатель глюкозы. Беременные часто слишком много прибавляют в весе. Сегодня очень распространен диабет беременных, из-за чего ребенок может родиться очень крупным. Это еще раз доказывает риски, связанные с традиционным западным питанием.

Возможно, строгая низкоуглеводная диета тоже таит в себе опасности, хотя мы о них еще не знаем. Но пока никаких отчетов о нежелательных побочных эффектах опубликовано не было. Поэтому, может быть, вполне разумно ограничить углеводную пищу овощами, ягодами, орехами и молочными продуктами.

Можно ли сочетать низкоуглеводную диету с приемом лекарственных препаратов?

L-ТИРОКСИН: да. Но со временем придется изменить дозировку (увеличить либо уменьшить).

ВАРФАРИН: вне зависимости от того, насколько радикально вы меняете свою диету, принимая этот препарат, поначалу вам придется чаще делать контрольные анализы МНО. Дозировку препарата, возможно, придется изменить.

ГИПОТЕНЗИВНЫЕ ПРЕПАРАТЫ: да, но будьте готовы к тому, что при низкоуглеводной диете артериальное давление снизится. Тогда надо будет проконсультироваться с врачом, чтобы изменить (снизить) дозировку вашего препарата. Обычные симптомы снижения давления — головокружение или усталость.

ПРЕПАРАТЫ ОТ ДИАБЕТА: низкоуглеводное питание идеально подходит для диабетиков, однако будьте осторожны с вашими препаратами, чтобы избежать резкого падения глюкозы (из всех препаратов только метформин исключает риск падения глюкозы). Дозы, как правило, приходится снижать. Удаляя из рациона углеводы, многие диабетики снижают дозы инсулина на треть или даже больше. Изменять диету желательно с ведома вашего врача или патронажной сестры.

Можно ли придерживаться низкоуглеводной диеты при сниженной функции почек?

Если у вас выраженная почечная недостаточность (на грани необходимости гемодиализа), то, вероятно, вам рекомендовали снизить потребление белков. Рекомендации в таком случае нарушать не следует. Но других ограничений, насколько мне известно, нет.

Эта проблема стала предметом одного рандомизированного исследования, в котором приняли участие шестьдесят восемь человек с ожирением. Половина из них придерживалась низкоуглеводной диеты, другая половина — высокоуглеводной. Исследование длилось год, и никаких различий в функции почек замечено не было. Однако у низкоуглеводной группы наблюдалась тенденция к *улучшению*.

Недавно в медицинском журнале *Läkartidningen* была опубликована примечательная история болезни одного пациента. У 60-летнего мужчины к диабету II типа, которым он страдал уже многие годы, присоединилась прогрессирующая почечная недостаточность. В 1997 году ему назначили инсулиновую терапию. Пациент сильно прибавил в весе, нарушение функции почек нарастало. В январе 2004 года пациент перешел на низкоуглеводную диету. Глюкоза в крови заметно снизилась, и в течение двух недель он смог отказаться от инъекций инсулина. За первые полгода он сбросил 19 килограммов с последующим продолжением снижения веса. Функция почек, которая перед этим постоянно ухудшалась, после введения низкоуглеводной диеты стабилизировалась, а через три года наблюдений даже улучшилась.

Сегодня сахарный диабет является самой распространенной причиной почечной недостаточности, а низкоуглеводная диета — эффективное средство при повышенной глюкозе.

Можно ли соблюдать низкоуглеводную диету при заболеваниях желчного пузыря?

Обычно проблем с этим нет. Хотя жирная пища может вызвать обострение желчнокаменной болезни. Но сами камни в желчном пузыре возникают скорее от обезжиренной пищи. Сейчас объясню.

Желчь вырабатывается главным образом для того, чтобы расщеплять жирную пищу. Если вы едите много жирного, то вырабатывается много желчи, которая обильно выводится желчевыводящими протоками. Это препятствует образованию камней.

Если пища нежирная, то и желчи производится мало. Возникает риск, что желчь в желчевыводящих путях будет задерживаться. Это повышает вероятность образования камней.

Для сравнения можно рассмотреть процесс камнеобразования в почках. Если у человека есть склонность к мочекаменной болезни, ему рекомендуют пить больше воды для повышения диуреза (мочеотделения), иначе моча в мочевыводящих путях будет застаиваться, что может привести к образованию камней.

Если обильное питье предотвращает камни в почках, то жирная пища способна так же предотвратить образование камней в желчном пузыре.

Если вы уже страдаете желчнокаменной болезнью, то обильное желчеотделение будет вызывать временный дискомфорт, приступы желчной колики.

Регулярное употребление жирной пищи даст желчегонный эффект, и, если повезет, мелкие камни из желчевыводящих путей могут даже выйти в кишечник. Люди, давно соблюдающие безуглеводную диету, часто избавляются от проблем, беспокоивших их вначале. Если вы испытываете трудности, связанные с переходом на безуглеводную диету, попробуйте есть поменьше жира, но питаться чаще, пока организм не привыкнет.

У людей с удаленным желчным пузырем желчь по мере необходимости сразу поступает в кишечник. Обычно же она скапливается в желчном пузыре, пока не потребуется расщепить большое количество жира.

В теории это означает, что человеку без желчного пузыря трудно переварить много жира за один раз. На деле же многие пациенты с этим справляются, необходимо лишь время на адаптацию.

Может ли переход на низкоуглеводную диету сопровождаться плохим самочувствием?

Да. Это связано с перестройкой организма. Распространенные побочные эффекты вначале — головные боли, усталость, головокружение, приливы, сердцебиение, неприятный запах изо рта и раздражительность. Все это относительно быстро проходит. Об этих побочных эффектах и методах борьбы с ними вы можете прочесть в предыдущей главе. Неприятный запах изо рта при переходе на новое питание связан с кетозом.

Усиливает ли эта диета действие алкоголя?

Да. Многие из тех, кто перешел на безуглеводную диету, замечают, что алкоголь вызывает более сильное опьянение, чем раньше. Будьте осторожны, если точно не знаете своей нормы.

Причина этого неизвестна. Возможно, это происходит потому, что механизмы сжигания алкоголя и фруктозы печенью похожи (чрезмерное потребление и того, и другого может вызвать жировую дистрофию печени). При низкоуглеводной диете организм получает очень мало фруктозы, и механизмы эти, видимо, ослабевают. Не исключено также, что печень нейтрализует алкоголь медленнее обычного из-за того, что она более активно занята образованием глюкозы или кетонов.

Может ли эта диета вызывать судороги икроножных мышц?

Да, первое время при строгой низкоуглеводной диете у многих действительно сводит икры. Возможная причина — потеря магния с мочой в связи с перестройкой питания. Со временем это проходит.

Если неприятные ощущения не исчезают, показано дополнительно принимать препараты магния.

Могут ли при низкоуглеводной диете возникать запоры?

Да. У многих поначалу бывают запоры, или же наоборот, жидкий стул. Пищеварительная система не сразу привыкает к новому типу питания.

Чтобы предотвратить запоры, следует больше пить. Дефицит воды в организме восполняется за счет всасывания жидкости из толстого кишечника — отсюда твердый стул или запоры.

Иногда запоры связаны с сокращением в рационе клетчатки. Это легко предотвратить, если есть побольше овощей.

Может ли низкоуглеводная диета стать причиной остеопороза?

Нет. Беспокойство вызвано тем, что некоторые исследования отмечали большее разряжение костной ткани у детей, прошедших лечение низкоуглеводной диетой при тяжелых случаях эпилепсии, по сравнению со здоровыми детьми. Однако следует учесть, что эти дети также получали высокие дозы лекарственных препаратов против эпилепсии. Побочным действием некоторых из этих лекарств является разряжение костной ткани. То есть риск остеопороза не был связан с переходом на новый тип питания. На разряжении костной ткани может также сказываться недостаток витамина D.

Нет никаких оснований считать, что наши предки, употреблявшие бедную углеводами пищу, страдали остеопорозом, скорее, наоборот.

Воздействие низкоуглеводной диеты на скелет изучалось в нескольких исследованиях. В одном из них приняли участие пятнадцать человек. В течение трех месяцев они соблюдали строгую низкоуглеводную диету. В сравнении с контрольной группой специальные анализы мочи и крови не выявили ничего, что свидетельствовало бы о нарушениях в структуре костной ткани.

В другом исследовании участвовали триста семь человек, страдающих избыточным весом. Исследование длилось два года. Участников разделили на две группы — низкоуглеводную и безжировую. На шестом, двенадцатом и двадцать четвертом месяце у участников обеих групп сравнивали плотность костной ткани в бедренных костях и позвоночнике. Никаких изменений ни у тех, ни у других замечено не было.

Отсюда следует вывод, что низкоуглеводная диета остеопороза не вызывает.

Есть ли вероятность развития рака толстой кишки при употреблении в пищу красного мяса?

Нет. Опасения, что употребление в пищу жиров и мяса может вызывать рак, современными исследованиями не подтверждены. Крупнейшее интервенционное исследование Women's Health Initiative (WHI), в котором участвовали пятьдесят тысяч женщин, не обнаружило снижения риска заболеваемости раком при безжировой диете с повышенным употреблением в пищу овощей и фруктов.

Да, но не может ли именно красное мясо стать причиной рака толстой кишки? Основой для сомнения послужили результаты обсервационных исследований, не доказывающих, однако, причинно-следственных связей. Ученые обсуждали, не связаны ли эти статистические данные с добавлением в мясную продукцию консерванта нитрита.

В новом обзоре всех обсервационных исследований указывается, что связь между раком толстой кишки и употребляемым в пищу красным мясом не достаточно очевидна. Возможно, на результатах исследований сказалось и то, что статистически любители мяса едят больше сахара, больше курят и т. п. То есть эта неочевидная зависимость может объясняться и другими особенностями образа жизни. При тщательном изучении всех существующих работ никаких четких доказательств, указывающих на реальную связь между раком толстой кишки и употреблением в пищу красного мяса, обнаружено не было.

В то же время многие обсервационные исследования выявили более четкую зависимость распространенности рака других локализаций от повышенного потребления углеводов и высокой гликемической нагрузки. Подробнее об этом читайте в разделе о раке в главе, посвященной западным болезням.

ГЛАВА ДВЕНАДЦАТАЯ
Советы по снижению веса

Многие прибегают к низкоуглеводной диете в основном для того, чтобы сбросить лишний вес. Чаще всего это дает быстрый положительный результат. Но кому-то хочется еще более радикальных изменений, либо же процесс похудения приостанавливается, а мы желаем и дальше продолжать худеть стабильными темпами.

Как ускорить этот процесс? Ниже вы найдете семнадцать советов. Они размещены в порядке убывания, то есть самые важные рекомендации указаны в начале перечня. Те, что приведены в конце, либо не так существенны для снижения веса, либо же сама проблема не так распространена. В любом случае в первую очередь обратите внимание на начальные пункты.

1. Темпы похудения

Забудьте о безжировой низкокалорийной диете. Прочитав эту книгу, вы уже знаете, насколько безжировая диета неэффективна в долгосрочной перспективе. Голодание может вызывать эффект маятника, когда, сбросив лишний вес, человек легко набирает его снова. Многие исследования показывают, что низкоуглеводная диета позволяет сбросить больше килограммов, и вам не придется голодать или считать калории.

Как правило, человек теряет несколько килограммов в первую неделю, затем — по полкилограмма в неделю. Обычный результат — 25 килограммов за год, если последовательно отказаться от сахара и крахмалсодержащих продуктов. Чем жестче диета, тем заметнее результат. По мере приближения к идеальному весу процесс похудения замедляется, останавливаясь на уровне, комфортном для организма. Поскольку низкоуглеводная диета предполагает сытное питание, вы никогда не сбросите больше, чем нужно.

Разумеется, это индивидуально, и все худеют по-разному. Молодые люди иногда худеют гораздо быстрее. Женщины старшего возраста — медленнее. Жизнь, к сожалению, несправедлива.

2. Наберитесь терпения

Многие набирали свой лишний вес годами или десятилетиями. Обычно, чтобы избавиться от него, требуется меньше времени. Однако будьте терпеливы.

Ешьте вкусную пищу, наслаждайтесь хорошим самочувствием и отвлекитесь на что-то другое. Весы лучше кому-нибудь отдать на время. Низкоуглеводная диета — не скоростной метод похудения, а образ жизни. Гормональный уровень организма меняется вместе с тем, как падает инсулин. Постепенно тело меняется; живот медленно втягивается. Рано или поздно вы почувствуете, что вам стали велики все ваши брюки.

В газетах и Интернете предлагают множество чудодейственных рецептов стоимостью в 50 евро плюс доставка. От подобных предложений похудеет разве что ваш бумажник. Лучше тратьте свои деньги на качественные продукты и ждите. Понемногу сбрасывая каждый месяц, вы в конце концов похудеете. Это неизбежно. Полкило в неделю кажется совсем немного, однако за год набежит около 26 килограммов.

Иногда за день вы сбросите килограмм или даже два, а иногда ваш вес не будет меняться неделями. Не удивляйтесь. Так называемые «плато», временная приостановка снижения веса, — очень распространенное явление, и я не знаю практически никого, кто бы этого избежал. Здесь требуется терпение. Но не откладывайте книгу. Есть еще кое-какие хитрости, которые помогут вам похудеть побыстрее.

3. Ешьте больше жирной пищи

В чем самая распространенная ошибка начинающих? Ответ прост. Они все еще боятся жирной пищи.

Сокращение углеводов без увеличения объема потребляемых жиров приведет к истощению. Вы будете испытывать чувство голода и усталости. В конце концов вам захочется все бросить. Постарайтесь не угодить в эту ловушку. Чтобы добиться устойчивого результата, вы должны получать удовольствие от диеты и хорошо себя чувствовать.

Решение простое: ешьте больше жирной пищи — и будете сыты. Готовьте на сливочном масле и добавляйте в соусы жирные сливки. Жирное мясо, жирная рыба, бекон, яйца, кокосовое масло и авокадо — хорошие и питательные источники жира.

Если вы все равно голодны, значит, жиров в вашем рационе все-таки недостаточно. Ешьте всегда досыта, особенно в начале диеты. Со временем вы убедитесь, что нет ничего естественнее натуральной жирной пищи. Но поначалу надо привыкнуть. Если не нарушать регуляцию аппетита сахаром и крахмалом, для насыщения вам будет хватать довольно небольшого объема пищи. При достаточно низком уровне инсулина почти невозможно набрать лишний вес. А если вы съели больше, чем нужно, то просто будете сыты дольше или же в следующий прием пищи съедите меньше.

Не бойтесь жиров. Натуральный жир — ваш друг. Однако в начале процесса похудения у вас может появиться враг — весы.

4. Следите за окружностью талии

Обычное похудение при помощи метода подсчета калорий, то есть недоедание, может привести к уменьшению мышечной массы и размера внутренних органов. Если снова начать сытно питаться, потери восстанавливаются. Масса тела обычно быстро увеличивается.

Последующий переход на низкоуглеводную диету (любой степени строгости) поначалу может дать прибавку в весе, но не за счет жировых отложений, которые, наоборот, уменьшатся, а за счет восстановления нормальной мускулатуры — что хорошо и для здоровья, и для внешнего вида.

Вес — не самый надежный показатель, особенно если вы недавно голодали. Чтобы проверить эффективность диеты, имеется более верное средство.

Измерив окружность талии, вы узнаете гораздо больше. Измеряйте ее всегда в одном и том же месте, чтобы потом сравнивать показатели. Например, по линии между бедренной костью и нижними ребрами. Сделайте выдох и расслабьтесь, не втягивайте живот. Если хотите, измерьте окружность бедер, грудной клетки, рук и ног. Записывайте значения, чтобы, повторяя измерения несколько раз в месяц, было с чем сравнивать. А в остальное время просто наслаждайтесь тем, что одежда становится вам велика.

Не надо постоянно взвешиваться. Безусловно, низкоуглеводная диета позволяет многим быстро избавиться от лишнего веса. Но бывает, особенно если вы раньше увлекались подсчетом калорий, что весы поначалу предательски показывают не тот результат, который хотелось бы видеть. Это естественно для периода адаптации, так как диета влияет на гормональный уровень, особенно на инсулин.

Хотите, чтобы окружность талии уменьшалась еще быстрее? В таком случае важно соблюсти еще несколько правил.

5. Женщины, ешьте поменьше фруктов

Это также относится и к мужчинам, однако пристрастие к фруктам чаще всего мешает похудеть именно женщинам.

К сожалению, фрукты содержат много сахара: примерно 10% от общей массы; остальное в них — вода. Пять фруктов в день, как нам часто советуют, — это столько же сахара, сколько в полулитре сладкой газированной воды. И этот сахар — такой же вредный.

Фруктоза повышает инсулин, что может препятствовать сжиганию жира и сбрасыванию веса. Фрукты не очень калорийны, но фруктоза обостряет аппетит.

Лучшего результата вы добьетесь без фруктов. Если у вас проблемы с лишним весом, ешьте фрукты только в виде исключения, потому что это вкусно.

6. Мужчины, пейте поменьше пива

Это также касается и женщин, но является основной проблемой для мужчин. В пиве содержится много солодового сахара, который препятствует сжиганию жира. Отсюда выражение «пивной живот».

Если вы хотите похудеть, то лучше пить другие алкогольные напитки:
- сухие вина;
- сухое шампанское;
- чистый спирт — виски, коньяк, водку (избегайте сладких коктейлей).

В данных напитках содержится очень мало сахара. Но и сам алкоголь может сказываться на весе. Он сжигается в печени так же, как фруктоза. Лучше всего соблюдать умеренность. Если же вы хотите максимально снизить вес, от алкоголя нужно отказаться. Совсем.

7. Осторожнее с псевдонизкоуглеводными продуктами

А как насчет низкоуглеводных макарон, низкоуглеводного мороженого, чипсов, шоколада?

Можно ли покупать особые безуглеводные варианты джанкфуда, рассчитывая на то, что это не отразится на весе? К сожалению, нет. Это было бы замечательно, но это не так. При ближайшем рассмотрении эти продукты, как правило, содержат много углеводов, а также подсластителей и заменителей сахара. Запомните: здоровыми и стройными вас сделает только настоящая пища.

8. Избегайте заменителей сахара

Некоторые используют вместо сахара сахарозаменители и думают, что, сократив калории, они сбросят вес. Быть может, иногда это и срабатывает. Но многие исследования показывают, что люди, которые пьют «легкие» газированные напитки, полнеют точно так же, как те, кто пьет обычные сладкие воды. А несколько исследований на крысах продемонстрировали даже, что заменители сахара дают бóльшую прибавку в весе, чем обычный сахар.

Причина, как полагают специалисты, в том, что в ожидании поступления сахара в кровь организм способен повышать выделение инсулина. Когда этого не происходит, глюкоза в крови падает и чувство голода обостряется. А может быть, механизм иной, и заменители сахара как-то иначе поддерживают тягу к сладкому, что приводит к постоянным перекусам.

Как бы то ни было, если у вас не получается сбросить вес, я бы советовал избегать заменителей сахара. Вы избавитесь от привычки к сладкой пище, и тяга к сладкому быстро пройдет.

9. Проверьте свои лекарства на предмет побочных эффектов

Многие лекарственные препараты могут негативно сказываться на весе. Разумеется, все возможные изменения следует обсудить с врачом.

ИНЪЕКЦИИ ИНСУЛИНА, особенно в высоких дозах, хуже всего сказываются на весе. Низкоуглеводная диета способна снизить потребность в инсулине, что облегчит похудение. Неплохое средство при диабете II типа — метформин. Он не дает прибавления в весе и снижает потребность в инсулине.

ДРУГИЕ ПРЕПАРАТЫ ОТ ДИАБЕТА, например таблетки, стимулирующие выработку инсулина (т. н. препараты сульфонилмочевины), часто приводят к полноте. В качестве примера назову глибенез, эуглюкон, даонил, глибенкламид. Таблетки типа актос, старликс и новонорм также способствуют прибавлению в весе. Более современный препарат баета, напротив, скорее дает снижение веса.

КОРТИЗОН В ТАБЛЕТИРОВАННОЙ ФОРМЕ, например преднизолон, дает постепенное прибавление в весе, особенно при высоких дозировках. Поэтому дозировка должна подбираться очень тщательно, назначать следует минимальные эффективные дозы. Местные препараты, такие как кремы, назальные спреи или аэрозоли, существенно на весе не сказываются.

Кроме трех групп препаратов, перечисленных выше, есть еще ряд лекарств, прием которых влияет на вес.

НЕЙРОЛЕПТИКИ, принимаемые при психотических расстройствах, часто дают прибавление в весе. Причем чем новее препарат, тем хуже. Однако зипрекса (оланзапин) такого эффекта не вызывает.

НЕКОТОРЫЕ АНТИДЕПРЕССИВНЫЕ СРЕДСТВА, в особенности более старые трициклические препараты, например триптизол, саротен, кломипрамин, а также ремерон (миртазапин) и препараты лития, часто дают прибавление в весе. Антидепрессанты из группы СИОЗС, в частности циталопрам, сертралин, на весе практически не сказываются.

НЕКОТОРЫЕ ПРОТИВОЗАЧАТОЧНЫЕ ПРЕПАРАТЫ могут дать небольшое прибавление в весе, особенно те, которые содержат только гормоны желтого тела, а не эстроген: мини-пили, противозачаточные инъекции, имплантаты.

ПРЕПАРАТЫ ГРУППЫ БЕТА-БЛОКАТОРОВ, ПРИМЕНЯЕМЫЕ ПРИ АРТЕРИАЛЬНОЙ ГИПЕРТЕНЗИИ, также могут сказываться на весе. Примеры: селокен, метопролол, атенолол.

ПРОТИВОЭПИЛЕПТИЧЕСКИЕ ПРЕПАРАТЫ имеют схожий побочный эффект. Примеры: карбамазепин, вальпроат.

ПРОТИВОАЛЛЕРГИЧЕСКИЕ АНТИГИСТАМИННЫЕ ПРЕПАРАТЫ, особенно в высоких дозах, дают прибавление в весе.

ПРЕПАРАТЫ ДЛЯ СНИЖЕНИЯ ВЕСА, например ксеникал / алли, очень неблагоприятно действуют на организм в целом. Они блокируют всасывание жира кишечником. Если вы питаетесь настоящей пищей, это может привести к диарее. К тому же действие этих препаратов ограничено. В одном крупном рандомизированном исследовании низкоуглеводная диета показала лучшие результаты, чем ограничение жиров и калорий в сочетании с ксеникалом.

Так называемые агонисты ГЛП-1, также применяемые для похудения, могли бы стать препаратами будущего. Подобные лекарства уже существуют для больных диабетом II типа — это баета̀ и виктоза. Однако их действие еще не достаточно изучено.

10. Поменьше волнуйтесь и побольше спите

Стресс и плохой сон могут повышать уровень гормона кортизола и способствовать прибавлению в весе. Если вам никак не удается похудеть, особенно важно высыпаться и избегать лишнего стресса.

Если вы храпите и страдаете ночным апноэ — временной остановкой дыхания, — то прибор СИПАП поможет вам похудеть, восстановив ночной сон и понизив гормон стресса. Как только вы достигнете нормального веса, храп скорее всего исчезнет.

11. Больше двигайтесь

Физические нагрузки полезны для здоровья и хорошего самочувствия. Для того чтобы снизить вес, это не всегда необходимо, воспринимайте это как бонус. См. раздел о физических нагрузках в пятой главе.

Если у вас высокая степень ожирения и вас мучают боли в суставах, советую вам не спешить с физкультурой. Поберегите суставы. Сначала измените диету и дайте организму привыкнуть. Вместе с потерей избыточного веса вернется и желание двигаться. Как только вы почувствуете, что сил стало больше, как только мысль о прогулке покажется вам заманчивой, можете начинать.

Силы вернутся к вам, когда вы начнете нормально питаться. Уровень инсулина нормализуется, «высвободив» запасы энергии, и вы неожиданно для себя захотите больше двигаться. Занимайтесь теми видами спорта, которые доставляют вам удовольствие. Укрепите мышцы, осанку и общее физическое состояние. В придачу вы получите крепкое здоровье и хорошее самочувствие. Со временем организм сможет лучше переносить углеводы, и инсулин при этом не будет повышаться. Вес нормализуется. Вы выйдете наконец из порочного круга.

12. Не переедайте

Действительно ли можно есть жирную низкоуглеводную пищу в неограниченных количествах и при этом терять в весе? Да, как правило, это прекрасно работает. Благодаря регуляции аппетита человек автоматически начинает есть столько, сколько требует его организм, руководствуясь чувством голода и насыщения.

Однако не для всех это так просто. Набрать избыточный вес, сидя на обычной низкоуглеводной диете, конечно, невозможно. Но при большом объеме пищи организму незачем использовать свои запасы жира. Вместо жировых отложений на животе он будет в первую очередь сжигать жир, который поступает с пищей, отчего процесс похудения может замедлиться.

Если вы «топчетесь на месте», то, возможно, причина именно в этом. Иногда мы едим больше, чем нужно, потому что это приятно и вкусно. Чаще всего быстрому снижению веса препятствуют следующие продукты:

Молоко (кефир, йогурт и т. п.)
Сливки
Сыр
Орехи

Заметьте, все это (в том числе орехи в больших количествах) не входило в рацион древнего человека. Кроме того, эти продукты богаты углеводами. Молоко, кефир и йогурт содержат много молочного сахара, но мы этого не замечаем, потому что лактоза на вкус не особенно сладкая. Многие даже считают, что молочный белок способствует выработке дополнительного инсулина и тем самым влияет на вес. Возможно, так оно и есть.

При необходимости попробуйте на время отказаться от этих продуктов, а потом постепенно вводить их по одному, чтобы определить, как они сказываются на весе.

13. Удостоверьтесь, что количество углеводов сведено к минимуму

Многие едят больше углеводов, чем им кажется. Вы можете проверить, сколько углеводов вы съедаете в сутки.

Если вам не удается похудеть, ограничьтесь 20 г углеводов в сутки в виде овощей.

Вы добьетесь лучших результатов, если на время сведете углеводы практически к нулю. В этом случае рацион будет в основном состоять из мяса, рыбы, яиц и масла. Разумеется, самое важное — найти способ, который будет удобен для вас и в дальнейшем. Строгая безуглеводная диета для большинства — лишь временное решение.

14. Учитывайте гормональные изменения

У многих людей, особенно у женщин, обмен веществ может замедляться в связи с пониженной функцией щитовидной железы. Распространенные симптомы в этом случае — усталость, озноб, нерегулярный стул, сухость кожи, избыточный вес. Чтобы поставить диагноз, достаточно сдать кровь на анализ в обычной поликлинике. Для лечения обычно назначается гормон щитовидной железы в таблетированной форме.

Причиной прибавления в весе могут быть и половые гормоны.

• Во время климактерического периода уровень эстрогена у женщин падает, что вызывает прибавление в весе.

• У мужчин с возрастом вырабатывается меньше тестостерона, что постепенно приводит к полноте.

Оставаться стройным, как подросток, в старшем возрасте почти невозможно. Возрастные гормональные изменения часто являются причиной того, что многие пожилые люди, особенно женщины, не могут поддерживать нормальный вес. При необходимости половые гормоны назначают для приема внутрь. Такая терапия, особенно при высоких дозировках, связана с определенным риском для здоровья. Чем-то это напоминает допинг.

15. Не забывайте о витаминах и минералах

Наукой этот вопрос пока изучен не полностью. Однако не исключено, что бедный питательными веществами рацион может стать причиной переедания. При нехватке питательных веществ организму, чтобы получить все необходимое, требуются бо́льшие объемы пищи.

Наиболее любопытное исследование в этой области было опубликовано в 2010 году. Около ста китайских женщин, страдающих ожирением, случайным образом разделили на три группы. Первая группа в течение полугода дополнительно получала мультивитамины, вторая — только кальций, а последняя — плацебо. Ни сами участницы, ни их врачи не знали, какие препараты они принимают.

Через полгода участницы мультивитаминной группы существенно сбавили в весе (в среднем около 3 килограммов), и состояние их здоровья по многим показателям улучшилось. Кальций, как выяснилось, никакого влияния на вес не оказал.

Скорее всего, вполне достаточно просто правильно питаться. Но при проблемах с весом мультивитамины будут не лишними. Перестраховаться в этом случае не помешает.

Один витамин в мультивитаминных препаратах обычно присутствует в очень малых дозах. Это витамин D. От дефицита витамина D страдают очень многие, особенно люди с ожирением. Одно рандомизированное исследование, в котором участвовали женщины с дефицитом витамина D и пониженной чувствительностью к инсулину, показало снижение инсулинорезистентности при дополнительных дозах витамина D (4000 ЕД ежедневно в течение полугода) по сравнению с плацебо. Не исключено, что дополнительное назначение витамина D также способствует снижению веса.

Достаточное потребление витамина D имеет и другие положительные эффекты, подтвержденные исследованиями. Растущий научный интерес в этой области — тема следующей главы.

16. Ешьте медленнее, наслаждайтесь вкусом

Некоторые исследования показывают, что люди, которые едят быстро, съедают больше, чем нужно, прежде чем успевают почувствовать, что они сыты. Одно исследование даже продемонстрировало, что люди с избыточным весом едят быстрее, чем худые. Это исследования обсервационные, они не доказывают причинно-следственных связей, поэтому к таким выводам следует относиться с долей критики. Фастфуд, разумеется, главным образом неполезен по другой причине — в нем слишком много крахмала и сахара.

Но если у вас проблемы с весом и вы привыкли быстро есть, попробуйте есть медленнее — возможно, вам удастся заблаговременно почувствовать насыщение. А заодно насладиться вкусом пищи.

17. Практикуйте кратковременное голодание

Необязательно есть сразу, как только проголодаетесь. Какое-то время организм может запросто обходиться без еды. Раньше человек не каждый день мог сытно питаться. Кратковременное голодание (позволяется только пить воду) очень ускоряет снижение веса. Попробовать точно не помешает.

Существуют разные варианты голодания. Кто-то ест раз в день, например вечером. Более экстремальный вариант — питаться через день. Насколько мне известно, ни один из вариантов наукой проверен не был.

Если вас заинтересовал этот метод, советую поэкспериментировать. Если хотите, можно иногда пропустить завтрак или ланч. При низкоуглеводной диете это нетрудно, так как чувства сытости хватает надолго. Не исключено, что это ускорит процесс похудения и положительно скажется на здоровье.

В заключение

Если вы дочитали до этого места, перечитайте второй и четвертый советы.

Если же вам нужна дополнительная информация, зайдите на сайты: www.kostdoktorn.se или lchf.ru.

ГЛАВА ТРИНАДЦАТАЯ
И последнее

Революционный подход к питанию может в корне изменить наше здоровье. Но есть еще один необходимый фактор. Он незаменим для организма, и его не так просто получить из пищи. Однако часто мы испытываем перед ним неестественный страх.

Солнце

Мы, европейцы, живем в странах, где солнце не балует нас теплом круглый год. Осенью и зимой большую часть дня мы проводим в помещении. Да и жаркое лето не очень подходит для нашей кожи — сильный загар ей вреден. Многие из нас пользуются солнцезащитным кремом, чтобы блокировать и то малое количество настоящих солнечных лучей, которое нам выпадает за целый год.

Это не очень хорошо, потому что вызывает дефицит витамина D. Когда лучи солнца проникают в нашу кожу, в ней образуется много витамина D. Отчасти мы получаем этот витамин с едой, его особенно много в жирной рыбе, но эти объемы несоизмеримы. Люди, избегающие солнца, часто страдают от серьезной нехватки витамина D.

Почему у жителей северных регионов кожа светлее, чем у тех, кто живет в южных странах? Из-за витамина D. Более темный пигмент кожи — это своего рода встроенный защитный фильтр. Нам нужна более светлая и светочувствительная кожа, чтобы, несмотря на недостаток солнечного света, оставаться здоровыми. Чтобы получать необходимые дозы витамина D. Если бы солнце было опасным, у нас была бы темная кожа. Как у наших предков, когда они вышли из Африки.

Игнорируя потребности организма, мы рискуем навлечь на себя самые разные заболевания. Это касается не только пищи, но и солнца.

Что такое витамин D?

Витамин D уникален. Его относят к стероидам, как половые гормоны тестостерон и эстроген, он влияет на функции сотен генов в большинстве клеток человеческого организма и поэтому может оказывать очень широкое воздействие на организм.

Дефицит витамина D теоретически может повысить риск самых разных заболеваний, что подтверждается целым рядом исследований. Инфекционные болезни, такие как простуды и грипп, сердечно-сосудистые заболевания, рак, остеопороз, аутизм, мышечные боли (фибромиалгия), зимние и весенние депрессии — список заболеваний, обусловленных нехваткой витамина D, бесконечен.

Летом мы запасаемся витамином D, но затем его уровень в организме постепенно падает. Если летом или осенью не съездить в отпуск в теплые страны, то к зиме — весне запас витамина D иссякнет.

Конечно, многое еще не доказано, но некоторые вещи очевидны уже сегодня. Будет разумным поддерживать в крови нормальный уровень витамина D — как у тех, кто иногда бывает на сильном солнце. Это может предотвратить многие заболевания, и для здоровых людей известных рисков в этом плане не существует.

Чем грозит дефицит витамина D?

Всем известно, что люди с дефицитом витамина D подвержены риску многочисленных заболеваний. Это показали многие обсервационные исследования. Но они, как мы знаем, не выявляют причинно-следственных связей. А связь может быть, причем обратной, ведь больные люди не так много времени проводят на солнце.

Чтобы знать наверняка, нужны рандомизированные интервенционные исследования. Чтобы одной группе людей давали витамин в капсуле, а затем сравнивали ее с другой группой, которой прописали такую же капсулу, но без витамина. Таких исследований сегодня проводится все больше и больше, и результаты их поразительны.

Самое потрясающее то, что дополнительные дозы витамина D действительно продлевают жизнь. Сравнив общие результаты восемнадцати исследований, участникам которых давали либо витамин D, либо плацебо, удалось выяснить, что те, кто получал витамин D, жили дольше, и различие между группами было статистически значимым.

Другое исследование, проводившееся на севере США среди пожилых людей, показало, что участники группы, принимавшие дополнительные дозы витамина D, были в меньшей степени подвержены риску заболевания раком. Ряд подобных исследований показал также положительную роль витамина D в лечении депрессий, гриппа и в профилактике остеопороза.

Существует небездоказательное мнение, что спортсмены, не испытывающие нехватки витамина D, добиваются лучших результатов. Любопытно, что врачи американской хоккейной команды Chicago Blackhawks недавно начали тестировать и в случае необходимости назначать витамин D своим игрокам. Через год профессиональный уровень команды настолько вырос, что она выиграла Кубок Стэнли, и это впервые за сорок девять лет. Естественно, что после этого многим хоккеистам стали прописывать витамин D.

Но есть и другие риски, связанные с дефицитом витамина D, а именно аутизм и его более легкое проявление — синдром Аспергера. Это нарушение в частности заключается в отсутствии у больного развитых социальных навыков. В последние десятилетия такое заболевание стало часто встречаться в Европе и на Западе вообще. Причины его неизвестны, однако многие обсервационные исследования говорят о том, что развитие аутизма может быть связано с дефицитом витамина D у беременных женщин и маленьких детей.

В странах, где солнца в течение года бывает совсем мало, самой острой нехваткой витамина D страдают люди с темной кожей, а также те, кто мало бывает на солнце, носит полностью скрывающие тело одежды и применяет солнцезащитные кремы.

В последнее время в европейской прессе появился ряд публикаций об опасностях, связанных с острым дефицитом витамина D. Некоторые специалисты предложили провести широкую информационную кампанию, адресованную в особенности той части населения, которая подвержена наибольшему риску нехватки этого витамина. Препарат витамина D стоит недорого и безвреден для здоровья, подчеркнули они в одной из статей, закончив ее словами «Так чего же мы ждем»?

С тех пор, правда, ничего не изменилось.

Два бокала солнечного света

Итак, витамин D синтезируется в коже под действием солнечных лучей. Однако в северных регионах солнечный свет достаточно ярок только в летние месяцы. Чтобы волны нужной длины не отфильтровывались в атмосфере, солнце должно подняться на 45° над горизонтом. Это означает, что если вы хотите получить достаточную дозу витамина D, ваша тень должна быть короче вашего роста.

За четверть часа на сильном солнце, обнажив бо́льшую часть тела, вы получите дозу витамина на несколько дней. Валяться на солнце, пока не обгоришь, совершенно необязательно. Вполне хватит умеренного и здорового пребывания на солнце. Солнцезащитные кремы позволяют нам проводить на солнце больше времени, чем это необходимо, защищая кожу от лучей, вызывающих ожог и покраснение, но пропуская другие, полезные лучи. Возможно, правильнее будет загорать без крема, но просто быть осторожнее.

Нас слишком запугали солнцем — это одна крайность. Но не стоит впадать в другую и перебарщивать. Ула Лэркё, профессор дерматологии, сравнивает загар с вином. И то, и другое полезно для здоровья в небольших дозах: «Двух бокалов достаточно, необязательно выпивать целую бутылку».

Как восполнить нехватку витамина D

Если вы живете, например, на севере Европы, витамин D стоит принимать в зимнее время года. Особенно если вы не едите жирную рыбу (примерно 350 г в день или больше) или же не ездите время от времени в южные страны поваляться на пляже. Витамин D очень необходим людям с более темной кожей и тем, кто даже летом не любит загорать.

Витамин D — это недорогое надежное средство, которое, вопреки распространенному мнению, не имеет побочных эффектов при грамотных дозировках. Прежние рекомендации сегодня устарели.

Чтобы избежать нехватки витамина D в холодное время года, следует принимать такие дозы:
• Взрослые: 2000–4000 ЕД ежедневно (соотв. 50–100 мкг);
• Дети до 10 лет: 1000 ЕД ежедневно.

Если вы мужчина крупного телосложения, то доза должна составлять примерно 4000 ЕД, если же вы хрупкая женщина — 2000 ЕД будет достаточно. Это соответствует нескольким минутам на ярком солнце. При этих дозах, приведенных для здоровых людей, никакого риска передозировки нет[65].

Немного яркого солнца летом, дополнительные дозы витамина D темной зимой и жирная рыба круглый год — так вы сможете поддержать необходимый уровень витамина D в вашем организме и максимально повысить шансы на здоровую жизнь.

До встречи

Ешьте здоровую пищу и бывайте на солнце. Вряд ли советы, приведенные в этой книге, показались вам странными. Они очень естественные. Попробуйте сами, быть может, следуя им, вы станете даже стройнее и здоровее, чем думали. Поинтересуйтесь диетой LCHF дополнительно, почитайте статьи и форумы в Интернете. Вы убедитесь: у этой диеты с каждым годом все больше сторонников. Может быть, и вы станете одним из них.

Удачи!

---

[65] При некоторых заболеваниях дополнительный прием витамина D может повысить содержание кальция в крови. Если вы страдаете каким-то из этих заболеваний и много загораете или принимаете витамин D дополнительно, необходимо регулярно проверять уровень кальция:
- гормонопродуцирующая опухоль паращитовидных желез;
- грануломатозные заболевания, такие как саркоидоз Бека и туберкулез;
- некоторые формы рака, такие как рак легких или злокачественная лимфома.

Благодарности

Спасибо!

Гари Тобсу — благодаря его книге «Хорошие калории, плохие калории» я, наподобие Нео из фильма «Матрица», смог сделать необратимый выбор в пользу красной пилюли. Без Тобса не было бы и этой книги.

Майклу Поллану — за «прививку» от нутриционизма и фокус на настоящей пище.

Гигантам, на чьих плечах мы стоим: Уильяму Бантингу, Вестону А. Прайсу, Томасу Латимеру Кливу, Джону Юдкину и Роберту Аткинсу (в числе многих других). Название этой книги — дань «Диетической революции доктора Аткинса», изданной в 1972 году — в год моего рождения.

Моему издателю Черстин Бергфорс — за поддержку и за то, что она никогда не довольствовалась малым, а также редактору Сесилии Хельберг за сотни въедливых комментариев, благодаря которым книга действительно стала намного лучше.

Эрику Вестману и Майклу Д. Фоксу — за теплое гостеприимство (даже по американским меркам).

Читателям моего блога, откликнувшимся на просьбу помочь с названием и приславшим 332 комментария. В них прозвучало очень много хороших предложений, близких к окончательному варианту. Шведское заглавие книги было впервые предложено Дианой Улофсон — спасибо ей за это.

Улле Хольмгрен, предложившей название *Kostdoktorn* для моего блога. Спасибо!

Спасибо пользователям Nicklas @ näringslära, Mikael Jansson, Kenneth Ekdahl, hemul, jaus, patrik, Lund, Erik Kilborn, Kattmoster и многим другим за обсуждение и полезные советы.

Спасибо Trance, Viktor, Jacob Gudiol и другим за критику и профессорам Клоду Маркусу, Стефану Рёсснеру и Май-Лиз Хеллениус за дискуссии, которые помогли мне отточить мои аргументы.

Кроме того, хочу выразить признательность (перечисляю в случайном порядке) Фредрику Нюстрёму, Юнасу Кольтингу, Уильяму Дэвису, Мэри Вернон, Джимми Муру, Тому Нотону, Аннике Далькквист, Ларсу-Эрику Литсфельдту, Стену Стуре Скальдеману, Карлу Арфорсу, Ральфу Сундбергу, Уффе Равнскову, Монике Форслунд, Анне Халлен, Юнасу Бергквисту, Кристеру Энквисту, Яну Хаммарстену, Юхану Фростегорду, Фредрику Паулюну, Бу Закриссону, Перу Викхольму, Анне Й. Д. Якобсон, Маргарете Лундстрём, Осе Лундберг, Матсу Форсенбергу, Даниэлю Страндруту, Матсу Виману, Петеру М Нильсону, Йоргену Вести Нильсену, Биттен Юнсон, Йорану Адлену, Кеннету Якобсону, Ларсу Блоку, Якобу Скову и Магнусу Эрсону за полезные советы и участие в обсуждении темы.

Группе *Muse* за саундтрек во время работы.

Марии Энфельдт за вдохновение, Эрику Энфельдту за многократные ночевки в Стокгольме и Юхану Энфельдту за IT-поддержку.

И, наконец, Кристин, спасибо — без тебя ни я, ни эта книга не стали бы тем, чем мы стали.

Литература

Введение

БЕРГЛУНД, ЦИТАТА:
Fet mat orsakar inte övervikt, DN 091224. См. также: Berglund G, m.fl. *Fett och kardiovaskulär hälsa — är vi helt felinformerade?* Läkartidningen, 2007, 104 (49–50): 3780–4.

I. Взгляд в прошлое

1. Для какой пищи создано ваше тело?

АЛЬБЕРТ ШВЕЙЦЕР, НАБЛЮДЕНИЯ И ВЫВОДЫ:
Taubes G. *Good calories, Bad calories*. First Anchor Books edition, 2008, ss. 89 ff.

ЛОРЕН КОРДЕЙН, ТОЧКА ЗРЕНИЯ:
Cordain L, et al. *Plant-animal subsistence ratios and macronutrient energy estimations in worldwide hunter-gatherer diets*. Am J Clin Nutr, 2000, 71: 682–92.

НАСТОЯЩАЯ ЕДА:
Pollan M. *In Defense of Food: An Eater's Manifesto*. Penguins Press HC, 2009.

ПОКАЗАТЕЛИ ИНСУЛИНА И ЖИР:
Lindeberg S, et al. *Low serum insulin in traditional Pacific Islanders — the Kitava Study*. Metabolism, 1999, Oct. 48 (10): 1216–9.

УРОВЕНЬ ГЛЮКОЗЫ В КРОВИ:
Johnson RJ, et al. *Potential role of sugar (fructose) in the epidemic of hypertension, obesity and the metabolic syndrome, diabetes, kidney disease, and cardiovascular disease*. Am J Clin Nutr, 2007, 86: 899–906.

КАРИЕС И НОВАЯ ПИЩА:
Mojnar P. *Tracing Prehistoric Activities: Life ways, habitual behaviour and health of hunter-gatherers on Gotland*. Stockholms universitet, 2008.

САХАР И ГИГИЕНА ПОЛОСТИ РТА:
http://www.kostdoktorn.se/nyhet-socker-ar-bra.

ТОМАС ЛАТИМЕР КЛИВ, «САХАРНАЯ БОЛЕЗНЬ»:
Taubes G. *Good calories, Bad calories*. First Anchor Books edition, 2008, ss.112 ff.

2. Ошибка, жирофобия и эпидемия ожирения

О ПУБЛИКАЦИИ В TIME 26 МАРТА 1984 г.:
Taubes G. *Nutrition. The soft science of dietary fat*. Science, 2001, Mar. 30; 291 (5513): 2536–45.

ЭНСЕЛ КИЗ, БИОГРАФИЯ И ТЕОРИЯ:
Meet Monsieur Cholesterol. Интервью в: Minnesota Update, 1979. http://www.mbbnet.umn.edu/hoff/hoff_ak.html

СЕМЬ СТРАН:
Keys A. *Atherosclerosis: A problem in newer public health.* J Mount Sinai Hosp, 1953, 20: 118–39.

ЭНСЕЛ КИЗ, МАНИПУЛЯЦИИ СО СТАТИСТИКОЙ:
Yerushalmy J, et al. *Fat in the diet and mortality from heart disease; a methodologic note.* n y State J Med, 1957, Jul. 15; 57 (14): 2343–54.

«ИССЛЕДОВАНИЕ СЕМИ СТРАН», ПОТРЕБЛЕНИЕ ЖИРА И СЕРДЕЧНО-СОСУДИСТЫЕ ЗАБОЛЕВАНИЯ:
Keys A, et al. *The diet and 15-year death rate in the Seven Countries study.* Am J Epidemiol, 1986, 124: 903–15.

МУНИЦИПАЛЬНЫЙ НАЛОГ И СЕРДЕЧНО-СОСУДИСТЫЕ ЗАБОЛЕВАНИЯ:
Ravnskov R. *Fett och kolesterol är hälsosamt.* Optimal förlag, 2008, sid. 29.

БОРОДА И СЕРДЕЧНО-СОСУДИСТЫЕ ЗАБОЛЕВАНИЯ:
Ebrahim S. et al. *Shaving, coronary heart disease, and stroke: the Caerphilly Study.* Am J Epidemiol, 2003, Feb. 1; 157 (3): 234–8.

ДЖОН ЮДКИН, БИОГРАФИЯ И ТЕОРИЯ:
Taubes G. *Good calories, Bad calories.* First Anchor Books edition, 2008, ss. 119 ff.

ЮДКИН И КИЗ:
Keys A. *Sucrose in the diet and coronary heart disease.* Atherosclerosis, 1971, 14: 193–202.

ДЕНИС БЁРКИТТ, ТЕОРИЯ:
Burkitt DP, et al. *Effect of dietary fibre on stools and the transit-times, and its role in the causation of disease.* Lancet, 1972, Dec. 30; 2 (7792): 1408–12.
Story JA, et al. *Denis Parsons Burkitt (1911–1993).* J Nutr, 1994, Sep. 124 (9): 1551–4.

ДЕЛО РЕШАЮТ ПОЛИТИКИ, В ПОГОНЕ ЗА ДОКАЗАТЕЛЬСТВАМИ:
Taubes G. Nutrition. *The soft science of dietary fat.* Science, 2001, Mar. 30; 291 (5513): 2536–45.
Taubes G. «What if It's All Been a Big Fat Lie?». New York Times, 020707: http://www.nytimes.com/2002/07/07/magazine/what-if-it-s-all-been-a-big-fat-lie.html

ЭПИДЕМИЯ ОЖИРЕНИЯ В США:
Wang Y, et al. *Will All Americans Become Overweight or Obese? Estimating the Progression and Cost of the us Obesity Epidemic.* Obesity, 2008, 16 10, 2323–2330.

ЭПИДЕМИЯ ОЖИРЕНИЯ В ШВЕЦИИ:
SCB:s ULF-undersökningar 1980–2002: http://www.scb.se/Pages/TableAndChar_49531.aspx
Folkhälsoinstitutets folkhälsoenkät 2004–2009: http://www.fhi.se/Statistik-uppföljning/Nationella-folkhalsoenkaten/Levnadsvanor/overvikt-och-fetma/

ПРОДАЖИ СЛИВОЧНОГО МАСЛА:
Статистика Svensk mjölk: http://www.svenskmjolk.se/Statistik/Mejeri-och-konsumtion/Smor-och-ovrigt-matfett/

3. Крах мировоззрения

ФРЕДРИК НЮСТРЁМ, ЦИТАТА:
Интервью в: Corren, september 2009. См. также: *Ät upp till bevis*. Optimal förlag, 2010.

ИССЛЕДОВАНИЕ WHI (WOMEN'S HEALTH INITIATIVE):
Howard BV, et al. *Low-Fat Dietary Pattern and Risk of Cardiovascular Disease. The Women's Health Initiative Randomized Controlled Dietary Modification Trial*. JAMA, 2006, 295. 655–666.

КАРИН БОЙС, ЦИТАТА:
Fettsnålt minskar inte risk för sjukdom, DN 060207.

СЕРДЕЧНО-СОСУДИСТЫЕ ЗАБОЛЕВАНИЯ
И БЕЗЖИРОВАЯ ДИЕТА:
С. 661, первый параграф исследования WHI. Комментируется в: *Mozaffarian D. Low-Fat Diet and Cardiovascular Disease*. JAMA, 2006, 296 (3): 279.

ГРУДНОЕ МОЛОКО:
http://www.fineli.fi/food.php?foodid=603&lang=sv

ПРОДУКТЫ С КОМПОНЕНТАМИ «Е»
(СТАБИЛИЗАТОРЫ, КОНСЕРВАНТЫ И Т. П):
http://www.svd.se/nyheter/vetenskap/matklimat/vad-sager-markningen-om-tillsatser_3398997.svd

ПРОДУКТ С САМЫМ ВЫСОКИМ СОДЕРЖАНИЕМ «Е»:
http://hakkesnack.blogsome.com/2008/05/01/tavlingsresultat-flest-e-nummer/

САХАР В «ЛЕГКИХ» ЙОГУРТАХ:
Livsmedelsverkets författningssamling, livsfs 2009:6, s. 3.

ШВЕДСКАЯ НАЦИОНАЛЬНАЯ
СБОРНАЯ ПОВАРОВ И МАРГАРИН:
http://www.kostdoktorn.se/kocklandslaget-dumpar-margarinet
http://www.svd.se/naringsliv/nyheter/konsten-att-inte-lyckas-samarbeta_3470059.svd

72 ИССЛЕДОВАНИЯ О ВРЕДЕ НАСЫЩЕННЫХ ЖИРОВ:
Livsmedelsverket bör sluta med kostråd till allmänheten. Dagens Medicin, 090408.
http://www.dagensmedicin.se/asikter/debatt/2009/04/08/livsmedelsverket-boromede/index.xml

ГОСУДАРСТВЕННОЕ ПРОДОВОЛЬСТВЕННОЕ УПРАВЛЕНИЕ,
УКЛОНЧИВАЯ ПОЛИТИКА:
Из статьи главного редактора от 090909: http://www.dagensmedicin.se/asikter/ledare2/2009/09/09/kvinnliga-lakarloner-en-sk/index.xml
Becel и Фонд сердечно-сосудистых и легочных заболеваний:
http://www.kostdoktorn.se/hjart-lungfonden-dumpar-becel

РОГЕР ХЁГЛУНД, ЦИТАТА:
Из Dagens Medicin 090213: http://www.dagensmedicin.se/nyheter/2009/02/13/hjart-lungfonden-bryter-me/index.xml

ПРОРЫВ В ИССЛЕДОВАНИЯХ; ЖИРЫ НЕОПАСНЫ:
Mente, et al. *A Systematic Review of the Evidence Supporting a Causal Link Between Dietary Factors and Coronary Heart Disease*. Arch Intern Med, 2009, 169 (7): 659–669.

ОТЧЕТ ВСЕМИРНОЙ ОРГАНИЗАЦИИ ЗДРАВООХРАНЕНИЯ:
Skeaff CM, et al. *Dietary Fat and Coronary Heart Disease: Summary of Evidence from Prospective Cohort and Randomised Controlled Trials*. Ann Nutr Metab, 2009, 55: 173–201.

ТРЕТИЙ ПРОЕКТ, ПОД РУКОВОДСТВОМ ПЭТТИ У. СИРИ-ТАРИНО:
Siri-Tarino PW, et al. *Meta-analysis of prospective cohort studies evaluating the association of saturated fat with cardiovascular disease*. Am J Clin Nutr, 2010, Jan 13. [Epub ahead of print]

ПЕТЕР М. НИЛЬСОН, ЦИТАТА:
http://www.kostdoktorn.se/annu-en-professor-dags-att-satta-punkt

ЮХАН ФРОСТЕГОРД, ЦИТАТА:
Rasa i vikt med professorns metod. Expressen 100111.

II. Взгляд в будущее

4. Старое, хорошо забытое решение

УИЛЬЯМ БАНТИНГ, ЦИТАТА:
Сочинение Бантинга *Letter on corpulence* можно найти в Сети.

МАРТИН ИНГВАР, ЦИТАТА:
Ingvar M. *Hjärnkoll på vikten*. Natur & Kultur, 2010, sid. 73.

РОБЕРТ АТКИНС, ТЕОРИЯ:
http://www.nytimes.com/2003/04/18/nyregion/dr-robert-c-atkins-authorcontroversial-but-best-selling-diet-books-dead-72.html

ГОСУДАРСТВЕННОЕ УПРАВЛЕНИЕ СОЦИАЛЬНОЙ ЗАЩИТЫ НАСЕЛЕНИЯ О МЕТОДЕ LCHF:
Socialstyrelsen, *Ärende avseende kostrådgivning till patienter med diabetes typ 2 och/eller övervikt*, Dnr 44-112267/2005.

ЗАНУДНАЯ СТАТЬЯ ПРЕДСЕДАТЕЛЯ СОЮЗА ДИЕТОЛОГОВ:
Marcus C, et al. *Kost med högt intag av fett kan ifrågasättas*. Läkartidningen, 2008, 105 (24–25): 1864–6.

УПРАВЛЕНИЕ СОЦЗАЩИТЫ ТВЕРДО СТОИТ НА СВОЕМ:
Carlsson J. *Inte aktuellt ompröva tillsynsbeslutet*. Läkartidningen, 2008, 105 (28–29): 2030.

ПРОДОЛЖЕНИЕ ДИСКУССИИ:
Eenfeldt A. *Märkligt utspel från kostexperter*. Läkartidningen, 2008, 105 (30–31): 2118–20.
Marcus C, et al. *Ett inlägg ägnat att förvirra*. Läkartidningen, 2008, 105 (30–31): 2119–20.
Eenfeldt A. *Hög tid för nytänkande i kostfrågan*. Läkartidningen, 2008, Sep. 10–16; 105 (37): 2496–7.
Marcus C, et al. *Oroande att extremkost marknadsförs i sjukvården*. Läkartidningen, 2008, Sep. 17–23; 105 (38): 2590-1.
Sundberg R, et al. *Lågkolhydratkost vid diabetes och fetma är en fysiologisk och evidensbaserad metod*. Läkartidningen, 2008, Nov. 19–25; 105 (47): 3460-1.

НЕЭФФЕКТИВНОСТЬ МЕТОДА ПОДСЧЕТА КАЛОРИЙ:
SBU. *Fetma — problem och åtgärder.* 2002.

5. Похудение без чувства голода

КРИСТЕР ЭНКВИСТ, ЦИТАТА:
Fel att vi blir feta av fett, DN Debatt 2004:
http://www.birkastaff.eu/doc/doc_old/html/a_fetEnkvist.htm

НИЗКОКАЛОРИЙНОЕ ЖЕЛЕ:
Food scientists develop appetite-curbing gel. The Guardian 100119. http://www.guardian.co.uk/education/2010/jan/19/gel-curb-appetite-scientists

РАСТУЩИЙ ОРГАНИЗМ И ЕДА:
Kim J, et al. *Trends in Overweight from 1980 through 2001 among Preschool-Aged Children Enrolled in a Health Maintenance Organization.* Obesity (Silver Spring), 2006, Jul. 14 (7): 1107–12.

ЙОРАН АДЛЕН, ТОЧКА ЗРЕНИЯ:
www.kostdoktorn.se/?s=adlén

ХИЩНЫЕ И ДОМАШНИЕ ЖИВОТНЫЕ, ВЕС И ИНСУЛИН:
Интервью с Кристером Энквистом: www.kostdoktorn.se/om-smala-grisar-och-feta-manniskor

АМЕРИКА И ИЗРАИЛЬ, ПРОБЛЕМЫ ИЗБЫТОЧНОГО ВЕСА:
Gardner CD, et al. *Comparison of the Atkins, Zone, Ornish, and learn Diets for Change in Weight and Related Risk Factors Among Overweight Premenopausal Women.* The a to z Weight Loss Study: A Randomized Trial. JAMA, 2007, 297: 969–977.
Shai I, et al. *Weight loss with a low-carbohydrate, mediterranean, or low-fat diet.* N Engl J Med, 2008, 359 (3): 229–41.

21 РАНДОМИЗИРОВАННОЕ ИССЛЕДОВАНИЕ И 2 МЕТААНАЛИЗА:
Sondike SB, et al. *Effects of a low-carbohydrate diet on weight loss and cardiovascular risk factor in overweight adolescents.* J Pediatr, 2003, Mar. 142 (3): 253–8.
Brehm BJ, et al. *A Randomized Trial Comparing a Very Low Carbohydrate Diet and a Calorie-Restricted Low Fat Diet on Body Weight and Cardiovascular Risk Factors in Healthy Women.* J Clin Endocrinol Metab, 2003, 88: 1617–1623.
Foster GD, et al. *A Randomized Trial of a Low-Carbohydrate Diet for Obesity.* N Engl J Med, 2003, 348: 2082–90.
Samaha FF, et al. *A Low-Carbohydrate as Compared with a Low-Fat Diet in Severe Obesity.* N Engl J Med, 2003, 348: 2074–81.
Aude YW, et al. *The National Cholesterol Education Program Diet vs a Diet Lower in Carbohydrates and Higher in Protein and Monounsaturated Fat. A Randomized Trial.* Arch Intern Med, 2004, 164: 2141–2146.
Volek JS, et al. *Comparison of energy-restricted very low-carbohydrate and low-fat diets on weight loss and body composition in overweight men and women.* Nutrition & Metabolism, 2004, 1:13.
Meckling KA, et al. *Comparison of a Low-Fat Diet to a Low-Carbohydrate Diet on Weight Loss, Body Composition, and Risk Factors for Diabetes and Cardiovascular Disease in Free-Living, Overweight Men and Women.* J Clin Endocrinol Metab, 2004, 89: 2717–2723.

Yancy WS Jr, et al. *A Low-Carbohydrate, Ketogenic Diet versus a Low-Fat Diet To Treat Obesity and Hyperlipidemia. A Randomized, Controlled Trial.* Ann Intern Med, 2004, 140: 769–777.

Stern L, et al. *The Effects of Low-Carbohydrate versus Conventional Weight Loss Diets in Severely Obese Adults: One-Year Follow-up of a Randomized Trial.* Ann Intern Med, 2004, 140: 778–785.

Nichols-Richardsson SM, et al. *Perceived Hunger Is Lower and Weight Loss Is Greater in Overweight Premenopausal Women Consuming a Low-Carbohydrate/High-Protein vs High-Carbohydrate/Low-Fat Diet.* J Am Diet Assoc, 2005, 105: 1433–1437.

Dansinger ML, et al. *Comparison of the Atkins, Ornish, Weight Watchers, and Zone Diets for Weight Loss and Heart Disease Risk Reduction. A Randomized Trial.* JAMA, 2005, 293: 43–53.

Truby H, et al. *Randomised controlled trial of four commercial weight loss programmes in the UK: initial findings from the BBC «diet trials».* BMJ, 2006, Jun. 3; 332 (7553): 1309–14.

Gardner CD, et al. *Comparison of the Atkins, Zone, Ornish, and learn Diets for Change in Weight and Related Risk Factors Among Overweight Premenopausal Women. The a to z Weight Loss Study: A Randomized Trial.* JAMA, 2007, 297: 969–977.

Ebbeling CB, et al. *Effects of a Low–Glycemic Load vs Low-Fat Diet in Obese Young Adults. A Randomized Trial.* JAMA, 2007, 297: 2092–2102.

Shai I, et al. *Weight loss with a low-carbohydrate, mediterranean, or low-fat diet.* N Engl J Med, 2008, 359 (3); 229–41.

Sacks FM, et al. *Comparison of Weight-Loss Diets with Different Compositions of Fat, Protein, and Carbohydrates.* N Engl J Med, 2009, 360: 859–73.

Brinkworth GD, et al. *Long-term effects of a very-low-carbohydrate weight loss diet compared with an isocaloric low-fat diet after 12 mo.* Am J Clin Nutr, 2009, 90: 23–32.

Frisch S, et al. *A randomized controlled trial on the efficacy of carbohydrate-reduced or fat-reduced diets in patients attending a telemedically guided weight loss program.* Cardiovascular Diabetology, 2009, 8:36.

Yancy WS Jr, et al. *A Randomized Trial of a Low-Carbohydrate Diet vs Orlistat Plus a Low-Fat Diet for Weight Loss.* Arch Intern Med, 2010, 170 (2): 136–145.

Foster GD, et al. *Weight and Metabolic Outcomes After 2 Years on a Low-Carbohydrate Versus Low-Fat Diet. A Randomized Trial.* Ann Intern Med, 2010, 153: 147–157.

Krebs NF, et al. *Efficacy and Safety of a High Protein, Low Carbohydrate Diet for Weight Loss in Severely Obese Adolescents.* J Pediatr, 2010, 157: 252–8.

Nordmann AJ, et al. *Effects of Low-Carbohydrate vs Low-Fat Diets on Weight Loss and Cardiovascular Risk Factors. A Meta-analysis of Randomized Controlled Trials.* Arch Intern Med, 2006, 166: 285–293.

Hession M, et al. *Systematic review of randomized controlled trials of low-carbohydrate vs. low-fat/low-calorie diets in the management of obesity and its comorbidities.* Obes Rev, 2009, Jan. 10 (1): 36–50. [Epub 2008 Aug 11].

ИССЛЕДОВАНИЕ SACHS ET AL.:
Фото: http://www.kostdoktorn.se/okand-dynamit-till-kostdebatten

МАРТИН ИНГВАР, ЦИТАТА:
Ingvar M. *Hjärnkoll på vikten.* Natur & Kultur, 2010, sid. 72.

СОЛЬВЕЙГ. СКОРОСТНОЙ РЕКОРД ПОХУДЕНИЯ:
Hexeberg, S. *Ekstrem vektreduksjon uten kirurgi*. Tidsskr Nor Laegeforen, 2009, Dec. 3; 129 (23): 2497.

ДАНИЭЛЬ СТРАНДРУТ, ПОХУДЕНИЕ:
http://www.kostdoktorn.se/hur-man-gar-ner-50-kil

КУВЕЙТСКОЕ ИССЛЕДОВАНИЕ:
Dashti HM, et al. *Long term effects of ketogenic diet in obese subjects with high cholesterol level*. Mol Cell Biochem, 2006, Jun. 286 (1–2): 1–9.

ИСПАНСКАЯ СРЕДИЗЕМНОМОРСКАЯ ДИЕТА:
Pérez-Guisado J, et al. *Spanish Ketogenic Mediterranean Diet: a healthy cardiovascular diet for weight loss*. Nutr J, 2008, Oct. 26; 7: 30.

ФИЗИЧЕСКИЕ ТРЕНИРОВКИ И СНИЖЕНИЕ ВЕСА:
Коротко в Time 090809, *Why Exercise Won't Make You Thin*; http://www.time.com/time/health/article/0,8599,1914857,00.html

ОБЖОРСТВО И ЛЕНЬ КАК ПРИЧИНА ОЖИРЕНИЯ:
http://www.kostdoktorn.se/ingen-ide-ge-rad-till-fetknoppar

КОНФЕТЫ В АПТЕКЕ:
Apoteket lurar feta att äta godis, Västerås läns tidning, 091029.

СТЕФАН РЁССНЕР, ЦИТАТА:
Mörk framtid för fetmapiller. SVD 100409. http://www.svd.se/nyheter/inrikes/morkframtid-for-fetmapiller_4540501.svd

НЕДОСТАТОК ВИТАМИНА В
ПОСЛЕ ШУНТИРОВАНИЯ ЖЕЛУДКА:
Schroeder M, et al.*Tidig komplikation efter överviktskirurgi. Wernickes encefalopati uppstod inom tre månader hos 23-årig kvinna*. Läkartidningen, 2009, Sep. 2–8; 106 (36): 2216–7.

Aasheim ET. *Wernicke encephalopathy after bariatric surgery — a systematic review*. Ann Surg, 2008, 248: 714–20.

НЕДОСТАТОК ДРУГИХ ПИТАТЕЛЬНЫХ ВЕЩЕСТВ
ПОСЛЕ ШУНТИРОВАНИЯ ЖЕЛУДКА:
Matrana MR, et al. *Vitamin deficiency after gastric bypass surgery: a review*. South Med J, 2009, Oct. 102 (10): 1025–31.

ОСТЕОПОРОЗ ПОСЛЕ ШУНТИРОВАНИЯ ЖЕЛУДКА:
Wang A, et al. *The effects of obesity surgery on bone metabolism: what orthopedic surgeons need to know*. Am J Orthop, 2009, Feb. 38 (2): 77–9.

ХИРУРГИЯ МОЗГА
ПРОТИВ ОЖИРЕНИЯ:
http://www.kostdoktorn.se/hjarnkirurgi-nya-behandlingen-mot-fetma

6. Конец диабету — конец безумию

ФРЕДРИК НЮСТРЁМ, ЦИТАТА:
Интервью в Dagens Medicin, 2009, 10.

КЕННЕТ ЯКОБСОН, ИСТОРИЯ ВЫЗДОРОВЛЕНИЯ:
http://www.kostdoktorn.se/ett-samtal-vid-mejeridisken
http://www.kennetjacobsson.se

КАТАСТРОФА; СТАТИСТИКА БОЛЬНЫХ ДИАБЕТОМ В МИРЕ:
Число диабетиков по оценкам ВОЗ на 1985,95: http://www.who.int/dietphysicalactivity/publications/facts/diabetes/en/2010
И на 2030: из IDF *Diabetes Atlas* 4th ed. International Diabetes Federation, 2009.

МБАЯНА, ЦИТАТА:
IDF, oktober 2009: http://www.idf.org/latest-diabetes-figures-paint-grim-global-picture.

САЛО И ОГУРЕЦ:
SBU-rapporten «Mat vid diabetes» maj 2010, sid. 31.

КАРЛ ПЕТРЕН, ПИТАНИЕ ДЛЯ ДИАБЕТИКОВ:
Östman J. *Från svältkurer till pankreastransplantationer. Diabetesbehandlingen i ett 100-årigt perspektiv.* Läkartidningen, 2004, 101: 4229-3, 4233-7.

«DIABETIC COOKERY», ПОВАРЕННАЯ КНИГА 1917 г.:
http://www.archive.org/details/diabeticcookeryr00oppeiala

РЕКОМЕНДАЦИИ ПО ПИТАНИЮ ДЛЯ ДИАБЕТИКОВ:
Mann JI, et al. *Evidence-based nutritional approaches to the treatment and prevention of diabetes mellitus.* Nutr Metab Cardiovasc Dis, 2004, 14: 373-94.
«Inget vetenskapligt stöd» enligt SBU: SBU-rapporten *Mat vid diabetes* maj 2010, sammanfattning och slutsatser.

УРОВЕНЬ ГЛЮКОЗЫ В КРОВИ
ПРИ ОГРАНИЧЕНИИ УГЛЕВОДОВ:
Boden G, et al. *Effect of a Low-Carbohydrate Diet on Appetite, Blood Glucose Levels, and Insulin Resistance in Obese Patients with Type 2 Diabetes.* Ann Intern Med, 2005, 142: 403-411.
Hertzler SR, et al. *Glycemic and insulinemic response to energy bars of differing macronutrient composition in healthy adults.* Medical Science Monitor, 2003, 9: 84-90.
Noakes M, et al. *Comparison of isocaloric very low carbohydrate/high saturated fat and high carbohydrate/low saturated fat diets on body composition and cardiovascular risk.* Nutr Metab (Lond), 2006, Jan. 11: 3: 7.

ИНТЕНСИВНАЯ ТЕРАПИЯ И ДИАБЕТ:
Accord Study Group, et al. *Effect of intensive glucose lowering in type 2 diabetes.* N Engl J Med, 2008, Jun. 12; 358 (24): 2545-59.

ЙОРГЕН ВЕСТИ НИЛЬСЕН, ИССЛЕДОВАНИЕ:
Litsfeldt, L-E. *Fettskrämd.* 3:e upplagan, Optimal förlag, 2007, kapitel 9.

КАРЛСХАМНСКОЕ ИССЛЕДОВАНИЕ:
Nielsen JV, et al. *Low-carbohydrate diet in type 2 diabetes: stable improvement of bodyweight and glycemic control during 44 months follow-up.* Nutr Metab (Lond), 2008, May 22; 5: 14.

9 РАНДОМИЗИРОВАННЫХ ИССЛЕДОВАНИЙ
ПОТРЕБЛЕНИЯ УГЛЕВОДОВ ДИАБЕТИКАМИ II ТИПА:
Stern L, et al. *The effects of low-carbohydrate versus conventional weight loss diets in severely obese adults: one-year follow-up of a randomized trial.* Ann Intern Med, 2004, 140: 778-85.
Daly ME, et al. *Short-term effects of severe dietary carbohydrate-restriction advice in type 2 diabetes — a randomized controlled trial.* Diabet Med, 2006, Jan. 23 (1): 15-20.

Wolever TM, et al. *The Canadian Trial of Carbohydrates in Diabetes (ccd), a 1-y controlled trial of lowglycemic-index dietary carbohydrate in type 2 diabetes: no effect on glycated hemoglobin but reduction in c-reactive protein.* Am J Clin Nutr, 2008, 87: 114–25.

Shai I, et al. *Weight Loss with a Low-Carbohydrate, Mediterranean, or Low-Fat Diet.* N Engl J Med, 2008, Jul. 17; 359 (3): 229–41.

Westman EC, et al. *The effect of a low-carbohydrate, ketogenic diet versus a low-glycemic index diet on glycemic control in type 2 diabetes mellitus.* Nutr. Metab (Lond), 2008, Dec. 19; 5:36.

Jönsson T, et al. *Beneficial effects of a Paleolithic diet on cardiovascular risk factors in type 2 diabetes: a randomized cross-over pilot study.* Cardiovasc Diabetol, 2009, Jul. 16; 8:35.

Davis NJ, et al. *Comparative Study of the Effects of a 1-Year Dietary Intervention of a Low-Carbohydrate Diet Versus a Low-Fat Diet on Weight and Glycemic Control in Type 2 Diabetes.* Diabetes Care, 2009, Jul. 32 (7): 1147–52.

Esposito K, et al. *Effects of a Mediterranean-Style Diet on the Need for Antihyperglycemic Drug Therapy in Patients With Newly Diagnosed Type 2 Diabetes.* Ann Intern Med, 2009, Sep. 1; 151 (5): 306–14.

Elhayanu A, et al. *A low carbohydrate Mediterranean diet improves cardiovascular risk factors and diabetes control among overweight patients with type 2 diabetes mellitus: a 1-year prospective randomized intervention study.* Diabetes Obes Metab, 2010, Mar. 12 (3): 204–9.

Интервью с Эриком Вестманом: http://www.kostdoktorn.se/atkins-i-praktiken

КОМИССИЯ ПО МЕДИЦИНСКОЙ ЭКСПЕРТИЗЕ, ВЫВОДЫ:
Korttidsstudier är vanskliga som grund till kostråd. Dagens Medicin debatt 100702: http://www.dagensmedicin.se/asikter/debatt/2010/07/02/sbu-harpa-tienternas-halsa/index.xml

ПОДРОБНЕЕ О РАБОТЕ КОМИССИИ:
http://www.kostdoktorn.se/sbu-valj-mat-sjalv
http://www.kostdoktorn.se/inget-vetenskapligt-stod

НОРМАЛЬНЫЙ УРОВЕНЬ ГЛЮКОЗЫ В КРОВИ, ПОЛЕМИКА:
Boden G, et al. *Effect of a Low-Carbohydrate Diet on Appetite, Blood Glucose Levels, and Insulin Resistance in Obese Patients with Type 2 Diabetes.* Ann Intern Med, 2005, 142: 403–411.

НИЗКОУГЛЕВОДНАЯ ДИЕТА ПРИ ДИАБЕТЕ I ТИПА:
Nielsen JV, et al. *A Low Carbohydrate Diet in Type 1 Diabetes: Clinical Experience — A Brief Report.* Upsala J Med Sci, 2005, 110 (3): 267–273.

«ЧТО МОЖНО ЕСТЬ ПРИ ДИАБЕТЕ», БРОШЮРА:
Utgiven av Bayer Health Care Diabetes Care, reviderad 2009.

7. Болезни западного общества

ВИЛЬЯЛМУР СТЕФАНСОН, ПИЩА ЭСКИМОСОВ:
Adventures in diet, Harper's Monthly magazine, november 1935. Источник представлен в Интернете.

ДЖЕЙ УОРТМАН, ИССЛЕДОВАНИЕ:
http://www.drjaywortman.com/

ДОКУМЕНТАЛЬНЫЙ ФИЛЬМ
«MY BIG FAT DIET» (2008):
Можно заказать на: http://www.mystiquefilms.com/mbfd/

INTERHEART, ИССЛЕДОВАНИЕ:
Yusuf S, et al. *Effect of potentially modifiable risk factors associated with myocardial infarction in 52 countries (the Interheart study): case-control study.* Lancet, 2004, 364: 937–52.

МЕТАБОЛИЧЕСКИЙ СИНДРОМ, ОПРЕДЕЛЕНИЯ:
Существует несколько определений, различия между ними незначительные. Это определение взято из NCEP ATP-III.

МЕТАБОЛИЧЕСКИЙ СИНДРОМ В США:
Ervin RB. *Prevalence of metabolic syndrome among adults 20 years of age and over, by sex, age, race and ethnicity, and body mass index: United States, 2003–2006.* Natl Health Stat Report, 2009, May 5; (13): 1–7.

ЛЕКАРСТВЕННАЯ ТЕРАПИЯ
ДЛЯ ЛЮДЕЙ ПОЖИЛОГО ВОЗРАСТА:
Folkhälsoinstitutet. Nationella folkhälsoenkäten 2008. http://www.fhi.se/Documents/Statistik-uppfoljning/Folkhalsoenkaten/Resultat-2008/Lakemedelsanvandning.pdf

ГАРВАРДСКОЕ ИССЛЕДОВАНИЕ 2004 г.:
Mozzafarian D, et al. *Dietary fats, carbohydrate, and progression of coronary atherosclerosis in postmenopausal women.* Am J Clin Nutr, 2004, 80: 1175–84.

NURSE'S HEALTH STUDY:
Halton TL, et al. *Low-Carbohydrate-Diet Score and the Risk of Coronary Heart Disease in Women.* N Engl J Med, 2006, 355: 1991–2002.

УЛЬТРАЗВУКОВОЕ ИССЛЕДОВАНИЕ 2010 г., НОВЫЕ ДАННЫЕ:
Shai I, et al. *Dietary Intervention to Reverse Carotid Atherosclerosis.* Circulation, 2010, 121: 1200–1208.

ЧАРЛИ АБРАХАМС, ИЗЛЕЧЕНИЕ ОТ ЭПИЛЕПСИИ
С ПОМОЩЬЮ ЖИРОВОЙ ДИЕТЫ:
www.charliefoundation.org

НИЗКОУГЛЕВОДНАЯ ДИЕТА
ПРИ ЭПИЛЕПСИИ:
Kossoff EH, et al. *More fat and fewer seizures: dietary therapies for epilepsy.* Lancet Neurol, 2004, Jul. 3 (7): 415–20.
Kossoff EH, et al. *A prospective study of the modified Atkins diet for intractable epilepsy in adults.* Epilepsia, 2008, 49 (2): 316–319.

НИЗКОУГЛЕВОДНАЯ ДИЕТА
ПРИ СИНДРОМЕ РАЗДРАЖЕННОЙ КИШКИ:
Austin GL, et al. *A Very Low-Carbohydrate Diet Improves Symptoms and Quality of Life in Diarrhea-Predominant Irritable Bowel Syndrome.* Clin Gastroenterol Hepatol, 2009, Jun. 7 (6): 706–708.

НИЗКОУГЛЕВОДНАЯ ДИЕТА ПРИ ИЗЖОГЕ:
Austin GL, et al. *A very low-carbohydrate diet improves gastroesophageal reflux and its symptoms.* Dig Dis Sci, 2006, Aug. 51 (8): 1307–12.

СПКЯ, СИМПТОМЫ И ПАТОЛОГИИ:

Teede H, et al. *Polycystic ovary syndrome: a complex condition with psychological, reproductive and metabolic manifestations that impacts on health across the lifespan*. BMC Med, 2010, Jun. 30; 8:41.

СПКЯ И ПИТАНИЕ ГИ:

Marsh KA, et al. *Effect of a low glycemic index compared with a conventional healthy diet on polycystic ovary syndrome*. Am J Clin Nutr, 2010, Jul. 92 (1): 83–92.

СПКЯ И БЕЗУГЛЕВОДНОЕ ПИТАНИЕ:

Mavropoulos JC, et al. *The effects of a low-carbohydrate, ketogenic diet on the polycystic ovary syndrome: A pilot study*. Nutrition & Metabolism, 2005, 2:35.

МУЖСКИЕ ПРОБЛЕМЫ, ПРОСТАТИТ:

Stranne J, et al. *One-third of the Swedish male population over 50 years of age suffers from lower urinary tract symptoms*. Scand J Urol Nephrol, 2009, 43 (3): 199–205.

ЯН ХАММАРСТЕН, ИНТЕРВЬЮ И ЛЕКЦИЯ:
http://www.kostdoktorn.se/maten-prostatan-och-halsan

ЯН ХАММАРСТЕН, ИССЛЕДОВАНИЯ
ЗАБОЛЕВАНИЙ ПРОСТАТЫ
НА ФОНЕ МЕТАБОЛИЧЕСКОГО СИНДРОМА:

Hammarsten J, et al. *Components of the metabolic syndrome-risk factors for the development of benign prostatic hyperplasia*. Prostate Cancer Prostatic Dis, 1998, Mar. 1 (3): 157–162.

Hammarsten J, et al. *Clinical, haemodynamic, anthropometric, metabolic and insulin profile of men with high-stage and high-grade clinical prostate cancer*. Blood Press, 2004, 13 (1): 47–55.

Hammarsten J, et al. *Hyperinsulinaemia: a prospective risk factor for lethal clinical prostate cancer*. Eur J Cancer, 2005, Dec. 41 (18): 2887–95.

Hammarsten J, et al. *Insulin and free oestradiol are independent risk factors for benign prostatic hyperplasia*. Prostate Cancer Prostatic Dis, 2009, 12 (2): 160–5.

Hammarsten J, et al. *A higher prediagnostic insulin level is a prospective risk factor for incident prostate cancer*. Cancer Epidemiol, 2010, Oct. 34 (5): 574–9.

РАК — ЗАПАДНАЯ БОЛЕЗНЬ?:

Taubes G. *Good calories, Bad calories*. First Anchor Books edition, 2008, ss. 89–95.

WHI, ИССЛЕДОВАНИЕ РАКА:

Pretice RL, et al. *Low-fat dietary pattern and risk of invasive breast cancer: the Women's Health Initiative Randomized Controlled Dietary Modification Trial*. JAMA, 2006, Feb. 8; 295 (6): 629–42.

Beresford SA, et al. *Low-fat dietary pattern and risk of colorectal cancer: the Women's Health Initiative Randomized Controlled Dietary Modification Trial*. JAMA, 2006, Feb. 8; 295 (6): 643–54.

НИЗКОУГЛЕВОДНАЯ ДИЕТА ПРИ РАКЕ МОЛОЧНОЙ ЖЕЛЕЗЫ:
Pierce JP, et al. *Influence of a Diet Very High in Vegetables, Fruit, and Fiber and Low in Fat on Prognosis Following Treatment for Breast Cancer. The Women's Healthy Eating and Living (WHEL) Randomized Trial.* JAMA, 2007, 298: 289–298.

ОЖИРЕНИЕ (ДИАБЕТ) И РАК, АСПЕКТЫ ВЗАИМОСВЯЗИ:
Giovannucci E, et al. *Diabetes and cancer: a consensus report.* Diabetes Care, 2010, Jul. 33 (7): 1674–85.
LeRoith D, et al. *Obesity and type 2 diabetes are associated with an increased risk of developing cancer and a worse prognosis; epidemiological and mechanistic evidence.* Exp Clin Endocrinol Diabetes, 2008, Sep. 116 Suppl. 1:S4–6.

5450 ЖЕНЩИН, УЧАСТИЕ В ИССЛЕДОВАНИИ
О ПРЕДОТВРАЩЕНИИ РАКА
С ПОМОЩЬЮ НИЗКОУГЛЕВОДНОЙ ДИЕТЫ:
Kabat KC, et al. *Repeated measures of serum glucose and insulin in relation to postmenopausal breast cancer.* Int J Cancer, 2009, Jun. 2. [Epub ahead of print]

ИССЛЕДОВАНИЕ В УНИВЕРСИТЕТЕ УМЕО:
Stocks T, et al. *Blood glucose and risk of incident and fatal cancer in the metabolic syndrome and cancer project (Me–Can): analysis of six prospective cohorts.* PLoS Med, 2009, 6 (12): e1000201. doi:10.1371/journal.pmed.1000201

AMERICAN JOURNAL OF CLINICAL NUTRITION,
ОБЗОР ОБСЕРВАЦИОННЫХ ИССЛЕДОВАНИЙ:
Gnagnarella P, et al. *Glycemic index, glycemic load, and cancer risk: a meta-analysis.* Am J Clin Nutr, 2008, Jun. 87 (6): 1793–801.
Barclay AW, et al. *Glycemic index, glycemic load, and chonic disease risk — a metaanalysis of observational studies.* Am J Clin Nutr, 2008, Mar. 87 (3): 627–37.

8. Холестерин: убить дракона

РОНАЛЬД КРАУСС, ЦИТАТА:
Your Unstoppable Heart, Men's Health 2010. http://www.menshealth.com/men/health/heart-disease/understanding-cholesterol-and-heart-disease/article/34cf5983f7a75210vgnvcm10000030281eac

ПРОИЗВОДИТЕЛЬ МАРГАРИНА BECEL:
Becel försökte mörklägga skillnader, Piteå Tidningen 081115. http://www.pitea-tidningen.se/nyheter/artikel.aspx?ArticleId=4171670
Hundratals kan ha fått falska mätvärden, Piteå Tidningen 081116. http://www.pitea-tidningen.se/nyheter/artikel.aspx?articleid=4171218
Läkare i norr varnar butiker för kolesterolkampanj, Dagens Medicin 081117. http://www.dagensmedicin.se/nyheter/2008/11/17/butiker-staller-in-becel-k/index.xml
Becels turné stoppad efter pt:s avslöjande, Piteå Tidningen 081118. http://www.pitea-tidningen.se/nyheter/artikel.aspx?articleid=4179241

ПОКАЗАТЕЛЬ ХОЛЕСТЕРИНА
ВЫШЕ 5 ММОЛЬ/Л: ДОПУСТИМО ЛИ:
Wahlberg G. *Allmänläkarens dilemma: Det totala serumkolesterolvärdet mellan 5 och 8 mmol/l.* Läkartidningen, 2008, Oct. 1–7; 105 (40): 2788–9.

САНКЦИИ ЗА РЕКЛАМУ МАРГАРИНА BECEL:
Штраф в Дании: Forbrugerrådet 081218 «Becel-produkter får bøde pe 40 000 kroner». http://www.forbrugerraadet.dk/?cid=5764&ref=2820
Санкции омбудсмена по рекламе: Ärende 0903-62 från 090917 samt ärende 0902-05 från 090428.
Санкция Шведского совета по рыночной этике: uttalande 44/2008 — Dnr 04/2008.

МАКСТАТИН:
Ferenczi EA, et al. *Can a Statin Neutralize the Cardiovascular Risk of Unhealthy Dietary Choices?* Am J Cardiol, 2010, Aug. 15; 106 (4): 587–592.

СТАТИНЫ И ИМПОТЕНЦИЯ:
Solomon H, et al. *Erectile dysfunction and statin treatment in high cardiovascular risk patients.* Int J Clin Pract, 2006, Feb. 60 (2): 141–5.
Do C, et al. *Statins and erectile dysfunction: results of a case/non-case study using the French Pharmacovigilance System Database.* Drug Saf, 2009, 32 (7): 591–7.

СТАТИНЫ И СНИЖЕНИЕ УМСТВЕННОЙ АКТИВНОСТИ:
Muldoon MF, et al. *Randomized trial of the effects of simvastatin on cognitive functioning in hypercholesterolemic adults.* Am J Med, 2004, Dec. 1; 117 (11): 823–9.

СТАТИНЫ И ДИАБЕТ:
Sattar N, et al. *Statins and risk of incident diabetes: a collaborative meta-analysis of randomised statin trials.* Lancet, 2010, Feb. 27; 375 (9716): 735–42.

СТАТИНЫ И ФЕРМЕНТ ГМГ-КОА-РЕДУКТАЗА:
Ness GC, Chambers CM. *Feedback and hormonal regulation of hepatic 3-hydroxy-3-methylglutaryl coenzyme A reductase: the concept of cholesterol buffering capacity.* Proc Soc Exp Biol Med, 2000, May 224 (1): 8–19.

НОВЫЕ ИССЛЕДОВАНИЯ О ХОЛЕСТЕРИНЕ:
Хорошее обзорное исследование, реферирующее все существующие работы на данную тему:
Musunuru K. *Atherogenic Dyslipidemia: Cardiovascular Risk and Dietary Intervention.* Lipids, 2010, 45: 907–914.
Соотношение холестерин/ЛПВП, или Апо1/АпоВ, важнее, чем общий показатель холестерина или ЛПНП:
См. Musunuru 2010 (выше), а также: Lewington S, et al. *Blood cholesterol and vascular mortality by age, sex, and blood pressure: a meta-analysis of individual data from 61 prospective studies with 55,000 vascular deaths.* Lancet, 2007, Dec. 1; 370 (9602): 1829–39.
McQueen MJ, et al. *Lipids, lipoproteins, and apolipoproteins as risk markers of myocardial infarction in 52 countries (the interheart study): a case-control study.* Lancet, 2008, Jul. 19; 372 (9634): 224–33.

СТАТИНЫ И ПОКАЗАТЕЛЬ ЛПНП:
Bahadir MA, et al. *Effects of different statin treatments on small dense low-density lipoprotein in patients with metabolic syndrome.* J Atheroscler Thromb, 2009, Oct. 16 (5): 684–90.

СТАТИНЫ И СЕРДЕЧНО-СОСУДИСТЫЕ ЗАБОЛЕВАНИЯ:
Kausik KR, et al. *Statins and All-Cause Mortality in High-Risk Primary Prevention. A Meta-analysis of 11 Randomized Controlled Trials Involving 65 229 Participants.* Arch Intern Med, 2010, 170 (12): 1024–1031.

СООТНОШЕНИЕ АПО1/АПОВ —
СОВРЕМЕННЫЙ МЕТОД ИССЛЕДОВАНИЯ ХОЛЕСТЕРИНА:
Walldius G, et al. *Apolipoproteiner nya och bättre riskindikatorer för hjärtinfarkt.* Läkartidningen, 2004, Mar. 25; 101 (13): 1188–94.

АПО1/АПОВ И НИЗКОУГЛЕВОДНАЯ ДИЕТА:
Shai I, et al. *Dietary Intervention to Reverse Carotid Atherosclerosis.* Circulation, 2010, 121: 1200–1208.
Jenkins D, et al. *The Effect of a Plant-Based Low-Carbohydrate («Eco-Atkins») Diet on Body Weight and Blood Lipid Concentrations in Hyperlipidemic Subjects.* Arch Intern Med, 2009, 169 (11): 1046–1054.

9. Здоровое будущее

ДЖАНКФУД И КАЛОРИИ:
Livsmedelsverket. *Riksmaten — barn 2003. Livsmedels- och näringsintag bland barn i Sverige.* isbn: 91 7714 177 6.

СКЕПТИЧЕСКОЕ ОТНОШЕНИЕ К НИЗКОУГЛЕВОДНОЙ ДИЕТЕ:
http://www.kostdoktorn.se/lchf-i-expressen-och-gt

ТОМАС БОЛТ И НИЗКОУГЛЕВОДНАЯ ДИЕТА:
http://www.boltemedical.com/complementary_medicine_robert_atkins_md.htm

БОЛЬНИЧНОЕ ПИТАНИЕ:
Upphandlingen var olaglig, SvD 090702.
Sjukhusmaten är full av tillsatser, SvD 090511.
Sodexo putsade svar i matenkät, SvD 100916.

СОДЕРЖАНИЕ ЖИРА В МАТЕРИНСКОМ МОЛОКЕ:
Данные финского Института здоровья и благосостояния: http://www.fineli.fi

МАРТИН ИНГВАР, ЦИТАТА:
Ingvar M. *Hjärnkoll på vikten.* Första upplagan, Natur och kultur, 2010, sid. 86.

III. Руководство к действию

10. Приятный метод, или LCHF для начинающих

МАРГАРИН, ОМЕГА-6 И ВОСПАЛИТЕЛЬНЫЕ ЗАБОЛЕВАНИЯ КИШЕЧНИКА:
См. ссылки в гл. «Вопросы, ответы и мифы».

11. Вопросы, ответы и мифы

НИЗКОУГЛЕВОДНАЯ ДИЕТА И ДЕЯТЕЛЬНОСТЬ МОЗГА:

Halyburton AK, et al. *Low- and high-carbohydrate weight-loss diets have similar effects on mood but not cognitive performance.* Am J Clin Nutr, 2007, 86: 580–7.

Brinkworth GD, et al. *Long-term Effects of a Very Low-Carbohydrate Diet and a Low-Fat Diet on Mood and Cognitive Function.* Arch Intern Med, 2009, 169 (20): 1873–1880.

НИЗКОУГЛЕВОДНОЕ ПИТАНИЕ И СПОРТ:

Интервью с Бьорном Ферри: http://www.kostdoktorn.se/att-ta-os-guld-palag-kolhydratkost

Интервью с Йимми Лидбергом: *Brons för Jimmy Lidberg*, DN 100906. http://www.dn.se/sport/brons-for-jimmy-lidberg-1.1165826

АНТИОКСИДАНТЫ:

Bjelakovic G, et al. *Antioxidant supplements for prevention of mortality in healthy participants and patients with various diseases.* Cochrane Database Syst Rev, 2008, Apr. 16; (2): cd007176.

ВИТАМИНЫ:

Содержание витаминов и питательных веществ в куриных яйцах — заключение Государственного продовольственного управления, из пресс-релиза Svenska ägg 090403: «Nya analyser från Livsmedelsverket visar: Påskägg — en riktig vitamininjektion».

ЦИНГА:

Becker W. *Vitaminbrist mycket ovanligt i Sverige. D-vitamin till barn för att undvika rakit.* Läkartidningen, 1997, 94: 2936–2940.

ПОЛИНЕНАСЫЩЕННЫЕ ЖИРНЫЕ КИСЛОТЫ:

Jacobsen MU, et al. *Major types of dietary fat and risk of coronary heart disease: a pooled analysis of 11 cohort studies.* Am J Clin Nutr, 2009, 89: 1425–32.

Mozaffarian D, Micha R, Wallace S. *Effects on coronary heart disease of increasing polyunsaturated fat in place of saturated fat: a systematic review and meta-analysis of randomized controlled trials.* PLoS Med, 2010, Mar. 23; 7 (3): e1000252.

МАРГАРИН, ОМЕГА-6 И ВОСПАЛИТЕЛЬНЫЕ ЗАБОЛЕВАНИЯ КИШЕЧНИКА:

Bolte G, et al. *Margarine consumption, asthma, and allergy in young adults: results of the German National Health Survey 1998.* Ann Epidemiol, 2005, Mar. 15 (3): 207–13.

ИССЛЕДОВАНИЕ ДВУХЛЕТНИХ ДЕТЕЙ
(ВРЕД МАРГАРИНА):

Sausenthaler S, et al. *Margarine and butter consumption, eczema and allergic sensitization in children. The LISA birth cohort study.* Pediatr Allergy Immunol, 2006, Mar. 17 (2): 85–93.

НЕСПЕЦИФИЧЕСКИЙ ЯЗВЕННЫЙ КОЛИТ
(ВРЕД МАРГАРИНА):

Tjonneland A, et al. *Linoleic acid, a dietary n-6 polyunsaturated fatty acid, and the aetiology of ulcerative colitis: a nested case-control study within a European prospective cohort study.* Gut, 2009, Dec. 58 (12): 1606–11. [Epub 2009 Jul 23].

АСТМА И ЭКЗЕМА (ВРЕД МАРГАРИНА):
Woods RK, et al. *Fatty acid levels and risk of asthma in young adults.* Thorax, 2004, Feb. 59 (2): 105–10.

Bolte G, et al. *Margarine consumption and allergy in children.* Am J Respir Crit Care Med, 2001, Jan. 163 (1): 277–9.

Trak-Fellermeier MA, et al. *Food and fatty acid intake and atopic disease in adults.* Eur Respir J, 2004, Apr. 23 (4): 575–82.

ПРОИЗВОДИТЕЛЬ МАРГАРИНА UNILEVER —
ВИДЕО В «ЮТЬЮБЕ»:
http://www.youtube.com/watch?v=PkEigaUrx9U

ДИЕТА БОРЦОВ СУМО:
Nishizawa T, et al. *Some factors related to obesity in the Japanese sumo wrestler.* Am J Clin Nutr, 1976, 29: 1167–74.

НИЗКОУГЛЕВОДНАЯ ДИЕТА И БЕРЕМЕННОСТЬ:
Hone J, et al. *Approach to the patient with Diabetes during Pregnancy.* J Clin Endocrinol Metab, 2010, 95: 3578–85.

НИЗКОУГЛЕВОДНАЯ ДИЕТА И ФУНКЦИЯ ПОЧЕК:
Brinkworth GD, et al. *Renal function following long-term weight loss in individuals with abdominal obesity on a very-low-carbohydrate diet vs high-carbohydrate diet.* J Am Diet Assoc, 2010, Apr. 110 (4): 633–8.

Vesti-Nielsen J, et al. *Lågkolhydratdiet hejdade njurfunktionsförsämring vid typ 2-diabetes.* Läkartidningen, 2008, Jul. 23–Aug 5; 105 (30–31): 2094–7.

НИЗКОУГЛЕВОДНАЯ ДИЕТА И ОСТЕОПОРОЗ:
Carter JD, et al. *The effect of a low-carbohydrate diet on bone turnover.* Osteoporos Int, 2006, 17 (9): 1398–403.

Foster GD, et al. *Weight and Metabolic Outcomes After 2 Years on a Low-Carbohydrate Versus Low-Fat Diet. A Randomized Trial.* Ann Intern Med, 2010, 153: 147–157.

Krebs NF, et al. *Efficacy and Safety of a High Protein, Low Carbohydrate Diet for Weight Loss in Severely Obese Adolescents.* J Pediatr, 2010, 157: 252–8.

КРАСНОЕ МЯСО И РАК ТОЛСТОЙ КИШКИ:
Alexander DD, et al. *Red meat and colorectal cancer: a critical summary of prospective epidemiologic studies.* Obes Rev, 2010, Jul. 21. [Epub ahead of print]

12. Советы по снижению веса

ГАЗИРОВАННЫЕ НАПИТКИ И ИЗБЫТОЧНЫЙ ВЕС:
Fowler SP, et al. *Fueling the Obesity Epidemic? Artificially Sweetened Beverage Use and Long-term Weight Gain.* Obesity (Silver Spring), 2008, Aug. 16 (8): 1894–900.

ИССЛЕДОВАНИЯ НА КРЫСАХ (ВРЕД ЗАМЕНИТЕЛЕЙ САХАРА):
Swithers SE, et al. *General and persistent effects of high-intensity sweeteners on body weight gain and caloric compensation in rats.* Behav Neurosci, 2009, Aug. 123 (4): 772–780.

НИЗКОУГЛЕВОДНАЯ ДИЕТА И КСЕНИКАЛ:
Yancy WS Jr, et al. *A randomized trial of a low-carbohydrate diet vs orlistat plus a lowfat diet for weight loss.* Arch Intern Med, 2010, Jan. 25; 170 (2): 136–45.

МУЛЬТИВИТАМИНЫ:

Li Y, et al. *Effects of multivitamin and mineral supplementation on adiposity, energy expenditure and lipid profiles in obese Chinese women.* International Journal of Obesity, 2010, 34, 1070–1077.

ИНСУЛИНОРЕЗИСТЕНТНОСТЬ:

von Hurst PR, et al. *Vitamin D supplementation reduces insulin resistance in South Asian women living in New Zealand who are insulin resistant and vitamin D deficient — a randomised, placebo-controlled trial.* British Journal of Nutrition, 2010, 103: 549–55.

ЛЮДИ С ИЗБЫТОЧНЫМ ВЕСОМ ЕДЯТ БЫСТРЕЕ:

Maruyama K, et al. *The joint impact on being overweight of self reported behaviours of eating quickly and eating until full: cross sectional survey.* BMJ, 2008, 337: a2002.

13. И последнее

ВИТАМИН D ПРОДЛЕВАЕТ ЖИЗНЬ:

Autier P, Gandini S. *Vitamin D supplementation and total mortality: a meta-analysis of randomized controlled trials.* Arch Intern Med, 2007, Sep. 10; 167 (16): 1730–7.

ВИТАМИН D ПРЕДОТВРАЩАЕТ РАК:

Lappe JM, et al. *Vitamin D and calcium supplementation reduces cancer risk: results of a randomized trial.* Am J Clin Nutr, 2007, Jun. 85 (6): 1586–91.

ВИТАМИН D ПОМОГАЕТ ПРОТИВ ДЕПРЕССИИ:

Jorde R, et al. *Effects of vitamin D supplementation on symptoms of depression in overweight and obese subjects: randomized double blind trial.* J Intern Med, 2008, Dec. 264 (6): 599–609.

ВИТАМИН D БОРЕТСЯ С ГРИППОМ:

Urashima M, et al. *Randomized trial of vitamin D supplementation to prevent seasonal influenza a in schoolchildren.* Am J Clin Nutr, 2010, May 91 (5): 1255–60.

ВИТАМИН D ПРЕДОТВРАЩАЕТ ОСТЕОПОРОЗ:

Bischoff-Ferrari HA, et al. *Prevention of nonvertebral fractures with oral vitamin D and dose dependency: a meta-analysis of randomized controlled trials.* Arch Intern Med, 2009, Mar. 23; 169 (6): 551–61.

ВИТАМИН D И СПОРТИВНЫЕ ДОСТИЖЕНИЯ:

Cannell JJ, et al. *Athletic performance and vitamin D.* Med Sci Sports Exerc, 2009, May 41 (5): 1102–10.

www.kostdoktorn.se/mot-stanley-cup-seger-pa-d-vitamin

АУТИЗМ КАК СЛЕДСТВИЕ НЕХВАТКИ ВИТАМИНА D:

Grant WB. *Epidemiologic evidence supporting the role of maternal vitamin D deficiency as a risk factor for the development of infantile autism.* Dermatoendocrinol, 2009, Jul. 1 (4): 223–8.

Cannell JJ. *On the aetiology of autism.* Acta Paediatr, 2010, Aug. 99 (8): 1128–30.

Undvikandet av solljus har blivit en hälsorisk // DN Debatt 080715.

РЕКОМЕНДУЕМЫЕ ДОЗИРОВКИ ВИТАМИНА D:

Vieth, R. *Vitamin D supplementation, 25-hydroxyvitamin D concentrations, and safety.* Am J Clin Nutr, 1999, 69: 842–56.

Алфавитный указатель

LCHF, 8, 9, 63, 73, 74, 90, 103, 181, 190, 192, 196, 208, 238, 248
Women's Health Initiative, 56, 146, 205, 215, 237, 245
Акне, 128, 150
Алкоголь, 34, 107, 183, 214, 220
Антиоксиданты, 19, 202, 203, 249
Апо1/АпоВ, 129, 132, 165, 247, 248
Аткинса диета, 70, 71, 74, 85, 86, 89, 112, 114, 125, 138, 174
Безжировая диета, 48, 56, 60, 63, 72, 73, 83, 84, 86–90, 94, 103, 113, 114, 133–136, 146, 147, 154, 155, 162–164, 166, 197, 198, 215, 217, 251
Витамин D, 156, 215, 226, 228–232
Высокий уровень глюкозы в крови, 161, 184, 199
Высокое артериальное давление, 115, 125, 127, 129–131, 150, 164
Гены, 19, 148, 149
Гликемический индекс, GI, 63, 141, 208, 209
Глюкоза, 22–26, 30, 34, 50, 55, 82, 92, 95, 105, 110, 188, 197, 199
Глюкоза крови, 91, 101, 102, 104–115, 117–122, 125, 130, 132, 133, 137, 148, 160–162, 164, 169, 176, 177, 184–186, 189, 196, 199, 208, 211, 212, 214, 221, 235, 242, 243
Глюкометр, 111, 125, 169
Голод, 7, 16, 46, 72, 73, 78–84, 87, 91–95, 97, 100, 102, 110, 118, 177, 181, 185, 199, 209, 218, 219, 221, 224, 239
Голодание, 35, 217, 226
Государственная комиссия по медицинской экспертизе, 109, 115, 243
Государственное продовольственное управление, 60, 64, 103, 115, 176, 177, 237
Государственное управление социальной защиты населения, 75, 76, 115, 238
Деменция, 105, 123, 124, 128, 131, 135, 149, 150
Диабет I типа, 105, 118–120, 199, 243

Диабет II типа, 76, 103–106, 111–113, 117, 118, 121, 123, 125, 130, 141, 146–149, 160, 196, 210, 212, 221, 223, 242
Жировая дистрофия печени, 150, 214
Жировые клетки, 81–83, 94, 101, 102, 184
Жирофобия, 33, 39, 51, 71, 72, 79, 99, 155, 235
Заболевания простаты, 128, 143, 144, 245
Заменители сахара, 70, 71, 189, 220, 221, 250
Западные болезни, 21, 29, 43, 46, 49, 127, 135, 137, 140, 141, 143, 145, 146, 148, 150, 152, 155, 157, 164, 167, 171, 196, 216
Здоровые сосуды, 134
Зеленые овощи (некорнеплоды), 122, 190, 191, 194, 197, 209
Земледелие, 21–25, 48, 151, 199
Зубы, 27–29, 149, 168
Избыточный вес, 7, 8, 14, 30, 42, 50–52, 55, 64, 72, 73, 76, 79–81, 83, 85, 86, 89, 91–93, 96, 99, 101, 102, 106, 115, 117, 125, 128, 132, 144, 169, 171, 174, 175, 178, 196–198, 208, 210, 211, 215, 223–226, 249–251
Индустриализация, 23, 24, 26, 27, 29, 48, 150
Инсулин, 24, 25, 30, 34, 50, 55, 81–83, 87, 90, 93–95, 99, 101, 102–107, 109, 111, 113, 117–121, 141, 143, 144, 147, 149, 160, 161, 164, 169, 184, 185, 198–200, 208, 209, 212, 218–221, 223, 224, 226, 235, 246, 247, 251
Инсулиновые инъекции, 184, 221
Интервенционное исследование, 42, 43, 60, 135, 147, 148,.202, 204, 207, 215, 229
Исследование INTERHEART, 129, 131, 244, 247
Исследование MRFIT, 47
«Исследование семи стран», 39, 236

Кариес, 28, 30, 122, 148, 150, 164, 184, 234
Кетоацидоз, 199, 200
Кетоз, 137, 198–200, 214
Кетоны, 137, 197–200, 214
Кортизон, 72, 103, 118, 221
Крахмал, 14, 15, 22–26, 28, 30, 34, 35, 43, 46, 48–50, 68, 70, 75, 87, 93, 95, 101, 107, 109, 110, 122, 124, 126, 132, 135, 139, 149, 150, 151, 155, 157, 158, 161, 166, 168, 171, 174, 176, 181, 183, 185, 188, 196, 201, 202, 209, 210, 217, 219, 226
Лекарственные препараты, 33, 48, 55, 60, 97, 106, 112, 121, 139, 160, 214, 221
Лекарственные препараты при диабете, 106, 212
ЛПВП (Липопротеиды высокой плотности, «хороший» холестерин), 113, 130, 132, 133, 156, 157, 162–165, 171, 247
ЛПНП (Липопротеиды низкой плотности, «плохой» холестерин), 156–159, 161–166, 171, 247
Маргарин, 59, 61, 75, 79, 152–154, 158, 164, 166, 176, 183, 189, 204, 206, 207, 237, 248, 249
Метаболический синдром, 34, 125, 126, 130–132, 134, 135, 141, 143, 144, 158, 161, 162, 164, 208, 244, 245
Метод подсчета калорий, 77, 80, 84, 92, 96, 97, 185, 219, 239
Метформин, 111, 184, 221
Мировоззрение, 15, 53, 54, 77, 78, 88, 237
«Модель тарелки», 19, 90, 112
Молочные продукты, 182, 183, 209, 211, 224
Нарушение липидного обмена, 129–131
Нарушение холестеринового обмена, 161, 162, 164, 174
Настоящая пища (еда), 22, 74, 90, 95, 101, 109, 115, 142, 148, 153, 166, 168, 171, 172, 181, 205, 206, 221, 222, 233, 235
Насыщенные жирные кислоты, 170, 177, 204, 206
Натуральные жиры, 58, 70, 137, 152, 164, 166, 170, 175, 181, 182

Ненасыщенные жирные кислоты, 205
Обезжиренные продукты, 14, 50, 56, 59, 60, 71, 142, 151, 177, 182, 188
Обсервационное исследование, 42, 43, 62, 129, 135, 147, 148, 201, 202, 204–207, 215, 216, 226, 229, 230
Ожирение брюшного типа, 129, 130, 141, 162, 164, 185
Омега-3, 75
Омега-6, 75, 183, 206, 248
Операционное вмешательство при ожирении, 80, 99
Орехи, 22, 74, 156, 183, 187, 188, 192, 197, 210, 211, 224
Палеодиета, 19, 143, 209
Питание при диабете, 120, 243
Подагра, 123, 124, 127, 150
Почки, 105, 146, 186, 212, 250
Препараты, снижающие уровень холестерина, 33
«Приятный метод», 82, 87, 101, 181, 248
Рак, 8, 14, 20, 31, 56, 124, 127, 131, 135, 144–149, 215, 216, 228–230, 232, 246, 251
Рандомизированное исследование, 42, 60, 84, 87, 91, 113, 132, 135, 146, 147, 169, 197, 198, 202, 205, 212, 222, 226, 229, 239, 242, 249
Рецепты, 186, 189, 190
Сахар, 9, 14, 15, 20, 22–24, 26–31, 34, 43–46, 48, 49, 50, 56, 58, 63, 68–71, 83, 85–87, 93, 95–97, 107–111, 120–122, 124, 126, 128, 132, 135, 139, 142, 143, 148–151, 155, 157, 158, 161, 164, 166, 168, 169, 171, 173, 174, 176, 181, 183–186, 188, 196, 199, 201, 202, 208–210, 212, 215, 217, 219, 220–221, 224, 226, 237, 250
Сахарная промышленность, 44
Сахарный шок, 109, 110
Сердечно-сосудистые заболевания, 8, 14, 30, 33, 36–45, 47, 49, 52, 53, 55–57, 61, 62, 70, 101, 108, 111, 123, 124, 128–132, 134, 135, 144, 150, 152–154, 157–160, 162–167, 171, 185, 204, 205, 229, 236, 237, 248
Сливки, 62, 74, 107, 109, 122, 165, 182–184, 187, 188, 190–194, 197, 198, 207, 209, 218, 224

Сливочное масло, 39, 40, 51, 52, 57, 59, 62, 63, 70, 71, 74, 85, 91, 107, 120, 137, 164–166, 168, 181, 182, 187, 188, 190, 191, 193, 194, 198, 204, 207, 218, 236
Снижение веса, 70, 75, 78, 79, 82, 84, 87–90, 97, 99, 101, 111, 112, 135, 140, 183, 189, 198, 208, 212, 217, 218, 221, 222, 224, 226, 250
Сосуды, 39, 105, 128, 129, 134, 135, 157, 161, 162, 252
СПКЯ, 141–143, 150, 245
Средиземноморская диета, 91
Стабильный уровень глюкозы в крови, 24, 118, 185, 208
Статины, 158–161, 163, 165, 247, 248
Темный шоколад, 71, 184
Трудности, связанные с перестройкой организма, 169, 185
Углеводы, количество, 79, 74, 85, 117, 196, 224
Фактор роста, 144, 147
Физические упражнения, 92
Фруктоза, 26, 27, 95, 208, 209, 214, 220
Фрукты, 19, 22, 56, 109, 120, 146, 183, 197, 203, 209, 215, 220
Хирургия мозга, 95, 139, 241
Холестерин, 13, 14, 24, 33–37, 39, 48, 49, 55, 58, 85, 86, 91, 101, 113, 119, 127, 128–133, 135, 151, 152–166, 168, 170, 171, 174, 177, 185, 246, 247
Храп, 223
Шунтирование желудка, 98–100, 103, 117, 241
Экологически чистые продукты (производство), 42, 172, 182, 198
Эпидемия ожирения, 8, 14, 29, 33, 34, 51, 63, 77, 78, 80, 84, 97, 105, 106, 150, 152, 154, 166, 170, 176, 235, 236, 239
Эпилепсия, 135–139, 175, 214, 244
Эффект маятника при голодании, 72, 77, 217
Ягоды, 74, 126, 183, 191, 197, 203, 210, 211

Именной указатель

Адлен, Йоран, 82, 234, 239
Аск-Упмарк, Эрик, 107
Аткинс, Роберт, 69, 70, 71, 72, 74, 77, 85, 86, 114, 125, 174, 233, 238
Бантинг, Вильям, 67–69, 72, 75, 77, 92, 233, 238
Бёркитт, Денис, 31, 45, 46, 201, 236
Вестман, Эрик, 114, 115, 126, 174, 233, 243
Дальквист, Анника, 72–76, 234
Ингвар, Мартин, 69, 89, 178, 238, 240, 248
Киз, Энсел, 13, 34–44, 46, 80, 128, 154, 163, 236
Клив, Томас Латимер, 29–31, 43–46, 149, 166, 233, 235
Нильсен, Йорген Вести, 112, 113, 119, 234, 242
Нильсон, Петер М., 62, 234, 238
Прайс, Вестон А., 27, 28, 30, 149, 233
Равнсков, Уффе, 49, 234
Скальдеман, Стен Стуре, 13, 234
Стефансон, Вильялмур, 122–124, 243
Тобс, Гари, 48, 233
Фростегорд, Юхан, 62, 234, 238
Швейцер, Альберт, 20, 21, 23, 145, 235
Юдкин, Джон, 43, 44, 46, 166, 233, 236

Энфельдт А.

Э61 Революция в еде! LCHF Диета без голода / Андреас Энфельдт ; пер. с швед. М. Людковской ; предисл. С. Клебанова. — ЗАО Фирма «Бертельсманн Медиа Москау АО», 2014. — 256 с.

ISBN 978-5-88353-643-3

«От жиров жиреют, от белков холестерин!» — долгое время уверяли нас врачи и диетологи, призывая есть «легкую» пищу. Мы так и делали, заменяя белки и насыщенные жиры углеводами. Каковы же последствия? Сладкие напитки, чипсы, обезжиренные продукты, напичканные стабилизаторами и консервантами, в последние двадцать-тридцать лет привычно вошли в наш рацион — и мир захлестнула эпидемия ожирения. В России ожирением страдают 30% населения, а лишние килограммы — почти у каждого второго. Что же впереди? Одышка, диабет, инфаркты и инсульты?

Стоп, хватит объедаться! LCHF — уникальная низкоуглеводная диета, которая позволит вам начать новую жизнь. Ешьте без ограничений масло, мясо и рыбу и наблюдайте, как с каждой неделей стрелка весов неудержимо ползет вниз, а ваша фигура обретает стройность. Фантастика? Нет, это диета по системе доктора Энфельдта — и у нее уже немало сторонников, проверивших ее на личном опыте. Прочтите книгу, оцените все преимущества новой системы похудения, подумайте, скольким людям уже помогла эта диета, и, быть может, вам захочется произвести личную «революцию в еде» и начать путь к здоровой полноценной жизни. С диетой LCHF — это не только нетрудно, но и приятно!

УДК 613.2
ББК 51.230

Популярное издание

ЭНФЕЛЬДТ Андреас

Революция в еде!
LCHF
Диета без голода

Переводчик *Мария Людковская*
Главный редактор *Ольга Дыдыкина*
Художник *Джон Беркли*
Дизайнеры обложки *Яна Крутий, Елена Залипаева*
Компьютерная верстка *Елены Залипаевой*
Корректор *Ирина Румянцева*

Подписано в печать 29.10.2014. Формат 60x90/16.
Усл. печ. л. 16,0. Тираж 10 000 экз. Заказ № 7689
ЗАО Фирма «Бертельсманн Медиа Москау АО»,
141008, г. Мытищи Московской обл., ул. Колпакова, д. 26, корп. 2
Тел.: (495) 984-35-23; e-mail: office@bmm.ru

Отпечатано с готовых файлов заказчика
в ОАО «Первая Образцовая типография»,
филиал «УЛЬЯНОВСКИЙ ДОМ ПЕЧАТИ»
432980, г. Ульяновск, ул. Гончарова, 14